西安交通大学研究生教育系列教材

市场规制法理论与实务研究

冯宪芬　编著

科学出版社
北京

内 容 简 介

本书根据研究生教育创新的要求，综合应用法哲学、法社会学等理论和比较法、案例分析等研究方法对市场规制法的一般理论及市场规制法中的理论热点、前沿问题进行全面、系统论述。对市场规制法的一般理论按市场规制法的原则、理论基础、国外立法实践及执法模式等进行研究；对市场秩序法中的理论热点和前沿问题，按照市场规制法的内在体系，分反垄断法理论与实务、反不正当竞争法理论与实务、消费者权益保护法理论与实务、产品责任法理论与实务及特别市场规制法理论与实务五个章节进行论述。本书在体例上根据最新理论研究成果和立法动态，按照具体模块进行撰写，并在每章部门法中安排了专题研究和著名案例分析，突出其理论性、前瞻性和实用性。

本书既可作为高等学校法学硕士、法律硕士、工商管理硕士（MBA）、公共管理硕士（MPA）、项目管理工程硕士（MPM）等专业学习市场规制法的教材，也可以作为国家机关、企事业单位人员从事市场经济管理工作的参考书。

图书在版编目（CIP）数据

市场规制法理论与实务研究／冯宪芬编著．—北京：科学出版社，2014.3

西安交通大学研究生教育系列教材

ISBN 978-7-03-039962-5

Ⅰ.①市… Ⅱ.①冯… Ⅲ.①市场竞争－经济法－研究－中国－研究生－教材 Ⅳ.①D922.294.4

中国版本图书馆 CIP 数据核字（2014）第 040441 号

责任编辑：张　凯／责任校对：李　莉
责任印制：徐晓晨／封面设计：陈　敬

科学出版社出版
北京东黄城根北街 16 号
邮政编码：100717
http://www.sciencep.com

北京中石油彩色印刷有限责任公司 印刷
科学出版社发行　各地新华书店经销

*

2014 年 3 月第　一　版　开本：720×1000 B5
2021 年 1 月第三次印刷　印张：16 1/4
字数：327 000

定价：68.00 元

前　言

《市场规制法理论与实务研究》是西安交通大学研究生教学研究与教学改革的项目成果。市场规制法作为经济法学重要的组成部分之一，一直是经济法硕士专业的学位课程之一，目前国内相关著作比较零散。本书对市场规制法的理论和实务应用比较法学、法经济学和法社会学等方法进行了全面、系统的分析，具有自身的特点。其独特性主要体现在以下三个方面。

（1）理论性。本书全面、系统地论述了市场规制法的一般理论及市场规制法中的理论热点、前沿问题。市场规制法作为经济法的主要组成部分已成为共识，但对市场规制法的基本理论和内部结构仍然在探讨之中，现有成果对市场规制法的基本理论部分仅仅从法学角度进行分析。本书把市场规制纳入整个社会经济制度的系统之中，应用跨学科的方法对市场规制中的法律问题进行研究。对市场规制法的一般理论按市场规制的概念、种类、市场规制法的概念和调整对象，市场规制法的特征及原则、地位及体系，市场规制法的理论基础及国外立法实践与执法模式等进行研究。对市场秩序法中的理论热点和前沿问题，按照市场规制法的内在体系，分反垄断法理论与实务、反不正当竞争法理论与实务、消费者权益保护法理论与实务、产品责任法理论与实务及特别市场规制法理论与实务五个方面进行论述，突出其理论性和系统性。

（2）新颖性。目前国内外就市场规制法进行全面、系统研究者较少。我们立足于理论界最新动态，对市场规制法中的理论热点和前沿问题进行分析，力求从新的理论、新的实务，全面介绍国内外市场规制法理论研究的最新成果，把握市场规制法理论发展的趋势，使本书在保证理论系统性的同时，充分反映最新的理论成果。在具体内容的安排上，本书根据研究生教育创新的要求，结合最新理论研究成果和立法动态按照具体模块进行撰写，如行政垄断的法律规制、经营者集中的反垄断规制、商业秘密的法律保护、比较广告的法律规制、消费者后悔权和信息权的法律保护等。而且部分章节对理论热点和前沿问题进行了专题研究。特别市场规制法从当前理论界和实务界比较关注的房地产市场、金融市场、劳动力市场的法律规制进行尝试性的探讨，具有一定的前瞻性。

（3）实用性。本教材除了在内容上保证其理论性和新颖性以外，还在研究方法上强调了其实用性。首先，在编写体例和结构上进行创新。每章部门法内容按照“一般理论”“具体制度”和“专题研究”的思路编写。其中“一般理论”部分主要对每章节涉及的基本法理进行论述；“具体制度”并未按照法律规定面面俱到，而是根据研究生自主学习的特点，应用比较法学的方法，择其核心制度进行深度探讨，强化理论训练；“专题研究”为学生提供市场规制法中的理论争鸣和学界最新理论前沿，以提高学生分析问题的理论能力。其次，每一专章中对国内外著名案例如可口可乐合并汇源案等按照“案情简介”“争议焦点”及“法理评析”的具体思路进行研究和探讨，以提高学生解决司法实务问题的能力，具有一定的实用价值。

本书共六章，第一章为市场规制法一般理论与实务，第二章为反垄断法理论与实务，第三章为反不正当竞争法理论与实务，第四章为消费者权益保护法理论与实务，第五章为产品责任法理论与实务，第六章为特别市场规制法理论与实务，系统地论述了市场规制法学一般理论和具体制度，突出其理论性和实践性，使之符合法学专业经济法硕士研究生课程教学的需要。本书既可作为高等学校法学、经济学、管理学等专业学习市场规制法的教材，也可以作为国家机关、企事业单位人员从事市场经济管理工作的参考书。

本书由西安交通大学法学院教师独立完成，具体分工执笔如下：西安交通大学法学院冯宪芬教授编写了第一章，第二章的第一节、第二节、第四节，第三章的第一节、第三节、第四节，第四章的第一节、第二节、第五节，第五章和第六章。张冰副教授编写了第二章的第三节；权彦敏博士编写了第二章的专题研究、第四章的第三节；李晓鸣博士编写了第三章的第二节；王玥博士编写了第四章的第四节。硕士研究生罗文、高晓舒、韩宝云、娄倩、王美云、石磊、张文博分别对第三章的第一节，第四章的第三节、第四节，第五章的第三节、第四节、第五节，第六章的第二节、第三节的部分内容进行了资料的收集和整理。本书最后统一由冯宪芬教授审阅。

由于理论和实践水平有限，书中疏漏、不足之处在所难免，祈望专家、同仁以及广大读者批评指正。

编者

2014年1月

目 录

第一章

市场规制法一般理论与实务

第一节　市场规制法的一般理论

一、市场规制的概念和分类

规制一词是由英文 regulation 翻译过来的，意为以法律、规章、政策、制度来约束和规范经济主体的行为①，强调通过实施法律和规章制度来约束和规范市场主体及其行为。它是西方发达国家自20世纪30年代以来反复出现于政府法令和学者著作中的词语。美国社会科学家塞尔兹尼克将规制界定为“公共机构针对社会共同体认为重要的活动所施加的持续且集中的控制”②。在《新帕尔格雷夫经济学大词典》中，regulation 被译为管制，英美学者习惯于使用管制。日本学者金泽良雄认为：在广义上，规制涉及消极的权利限制和积极的促进保护两个方面；在狭义上，规制是由一定行为规定了一定的秩序而起到限制的作用。他在《经济法概论》一书中对经济法中的规制问题有专门的论述，他认为“经济法按其本质，应是以国家对经济干预之法为中心而形成的”，“在这里可将这种‘国家的干预’换言为‘规制’一词”③。显然，金泽良雄在此是从狭义的角度使用“规制”一词的，以其所论，“国家干预经济之法”就是“国家规制经济之法”。另一位日本学者植草益认为，规制是社会公共机构依照一定的规则对企业的活动进行限制的行为。我国经济法理论中关于规制一词的使用，主要是借鉴日本的经济法著作，日

---

① 陈富良：《放松规制与强化规制》，上海三联书店，2001年，第2页。

② 转引自安东尼·奥格斯：《规制：法律形式与经济学理论》，骆梅英译，中国人民大学出版社，2009年，第1页。

③ 〔日〕金泽良雄：《经济法概论》，满达人译，甘肃人民出版社，1985年，第45页。

本学者植草益《微观经济规制学》一书传入我国后被学者们广泛使用。

我国学者认为规制有广义和狭义之分：广义上的规制，是指一定的主体依据一定的规则，对构成特定社会的个人和构成特定经济的市场主体的活动进行限制或鼓励的行为，它包括法学界通常所说的市场规制与宏观调控；狭义的规制，是指没有包括宏观调控的市场规制。经济法经过30多年的发展，二分说(即经济法一般包括市场规制法和宏观调控法两部分)已经成为共识，所以经济法学界一般取其狭义。这里的市场规制，是指规制主体以治理"市场失灵"为己任，依法对市场主体的市场进入和退出、价格、数量、质量、投资、财务会计等，进行限制性的控制①。

根据所治理的市场问题的内在差异，市场规制大致可以分为以下三类：①经济性规制。它主要是针对在自然垄断和存在严重信息不对称的领域，旨在扭转资源配置低效和不公平利用，对市场主体的进入和退出、价格、服务的数量和质量等有关行为加以规制。它往往表现为纵向的行业规制，典型的如电力规制，电信规制，银行、证券、保险等方面的金融监管。②社会性规制。它主要是针对外部性和信息不对称等市场缺陷，以保障劳动者和消费者的安全、健康、卫生以及保护环境、防止灾害为目的，对物品和服务的质量以及伴随着提供它们而产生的各种活动制定一定的标准，或禁止、限制特定行为的规制。典型的如消费者权益保护、医药管制、生产安全监管、环境保护、资源监管等。③反垄断规制。它主要针对竞争性行业内的垄断和限制竞争行为等，加以防范和规制②。但也有学者认为根据所规制市场问题的内在差异，市场规制具体可以分为以下三类：①对市场主体准入的规制。②对退出市场的规制。③对市场主体行为过程的规制。对市场主体准入的规制及对退出市场的规制，主要是针对非价值物品及信息不对称等市场失灵因素作出的限制性行为，主要是一种事前规制行为，是为了保障市场环境的安全性，降低因不安全、无效率主体行为导致的社会资源的浪费及降低事后规制成本，如银行、证券、保险等方面的规制，对市场主体行为过程的规制。它主要针对竞争性行业内的垄断和限制竞争行为等，主要是一种事中规制行为，是为了保障市场环境的有效性，及对市场安全进行进一步保护，如反垄断，反限制竞争、价格、服务的数量和质量等有关行为过程方面的规制③。

依规制主体不同，规制分为私的规制和公的规制。前者是指由私人进行的规制，如年长者约束年幼者；后者是指由国家机关、社团组织等社会公共机构对私人以及市

---

① 王全兴、管斌：《市场规制法的若干基本理论研究》，载法苑精萃委员会编：《中国经济法学研究精萃》，机械工业出版社，2002年，第214页。

② 〔日〕植草益：《微观规制经济学》，朱绍文、胡欣欣，等译校，中国发展出版社，1992年，第19～22页。

③ 郭江吟：《市场规制法基础理论问题研究》，兰州商学院硕士学位论文，2012年，第8页。

场主体行为的规制[①]。但目前在我国，私的规制主体的合法性往往受到质疑。

依规制目的不同，规制分为竞争性规制和保护性规制。前者是指政府机构对特许权或服务权的分配，后者则为通过设立一系列条件以控制私人行为而维护公共利益[②]。

依标准的市场模型，规制分为：直接干预市场配置机制的规制，如价格规制、产业规制和合同规制；通过影响消费者决策从而影响市场均衡的规制，如汽车尾气排放量限制及购买保险条件等；通过干扰企业决策从而影响市场均衡的规制，如产品特征的限制、企业投入物和产出物或生产技术的限制、进入限制、税收和补贴等[③]。

二、市场规制法的概念、调整对象及特征

关于市场规制法的概念，国内外的观点并不统一。美国称之为反托拉斯法；英国称之为限制性贸易惯例法和公平贸易法；德国称之为反不正当竞争法和反对限制竞争法；日本称之为不正当竞争法和禁止垄断法等。我国学界的称谓也尚不统一，有学者称其为“市场调控法”[④]；有学者称其为“市场运行法”[⑤]；也有学者称其为“市场障碍排除法”[⑥]；多数学者称其为“市场管理法”[⑦]。我们认为，“管理”一词行政色彩比较浓厚，不能完全反映这类法律规范的本质特点，“规制”之义并不等同于管理、调控和调整，它包含有“规整”“制约”和“使有条理”的含义。规制是表明外部力量对某一事物企图达到一定的状态的矫正设计[⑧]。而且在汉语词汇中，管制很容易使人联想到统制经济和命令经济形式，而规制更接近英文原义，它所强调的是通过实施法律和规章制度来约束和规范市场主体及其行为，故称之为规制更为恰当。正因为这一区别，管制往往被用来描述计划经济体制，规制往往被用来描述市场经济体制[⑨]。规制的发生是以规制对象的偏颇为前提的，正是由于市场自身缺陷以及民商法、行政法对市场经济的调整不力，新的法律规

---

① 〔日〕植草益：《微观规制经济学》，朱绍文、胡欣欣，等译校，中国发展出版社，1992年，第1页。

② Ripley R，Franklin G. Political Implementation and Bureaucracy. Chicago：Dorsey Press，1986.

③ 陈富良：《我国经济转轨时期的政府规制》，中国财政经济出版社，2000年，第9～10页。

④ 李昌麒主编：《经济法学》，中国政法大学出版社，1994年，第263页。

⑤ 潘静成、刘文华主编：《中国经济法教程》，中国人民大学出版社，1995年，第2页。

⑥ 漆多俊主编：《经济法学》，武汉大学出版社，1999年，第110页。

⑦ 参见王先林：《论市场管理法的几个基本理论问题》，《中国法学》，1998年第2期；陆介雄：《论市场管理法》，《法学家》，1999年第3期；王峻岩、王保树主编：《市场经济法律导论》，民主法制出版社，1996年，第62页；王克稳：《行政法学视野中的“经济法”》，《中国法学》，1999年第4期。

⑧ 徐士英：《市场秩序规制与竞争法基本理论初探》，《上海社会科学院学术季刊》，1999年第4期。

⑨ 王全兴、管斌：《市场规制法的若干基本理论研究》，载法苑精萃委员会编：《中国经济法学研究精萃》，机械工业出版社，2002年，第214页。

范才得以产生，“市场规制法”这个概念更能精确地反映其所包含的具体法律制度的调整对象、手段及本质。因此，本书采用了“市场规制法”的称谓。

市场规制法，是调整国家对市场进行规制的过程中发生的社会关系的法律规范的总称。其中这些社会关系构成了市场规制法的调整对象。国家对市场进行规制的过程中发生的社会关系主要包括以下两个方面。

(1)市场规制关系。市场规制关系是指规制主体基于“市场失灵”，依法定职权或授权对市场主体的行为进行监管，以维护市场秩序的关系。这种关系具有监管与被监管的不平等性，这是因为这种社会关系并非平等主体之间的社会关系，其中一方参加者是以社会公共管理者的身份出现的政府及经济行政管理机关或授权机构，它对社会关系的调整需要凭借行政权力，这表明市场规制的调整手段具有一定的公法性质。但它与一般行政关系的区别在于其内容具有经济性，这是因为它涉及经济领域和经济生活，其内容是经济性的，强调社会经济秩序协调发展。

(2)受规制的市场关系。受规制的市场关系是指市场主体之间在国家规制市场过程中产生的社会关系。这种关系表象具有平等性，但这种平等关系并不是民商法视野中那种完全的意思自治，而是带有国家意志的被监管的市场关系，它内含了经济法的实质正义原则。民商法天然地追求和体现形式正义，民商法中的平等原则是其典型体现。“平等原则的含义是，参加民事活动的当事人，无论是自然人或者法人，无论其所有制性质，无论其经济实力强弱，其在法律上的地位一律平等，任何一方不得把自己的意志强加给对方，同时法律也对双方提供平等的法律保护。”①但民商法所能提供和保障的平等只是起点的平等，不是终点的平等。经济法一般不否定形式上的正义或形式上的平等，但更注重实质正义。经济法的实质正义观主要体现在机会公平和结果公平中。这是因为在现实生活中，经济主体之间的个体差别，致使传统民商法以抽象人格平等为基础的公平体系无法实现，权利行使自由、意思自治成了经济上强者压制弱者的合法理由。市场规制法作为经济法的一个重要组成部分，主要是通过对弱势群体进行倾斜保护来体现实质正义原则的。这些被“规制”的社会关系具体包括：①竞争关系，即市场主体在经营中相互争夺市场的社会关系，如经营者之间的关系。②特殊的交易关系，即特殊市场主体之间的商品交换关系，这种交易关系不再单纯是民商事中的交易关系，而是渗透了国家意志的交易关系，如经营者与消费者的关系。③市场中介服务关系，即市场中介主体为交易或竞争主体提供策划、信息、预测、咨询、广告、网络在线等服务的关系。其目的是协助政府规制市场，进而降低交易成本，维护市场秩序。

---

① 梁慧星：《民法总论》，法律出版社，1996 年，第 42 页。

市场规制法主要包括反垄断法、反不正当竞争法、消费者权益保护法、产品质量法等。它是我国经济法体系中的一个重要组成部分。其主要特征包括以下三个方面。

第一，规制目的的特定性。市场规制法以治理“市场失灵”为己任，通过国家反垄断、反不正当竞争，通过对市场主体的市场进入与退出以及对产品价格、产品质量等进行限制性的控制，实现对市场竞争的强制性干预，以排除市场障碍，充分发挥市场机制对经济的调节作用，维护合理的市场秩序，保障经济的协调、稳定发展。

第二，规制范围的微观性。市场规制法就其作用而言，虽然也对宏观经济产生影响，但其直接对象是微观经济行为。它通过对市场主体经济行为的刚性约束，促使其实现“理性竞争”。市场规制法直接作用的不是经济总量和经济全局，而是经济活动的某一层面或某一局部，但这种对经济活动某一局部的规制和调适，又是实现经济总量平衡和整体协调的基础。

第三，规制方式的直接性。市场规制法运用许可、禁止、限制等各种手段对市场主体的经济行为进行直接规制，使其对市场要素产生直接影响，这也就使它同那些需要假以经济杠杆来间接影响和调控经济生活的宏观调控法相比更具有刚性特点。

三、市场规制法的主体

从法理上讲，市场规制法的主体是指在市场规制中享有一定权利、承担一定义务的组织或个人。目前学界一般根据主体在国家规制关系中所处的基本地位，把市场规制主体分为规制主体与规制受体。规制主体是担负国家对市场经济进行规制职能的国家机关或其授权组织。规制受体是指参与市场活动接受规制的市场主体，但规制主体和规制受体具体包括哪些，目前理论界还存在争议。

有学者认为，经济法的调整对象是公私混合型社会经济关系。公私混合型法律关系是有三方主体参加的社会关系；是既有当事人参与又有关系人介入的社会关系。当事人双方之间的关系是本原性的或被称为第一位的关系，是一种经济关系。当事人与关系人之间的关系则是一种具有管理性的关系，基本不会直接发生财产流转方面的关系。在市场规制法中，“政府”是以关系人的身份介入社会经济活动的，形成一种三角形关系或三维关系。在这三角形关系中，政府处于顶角位置，弱势主体和强势主体双方作为当事人在两边底角。其中关系人又分为经济管理主体和准经济管理主体。经济管理主体主要是指政府(公权主体)，政府是经济管理的主体，在市场规制法中承担规制监管强势主体、保护弱势群体的职能。“政府”是市场规制法律关系的主体，但政府只是关系人，因为他只是通过规制强势主体来保障弱势群体权利。因为政府是一个拟制主体，需要代表机构代表政府行使权力。代表政府的政府机关有立法机关、行政机关和司法机关。准经济管理主体主要是指行业协会和社会中介组织(介于公权主体与私权主体之间的特殊主体)①。

也有学者认为，市场规制法的主体由市场规制主体和市场规制受体构成，规制主体包括国家及其政府和存在争议的行业协会；规制受体主要有经营者、经营者的代表者等主体。其中作为规制主体的国家及其政府便不再是一般意义上的国家及其政府，而是作为特定法律关系——市场规制关系中的特定主体——规制主体的角色，相应地具备着作为“规制主体”这一特定范畴应有的信息量，并且享有相应的权利(权力)、承担相应的义务。作为规制受体的经营者的代表者，主要是指行政性垄断的地方政府和各级政府部门、联合限制竞争行为的行业协会②。

随着德国学者哈贝马斯提出了“公共领域—经济—国家”的分析框架、美国学者柯亨和阿拉托提出了“市民社会—经济—国家”的分析框架及我国公民社会理论的兴起，三元社会理论逐渐被我国经济法学界所关注，经济法主体制度设计不断突破传统主体的两分法，将代表不同利益群体的社会团体(也称社会中间层主体)确认为一种新型的、第三类经济法主体。与此同时，这种观点也影响到了市场规制主体的划分，从上述对行业协会的争议中可见一斑。但笔者认为，这种所谓第三类中间主体，从其产生和发展的历程来看，确实不同于市场规制主体和一般的规制受体，但从在国家规制关系中所处的基本地位来分析，当国家赋予一定权限时，则可归入国家规制主体，否则就是被规制主体，从其功能来看不外乎国家规制主体与被规制主体的基本定位。

(一)规制主体

规制主体是指具体从事市场规制方面的国家机关及授权组织，主要是那些反限制竞争、反不正当竞争和反垄断、维护市场正常的竞争秩序的有关国家机关和授权组织。这是国家排除对自由竞争的妨害、保障市场充分发挥其作用的方式之一。许多国家在这方面设有专门机构，如美国的联邦贸易委员会、德国的联邦卡特尔局等。在我国，这些机关主要包括商务部、国家发展和改革委员会(简称国家发改委)、国家工商行政管理总局(简称国家工商总局)等职能机关和行业部门主管机关。这些机关统称国家经济管理主体。

国家经济管理主体的法律特征③主要包括以下几个方面。

1. 地位的法定性

按照法律理论，国家经济管理主体的地位即国家经济管理主体的法律地位，也就是国家经济管理主体的资格和其自身拥有的权限。从广义上讲，国家经济管

① 韩志红、王丹：《关于市场规制法法律关系三要素的思考》，《当代法学论坛》，2006年第1期。

② 肖江平：《论市场规制法的主体》，《云南大学学报(法学版)》，2005年第6期，第9～13页。

③ 黄河主编：《经济法》，中国人民大学出版社，2003年，第76～78页。

理主体的法律地位，还应包括国家经济管理主体的法律性质、职能，以及国家经济管理主体与其他经济法主体的关系等内容。但其核心内容，是国家经济管理主体的资格和其自身拥有的权限[①]。国家经济管理主体地位的法定性，主要表现在两个方面。

（1）主体资格取得的法定性。国家经济管理主体的产生和组成，源于法律的直接规定。在我国，作为国家经济管理主体最主要组成部分的行政机关，是根据《中华人民共和国宪法》（简称《宪法》）、《中华人民共和国国务院组织法》（简称《国务院组织法》）、《中华人民共和国地方各级人民代表大会和地方各级人民政府组织法》（简称《地方各级人民代表大会和地方各级人民政府组织法》）成立的，其组织机构的设置、负责人的任免，也均由这些法律直接规定。此外，需要说明的是，经过国家机关的授权，某些非营利性社会组织和经济组织也可以取得国家经济管理权限，从而成为国家经济管理主体，但是由于国家经济管理属于国家的一项重要经济职能，其牵涉面广，且关系到国家的经济安全，事关国家的根本利益和社会公共利益，因此这种授权也应由法律直接规定，即无论是授权机关，还是被授权单位的授权条件和范围，抑或授权程序，都必须有法律的严格限定。因此，即便是经授权而产生的国家经济管理主体，从某种意义上讲，其主体资格的取得也是源于法律的直接规定。

（2）权限来源与内容的法定性。国家经济管理主体的权限[②]来自宪法、政府组织和其他有关经济法律、法规的直接规定。并且，由于国家经济管理权限的范围决定着企业等其他经济法主体的自主经营权大小，决定着一国自由经营与国家干预关系能得到正确处理。因此，为了使国家经济管理主体行使权力有所依据，避免国家经济管理主体越权干预，保障市场经济体制所要求的自由和自主经营，法律对国家经济管理主体的权限内容也作了明确规定。

2. 意志的单方性

国家经济管理主体意志的单方性，主要是针对国家经济管理主体与其管理相对人之间的法律关系而言的。简言之，国家经济管理主体是代表国家从事经济管理活动的，其所行使的经济管理职权来自法律的明确授予。因此，国家经济管理

---

① 杨紫烜主编：《经济法学》，北京大学出版社、高等教育出版社，1999 年，第 98 页。

② 有部分学者称之为市场规制权。市场规制权是政府（或称市场规制主体）对微观经济进行干预的权力（王全兴、管斌：《市场规制法的若干基本理论研究》，载法苑精萃委员会编：《中国经济法学研究精萃》，机械工业出版社，2002 年，第 216 页）。有学者认为市场规制权力与行政权力在产生原因方面、调整手段上、救济思维及复杂程度四个方面不同（姚海放：《论市场规制权的行使与问责制的落实》，《中国工商管理研究》，2010 年第 3 期，第17～20 页）。也有学者认为，适应现代市场经济的要求，政府的经济职权应重构为宏观调控权、市场规制权和公共投资管理权。其中，市场规制权以其内蕴的调整方法的直接性、调整内容的法定性和调整领域的特定性而自成一体（盛学军、陈开琦：《论市场规制权》，《现代法学》，2007 年第 4 期，第 83～90 页）。

主体拥有法律赋予的权威，作为管理相对人的经济法律关系主体对国家经济管理主体的意志有服从的义务；国家经济管理主体与管理相对人之间法律关系的形成、变更和终止，也往往是国家经济管理主体单方面的意思表示的结果。这与民事法律关系强调当事人之间法律地位平等、坚持当事人意思自治以及在双方或多方法律行为中奉行意思表示形成了鲜明的对比。当然，应当提及的是，随着"服务政府""经济民主"等思潮的兴起，近年来各国国家经济管理主体在行使其经济管理职权时，对管理相对人的意志作了较多的考虑，但这不足以从根本上否认国家经济管理活动中管理主体意志的单方性，并且如果在国家经济管理活动中不适当地或过多地注入管理相对人的意志，国家经济管理所预期的目标就将难以达到。

3. 构成上的层级性

国家经济管理主体构成上的层级性，是针对国家经济管理主体体系的内部关系而言的。具体而言，国家经济管理主体是由众多拥有国家经济管理权限的单位构成的一个体系。在国家经济管理主体体系内部，存在着明显的层级关系，下级机关与上级机关、被授权组织与授权机关之间呈现出意志上的服从与被服从关系。在我国，国家经济管理主体的基本构成是享有经济管理权限的各级行政机关，作为最高国家行政机关的国务院与各省、自治区、直辖市人民政府之间具有行政隶属关系；省、自治区、直辖市人民政府与下级政府之间具有行政隶属关系。同时，国务院与其职能部门(各部、委、直属局)之间、地方各级政府与其职能部门之间也存在着行政隶属关系。另外，经授权行使国家经济管理权限的特殊形式的企业和其他社会组织，也必须服从授权机关的意志，接受授权机关的指导与监督，服从授权机关的指令，从而成为国家经济管理主体体系中的一种层次①。

4. 权责的一致性

国家经济管理主体是享有国家经济管理权限的组织。此所谓国家经济管理权限，属于经济权限的范畴，包括国家经济管理职权和国家经济管理职责。与经济职权和经济职责呈现出的关系一样，国家经济管理职权实际上就是国家经济管理职责。换言之，国家经济管理主体享有的国家经济管理职权，既是它们干预社会经济的权力，同时也是它们必须依法履行的责任；它们放弃其享有的国家经济管理职权，也就是怠于履行其承担的国家经济管理职责。这样，国家经济管理职权与国家经济管理职责不仅在主体上，而且在内容上达成了统一。所谓国家经济管理主体权责的一致性，即指国家经济管理主体的国家经济管理职权与国家经济管理职责的这种统一。

---

① 黄河、王兴运：《经济法学》，中国政法大学出版社，2008年，第98页。

(二)规制受体

规制受体是指在市场活动中接受规制的相对方，在市场规制中，一般是指经营者与消费者这两类主体。

1. 经营者

我国市场规制立法中有关经营者的定义主要有：《中华人民共和国反不正当竞争法》(简称《反不正当竞争法》)(1993年)第2条规定，经营者是指从事商品经营或者营利性服务的法人、其他经济组织和个人；《中华人民共和国价格法》(简称《价格法》)(1997年)第2条规定，经营者是从事生产、经营商品或者提供有偿服务的法人、其他组织和个人；《中华人民共和国反垄断法》(简称《反垄断法》)(2007年)第12条规定，经营者是从事商品生产、经营或者提供服务的自然人、法人和其他组织。《中华人民共和国消费者权益保护法》(简称《消费者权益保护法》)(1993年)对经营者的概念未作解释。《中华人民共和国产品质量法》(简称《产品质量法》)(1995年颁布，2000年修订)虽较多使用商品生产者、销售者的概念，但有从事服务经营者一称，笔者以为，销售者加上从事服务经营者与经营者的概念并没有太大的差异。《中华人民共和国广告法》(简称《广告法》)(1994年)使用了广告经营者、商品经营者等概念，但未作解释。1993年颁布、2002年修订的《中华人民共和国农业法》(简称《农业法》)则直接使用了农业生产经营组织的概念，该法第2条规定其为农村集体经济组织、农民专业合作经济组织、农业企业和其他从事农业生产经营的组织，即采取列举外延的方式来定义。

这些定义的基本含义相同，即以营利为目的，从事商品生产、销售和商业性服务的法人、其他经济组织和个人。这种法定经营者的概念具有共同的特征，即商法的营利性的内容加上民法主体的外延。这种定义方式过分着眼于民商法的视角，过于强调营利目的，并采用“法人、其他经济组织和个人”民法主体的列举，忽略和抹杀经营者作为经济法主体理应承担的经济法的部门属性，更无法突显其市场规制受体的特性。经济法不同于民商法，它以社会为本位，侧重维护社公共利益，其进行市场规制的目的在于建立公平的竞争秩序，所以完全用民商法的视角来定义经济法中的经营者，显然不能契合经济法的内在品格及现代经济法的实践需求。而且作为市场规制法主体的经营者，在进行市场行为时理应受到市场规制法的调整，更应当体现该法的基本原则。市场规制法是为了解决市场主体的个人逐利性与社会公共利益的矛盾而产生的，后市场经济的理论和现实决定了市场规制必须以充分尊重市场机制的正常运行为前提，只能以弥补和救济市场失灵为己任。如果某一主体的活动影响到市场竞争，就应直接纳入市场规制法的调整，这必将超越商法的视野。市场规制法主体的特殊性在于其主体制度必须以社会本位、实质正义为价值取向。

法学界对经营者的研究，可以分为两个阶段①：第一阶段是1993～1997年。这一阶段由于《反不正当竞争法》颁布实施不久，行政执法与司法实践中所暴露与反映的问题，或者尚不普遍，或者尚未引起法学界的足够关注。在这一阶段的研究成果中，学者们基本上停留在对经营者一般内涵与外延的研究，尚未对经营者进行深入的类型化研究。第二阶段则是1997年以后，随着行政执法与司法实践中反映的问题越来越突出，并直接影响到《反不正当竞争法》的实施效果，理论界开始了对经营者的内涵以及外延的类型化研究。关于经营者的概念，主要有两种学说：主体资格说和主体行为说。主体资格说通常从主体资格角度理解经营者，认为只有专门从事商品生产和经营以及营利性服务的具有法定从商资格的主体才能成为法律意义上的经营者，即只有经依法核准登记领取营业执照、具有从事经营活动资格的单位和个人，才能成为经营者②。主体行为说从主体行为的角度对经营者进行广义的解释，认为"虽不具有经营资格的经营主体，但参与经营活动而实施不正当竞争时，也认为属于反不正当竞争法上的经营者，企业的职工代表或者代理他人实施经营行为的人、无营业执照而从事经营活动的个人、利用业余时间从事营利性推销活动的个人以及行政机关等都可以归入此类经营者，而不再是经营者的例外"③。但主流的观点基本上达成了行为标准的共识。因此，我们应吸收理论界的最新研究成果。

域外法律在相关市场规制立法方面比我国视野宽泛，世界知识产权组织的《反不正当竞争保护示范条款》规定，在工商业活动中违反诚实行为的任何行为或者做法，均构成不正当竞争行为。世界知识产权组织国际局在其注释中指出：工商业活动一词应当在广义上理解，即不仅适用企业提供商品或者服务的活动，特别是此类商品或者服务的买卖，而且包括职业活动，如律师、医生，不管是私人形式还是其他形式。因此，就示范法的目的而言，个人或者企业的活动是否以营利为目的是无关紧要的。据此，示范条款及解释明确地指出了竞争法的主体界定原则，即不以营利目的为要件，任何主体只要处于工商业领域且实施了违反诚信原则的竞争行为，即受规制。

美国反托拉斯法中没有"经营者"的概念，《谢尔曼反托拉斯法》(简称《谢尔曼法》)的适用范围为"any person"。根据最高法院判例，美国反托拉斯法中的"any person"具有极为广泛的含义，除了各州认定的自然人、企业、公司、其他组织、市政机关外，还包括各种外国法所规定的商业主体。可见，任何主体，不论是私

① 李友根：《论经济法视野中的经营者——基于不正当竞争案判例的整理与研究》，《南京大学学报》，2007年第3期，第55～75页。

② 邵建东：《竞争法教程》，知识产权出版社，2003年，第32页。

③ 孔祥俊：《反不正当竞争法的适用与完善》，法律出版社，1998年，第74页。

人经济实体还是公权机构，不论是否具有相应的主体资格，只要从事了违反《谢尔曼法》的行为，都是该法的适用主体，均可受到规制。

法国《公平交易法》第 37 条规定：任何人违法使用国家、地方团体及其公共机构之公有财产，为出售产品或提供劳务之要约者，应予禁止。企业或行政之非营利社团或合作社不得经常性地为出售产品之要约、出售产品或提供劳务。但上述活动规定于章程者，不在此限。第 53 条规定：本命令之规定适用于所有生产、经销及劳务活动，公法人之行为亦包括在内。

德国现行《反不正当竞争法》第 1 条规定：行为人在商品交易中以竞争为目的而违背善良风俗，可向其请求停止行为和损害赔偿。可见，德国法也未明确主体资格类型。

我国台湾地区的“公平交易法”第 2 条在规定适用主体时指出：本法所称事业包含公司、独资或合伙之工商行号、同业公会、其他提供商品或服务从事交易之人或团体。对于第 4 种主体即“其他人或团体”的内涵与外延，我国台湾学者依据“立法”本意与“司法”实践进行了扩大解释，不仅放弃了获取收入的要件，包括营利及非营利事业，而且从目的解释的角度将政府机关、地下经济业者、非营利社团、财团法人均纳入事业者范围，从而成为竞争法的适用主体，以符合“公平交易法”之规范目的及维护市场之竞争机能。我国台湾地区著名学者黄茂荣教授，在分析地下经济业者是否属于台湾地区“公平交易法”的调整主体时指出：“(其)虽未为其从事地下经济而向经济主管机关办理营业登记，以取得法律上之形式的主体地位，但在像公平交易法及税法这种法律，在其意义下之权利能力的认定，不适当与公司在公司法下之权利能力的取得问题同视。盖在公平交易法及税法，如以设立登记为必要，将不能达到规范竞争秩序或稽征税捐的目的，而法律用语之定义或解释必须取决于其规范目的，即从实现规范目的之功能的观点解释之，以探求其真意。”①

可见，域外的竞争法一般从行为标准出发来界定经营者，而不是从主体标准，即只要施行了该法规定的不法行为，无论是何主体即受规制。

因此，我们在界定市场规制法中经营者概念的时候，既要以理论界的研究成果为依据，又要借鉴域外立法经验，正如学者所言，人们必须将人这一法律主体的概念视为一种不是建立和限定在法律经验之上的，而是具有逻辑必然的、普遍适用的法律观察之范畴②。我们可以把经营者理解为，任何进入市场，从事市场竞争行为并影响公平竞争秩序的人。市场规制法是维护市场竞争秩序的法律，只要介入市场竞争并以其行为对竞争秩序产生影响的主体都应当纳入经营者的范围。

---

① 黄茂荣：《公平交易法理论与实务(植根法学丛书)》，黄茂荣出版社，1993 年，第 50 页。

② 徐孟洲、叶姗：《经营者论：基于经济法规范与原理的分析》，《现代法学》，2005 年第 4 期，第 76 页。

2. 消费者

我国现行《消费者权益保护法》在第 2 条中规定："消费者为生活消费需要购买、使用商品或者接受服务，其权益受本法保护；本法未作规定的，受其他有关法律、法规保护。"可见《消费者权益保护法》对"消费者"没有明确的定义，只是规定只有生活消费才适用《消费者权益保护法》。对于"生活消费"，我国法学界主要有两种学说：一是主客观统一说，主观上必须是出于"为生活消费需要"的动机或目的，客观上必须有"购买、使用商品或者接受服务"的行为。对于购买者是否以生活消费为其主观目的，完全可以凭一般人的社会生活经验，即所谓的"经验法则"加以判断①。二是客观行为说，公民个人是否具有生活消费的主观目的正是通过"购买、使用商品或者接受服务"的客观行为表现出来的②。笔者认为主客观统一说看起来很全面，但以"经验法则"来作为判断主观动机本身就具有很大的不确定性，会出现"仁者见仁，智者见智"的结果，这与法律的确定性要求相左。而客观行为说一方面便于司法认定，另一方面能把消费者与经营者对应起来，消费者是与经营者对应的一个法律范畴，只有把消费者置于经营者的法律关系中，才能更好地把握其内涵。

域外关于消费者的定义，主要有两种模式：一种是从正面对消费目的作限定，以"满足个人和家庭需要"为标准；另一种是进行反向排除，以"非营业或者职业为目的"为判断依据。

从正面对消费目的作限定的国家和地区主要有美国、日本、澳大利亚及我国台湾地区。美国《统一商法典》规定，消费者是为满足个人和家庭需要购买动产、不动产和各类服务的人。美国权威的《布莱克法律辞典》认为，"所谓消费者，是指从事消费之人，亦即购买、使用、持有以及处理物品或服务之人，消费者是指最终产品或服务的使用人"。因此，其地位有别于生产者、经营者。《牛津法律大词典》中的消费者也是指那些购买、取得和使用各类物品和服务(包括住房)的个人。日本《消费者合同法》规定，消费者是指以经营为目的的合同当事人以外的个人。日本学者主张，消费者的概念逐渐扩大，在人类多方面的活动中，"生活、生存的个人"都可以视为消费者。消费者问题应包括以下三重结构：①与为生活所需的商品、服务进行交易直接相关的核心及典型领域。②包括与交易有着间接关系的环境问题等在内的准消费者问题。③由于发生的主要原因相同，所以可以用同样方法进行解决的外延部分③。在澳大利亚，"消费者"一词指的是为了个人

① 梁慧星：《消费者权益保护法第 49 条的解释适用》，载梁慧星：《民商法论丛》第 20 卷，金桥文化出版(香港)有限公司，2001 年，第 403 页。

② 许建宇：《完善消费者立法若干基本问题研究》，《浙江学刊》，2001 年第 1 期，第 152 页。

③ 〔日〕铃木深雪：《消费生活论——消费者政策》(修订版)，张倩、高重迎译，中国社会科学出版社，2004 年，第 11、18 页。

使用或家庭使用的目的而购买特定货物或接受服务的人。个人购买的商品或服务不超过 4 万澳元时，也被称为“消费者”。如果购买人在获得了货物或服务之后又使其重新进入流通领域而转卖出去，则不属于“消费者”①。我国台湾“消费者保护法”规定，消费者是指以消费为目的而为交易，使用商品或者接受服务者。我国台湾地区“行政院消费者保护委员会”颁布的一系列相关函释规定，消费是指非供执行业务、投入生产使用或者销售之情形下所为之最终消费。采取这种肯定方式的还有葡萄牙、瑞士及斯堪的纳维亚国家。

进行反向排除定义消费者的主要代表是国际公约及欧盟国家。1980 年《联合国国际货物销售合同公约》(the United Nations Convention on Contracts for the International Sale of Goods，CISG)从反面对消费者的含义作出了规定，即为个人、家庭或家务使用之目的而订立的合同(即消费者合同)不适用该公约；欧盟 1968 年通过的关于管辖的《布鲁塞尔公约》认为，消费者是基于非行业或职业目的而购买商品或接受服务的人；欧盟 1980 年通过的《关于合同义务的法律适用公约》(《罗马公约》)认为，消费者是指基于行业或职业之外的目的而购买商品或接受服务的私人。《欧盟产品责任指令》(1985 年，简称《EC 指令》)指出，所谓消费者，是指在以本指令作为对象的合同中，为自己的营业、事业或者专门职业以外的目的而实施行为的所有自然人。1994 年欧盟《不公平消费合同条款指令》规定，消费者是出于非职业目的的缔结合同的自然人，这是从反面来限定消费者的范围，以使消费者与生产者、经营者相区别，同时也将“消费者”限定为“自然人”。德国《民法典》规定，消费者是指既非以其营利活动为目的，也非以其独立的职业活动为目的而缔结法律行为的自然人。该规定对消费者采取反向排除的方式进行界定。英国《消费者信用法》规定，消费者是指非因自己经营业务而接受由供货商在日常营业中向他和要求为他提供商品或劳务的个人。采取这种否定方式的还有荷兰、奥地利等。

而且从域外法的上述规定来看，它们在对消费者概念下定义时，主要有三个标准：一是强调消费者的主体要件。一般都认为消费者是指个体社会成员，不包括法人或其他社会组织，如美国、德国、欧盟等。一些国家和地区没有作明确规定，实际上并不完全否认单位成为消费者主体的可能性，如我国台湾地区等。二是强调消费者的行为目的要件，即为了消费需要，以区别于生产消费与经营者。消费者的概念应该以非专门性、非营利性为构成要素。三是消费者从事的消费是最终的消费，消费的范围包括商品和服务两个方面，消费者并不限于直接的购买人，还包括最终的消费者或使用者。

从经济学看，消费包括生产性消费与生活性消费两大类。“生产性消费的直

---

① 张严方：《消费者保护法研究》，法律出版社，2003 年，第 113 页。

接目的是延续和发展生产，生活性消费的直接目的是延续和发展人类自身。”①各国消费者权益保护法都把生产性消费排除在外。而生活性消费包括生存型消费、发展型消费和享受型消费三个层次。根据马斯洛的需求层次论，人的需求分成生理需求、安全需求、社交需求、尊重需求和自我实现需求，依次由较低层次到较高层次排列。当人们的生存型消费得到满足后，就会追求精神性的发展型消费和享受型消费。随着我国市场经济的不断发展，人们的消费水平及消费方式日益多元化，所以立法应适应经济社会的发展，适度扩大消费者概念的内涵与外延。正如我国学者所言，“任何人只要其购买商品和接受服务不是为了将商品或服务再次转手，不是为了专门从事商品交易活动，他便是消费者。而他们与经营者所从事的交易都是具有消费者一方的交易”②。笔者认为，可以借鉴国外立法经验，从主体、行为及目的三要件来重新界定消费者：以个人或家庭使用为目的、非用于经营性的购买、使用商品或接受服务的个体社会成员。

这里特别说明的是社会中间层主体在市场规制中的主体地位问题。它既非恒定的规制主体，也非恒定的规制受体。它的地位主要取决于在市场规制的具体法律关系。正如有学者所言，在民法中，社会中间层主体或为法人，或为非法人组织。这种定位是将社会中间层主体与其他市场主体置于同一层面作为平等主体，不考虑社会中间层主体不同于一般市场主体的特殊地位和职能。在行政法中，社会中间层主体在一般情况下被定位为行政相对人，当其受行政机关委托或授权行使特定行政职能时被定位为行政主体。这种定位不考虑社会中间层主体在政府与市场之间的中介地位，以及在政府与市场互动机制中既受控又控制的双向混合职能。经济法应当从社会中间层主体所参加的多维度的经济关系中，多方位把握其地位③。笔者非常赞同这种观点，因为它独立或相对独立于政府主体与市场主体，为政府干预市场、市场影响政府和市场主体之间相互联系起中介作用的主体，具有中介性，因此简单地对它进行定位不符合其特征，也难以回应社会现实。

在社会中间层主体与政府主体的关系中，社会中间层主体受政府监管。因为社会中间层主体虽然在一定程度上弥补了政府和市场的缺陷，但自身也存在缺陷。它所代表和维护的主要是一定群体或集团的利益，其行为需要政府对社会中间层主体进行监管，此时它是规制受体。但在社会中间层主体与市场主体之间的关系中，作为社会中间层主体的社会团体与作为其成员的市场主体之间的关系，主要有自律关系和保护关系。此时，它只是私的规制主体。但当它获得政府授权

---

① 王利明：《消费者的概念及消费者权益保护法的调整范围》，《政治与法律》，2002年第2期，第7页。

② 王利明：《违约责任论》，中国政法大学出版社，2003年，第603～604页。

③ 杨紫烜：《经济法(第三版)》，北京大学出版社、高等教育出版社，2008年，第118～119页。

时，才变成公的规制主体，即准经济管理机关。

在市场规制中，社会中间层主体的典型代表是行业协会。学界对行业协会在市场规制法中的主体地位有不同观点：肯定论认为，行业协会对作为协会成员的经营者的市场竞争行为事实上发挥着规制的作用，对于补充国家、政府规制和市场调节之不足具有不可替代的作用①。行业协会拥有规章制定权、监管权、惩罚权、争端解决权、起诉权等②。

否定论认为，行业协会对协会成员市场竞争行为事实上所发挥的规制作用，是基于政府的授权代政府行使的市场规制权，行业协会本身不是市场规制的主体。相反，行业协会在多种情形下是规制受体，行业协会对协会成员所为的"规制"行为，包括制定规则、内部监管(包括日常管理、许可批准、认证、制定和实施标准、处罚等)、解决纠纷等。虽然其中的部分行为具有与国家和政府市场规制行为相同或相似的外观，但是从其为"规制"行为的权利来源、权利性质，以及所维护的法益、所体现的角色来看，行业协会的"规制"行为与国家及其政府的规制行为有根本的不同：从行为的权利来源和性质来看，行业协会的制定规则、内部监管、解决纠纷的权利，主要来源于作为私主体的协会成员以协议为基础的"让渡"，有时来源于国家及其政府的授权。这样，行业协会"规制"权是建立在成员协议的基础之上的，是私权。有时基于国家及其政府授权行业协会规制竞争行为时，其依据是国家及其政府的临时委托或授权，而非其自身所享有。国家及其政府的规制行为以宪法和法律的规定为依据，其权利性质上是公权。从所维护的法益来看，国家和政府的市场规制行为的宗旨在于维护和促进国家整体利益和社会公共利益。国家整体利益和社会公共利益是跨行业、跨产业的，是兼顾整个国家和社会不同行业、产业、阶层和较长时期相关主体的利益的。而行业协会的目的是对一种特殊普遍利益的保护，行业协会所代表的不过是集合了的个体的利益，是局部的私的利益。也正是在这个意义上，当行业协会的内部"规制"行为，如标准制定行为、集体抑制行为和其他协调一致的行为构成联合限制竞争时，便会依反垄断法承担相应的法律责任。所以从权利来源、性质、维护的法益等方面来看，行业协会"规制"行为来源于私主体权利的让渡、依据的是私权、维护的是私的利益，扮演的是私法主体的角色；国家及其政府规制行为来源于公法的直接规定、依据的是公权、维护的是公的利益，扮演的是公法主体的角色③。

笔者认为，上述观点都有一定的合理之处，但探讨行业协会在市场规制中的地位必须根据行业协会在不同的法律关系中所处的不同角色，这是因为行业协会

---

① 王全兴：《经济法基础理论专题研究》，中国检察出版社，2002 年，第 499～577 页。

② 鲁篱：《行业协会经济自治权研究》，法律出版社，2003 年，第 146～214 页。

③ 肖江平：《论市场规制法的主体》，《云南大学学报(法学版)》，2005 年第 6 期。

作为由单一行业的竞争者所构成的非营利性组织，其目的在于在促进提高该行业中的产品销售和雇佣方面提供多边性援助服务①。其设立宗旨或是为促进本行业经济的发展，或为完善本行业的市场经济秩序、提高特定行业的服务水平和服务质量、提高特定商品和服务的质量和竞争能力。它具有中间性、非营利性、民间性和合作性等特征。行业协会是介于政府和企业之间的主体，是对政府—企业二元结构的突破。它是私个体的联合，本质上属于非政府组织，同时又承担对本行业成员的一定的管理和服务功能。作为政府—行业协会—企业三元结构的第三方，它既独立于政府和企业，又是二者之间的联系纽带。就行业协会与其成员之间的法律关系来说，行业协会对其组成人员有行业协会的规章制定权、非法律惩罚权、监管权和争端解决权②。此时行业协会与其组成人员之间是一种规制与被规制的关系，行业协会是一个规制主体。但此时属于私的规制，这种规制建立在成员的自愿遵守上，不具有强制性；但如果行业协会的内部"规制"行为构成反垄断法中联合限制竞争时，则要承担相应的法律责任，如兰州方便面涨价事件，这也是我国把行业协会纳入反垄断法规制的根本原由，此时国家与行业协会之间是一种规制与被规制的关系，行业协会是规制受体。这是因为行业协会的行业性及成员的竞争逐利性往往会导致个体利益或局部利益与社会公共利益的冲突。反观我国现实，我国行业协会大致可分为体制内和体制外两种来源：体制内的协会，是政府体制改革中从政府机关剥离出来的，在政府的授权或委托下，承担部分行业管理职能的组织，这种行业协会更多充当准经济管理机关的规制主体角色；体制外的协会，是由中小企业自发形成，主要功能是行业自律和自我服务。这种行业协会兼具规制主体和规制受体的双重角色。而且这种理论定位在立法实践中也得到了印证，如《深圳经济特区行业协会条例》第 2 条规定，"行业协会，是指依法由本市同行业的经济组织和个体工商户自愿组成的非营利的自律性的具有产业性质的经济类社团法人"，但同时又在第 5 条规定，行业协会接受相应的深圳市人民政府业务主管部门的指导监督。《上海市行业协会暂行办法》第 2 条规定，行业协会是指由上海市同业经济组织以及相关单位自愿组成的非营利性的以经济类为主的社团法人；第 3 条规定，上海市行业协会发展署是经上海市人民政府授权的上海市行业协会协会业务的主管部门；第 4 条规定，各级政府部门应当扶持和促进行业协会的发展，将行业协会的发展规划纳入上海市社会团体的发展规划，将本应属于行业管理的职能转移给行业协会承担，充分发挥行业协会在经济建设和社会发展中的作用，并保障行业协会独立开展工作。上海市政府有关委、办、

① 转引自鲁篱：《行业协会经济自治权研究》，法律出版社，2003 年，第 4～6 页。行业协会的目的是对一种特殊普遍利益的保护。

② 鲁篱：《行业协会经济自治权研究》，法律出版社，2003 年，第 146～209 页。

局是上海市相关行业业务的主管部门，负责对行业协会涉及的产业发展、行业规范等有关事务进行业务指导和监督管理。

四、市场规制法的地位与调整方法

（一）市场规制法的地位

市场规制法的地位，从广义上讲是指其在市场经济法律体系中的地位。在此，我们主要是从狭义上来分析市场规制法的地位，也就是在经济法的框架内，通过市场规制法与经济法的其他主要方面，如宏观调控法的比较分析中来认识其必要性和重要性。

市场规制法和宏观调控法作为经济法的最主要的两个基本方面，都是国家干预经济的法律形式，但是二者之间也存在着差异，主要表现在以下几个方面。

（1）体现国家干预的层次不同。宏观调控法体现的是国家对总量经济的干预，市场规制法则体现国家对个量经济的干预。

（2）产生的原因不同。宏观调控法是市场总量失衡的产物，是国家为了减少市场非均衡所引起的失业、通货膨胀和收支失调等经济波动，使资源得到充分利用而制定的旨在保证经济稳定增长的法律规范。而市场规制法则是市场机制失灵的产物，是国家为克服市场失灵对经济发展的影响而制定的法律。

（3）法律规范的特点不同。宏观调控法侧重于运用授权性规范，而市场规制法则侧重于运用义务性规范和禁止性规范。

市场规制法和宏观调控法所表现出来的差异性，一方面反映了市场经济结构的复杂性，另一方面也反映了经济法作用于市场经济关系时在调整手段和调整方法上的多样性。

市场规制法是经济法律中的一个基本方面，并且是最早出现的经济法律规范，长期居于西方资本主义国家经济法体系的核心地位。当前虽然各国都更重视运用宏观调控手段以调节经济，在经济法体系中宏观调控法的地位正在上升，但无论哪个国家，只要实行市场经济体制，市场规制法就不可或缺，它始终是市场经济运行的基础性法律。

（二）市场规制法的调整方法

市场规制法是以克服市场缺陷为目的的法律制度。市场缺陷的多样性表征，决定了市场规制法在调整方法上的多样性和层次性特点。

（1）积极性规制与消极性规制。积极性规制是通过制定和实施交易和竞争中应为或可为的规则，从正面引导市场主体按照法定的有效要件实施市场行为；消极规制则是通过制定和实施交易和竞争中不应为或禁止为的规则，从反面限制或矫正市场主体的不当行为。在规制过程中，往往需要积极规制与消极规制的配合。

(2)刚性规制与弹性规制。刚性规制是对受规制的主体不留选择的余地，必须依法作为或不作为，而弹性规制则给受规制主体留下一定的选择空间。在规制实践中，一般以刚性规制为主、弹性规制为辅。

(3)直接性规制和间接性规制。直接性规制是指国家直接介入市场失灵的领域，干预经济主体的决策。而间接性规制则是采用“劝告”等方式制约阻碍市场机制发挥作用的行为。

(4)激励性规制与惩罚性规制。激励性规制是利用增加可得利益的手段以鼓励受规制主体接受规制，惩罚性规制是利用处罚手段强制受规制主体接受规制。在规制实践中，惩罚性规制手段更具普遍性。

五、市场规制法的基本原则

市场规制法的基本原则是市场规制法宗旨的具体体现，是市场规制法的规范和法律文件所应贯彻的指导性准则。其基本原则应有以下几个方面。

(一)弥补和矫治相结合的原则

市场规制法所调整和规制的领域实际上是市场机制失灵的领域，这一领域有两种状态：一是市场机制不能发挥作用的领域，即具有垄断、外部效应、公共物品、非价值物品等非竞争领域；二是市场机制可以充分调节但其作用的结果却不合社会需要的竞争领域。对于前者，市场规制法的作用主要体现在对市场缺陷的弥补，也就是对市场机制以外的经济行为提供理性的制度安排，使其更加符合“市场的普遍性原则”。对于后者，市场规制法的作用主要在于对市场行为的矫治，也就是对那些存在于市场机制内部而背离市场原则和社会需求的经济行为和经济力量依法予以矫治，从而实现有效的竞争。

(二)效率优先原则

现代经济法学理论普遍认为，经济法具有强烈的社会本位性质。因此，实质正义是其核心的价值。当然，这是从整体的视角和终极意义上对经济法价值的认识和评价。但是，如果我们从经济法的各个不同的部分以及其作用于经济生活的不同的过程来看，其价值又显现出多样性和多层次性的特点。市场规制法是经济法的一个重要组成部分，效率是其追求的基本价值目标。这是因为，市场规制法所体现的国家干预行为，是以克服市场失灵为基本目的的。市场规制法通过对市场缺陷的弥补和对市场行为的矫治来消除市场失灵造成的市场经济运行中的效率损失。以此我们可以看出，对效率的追求和维护是市场规制法的首要任务，因此效率优先自然也就成为市场规制法的基本原则。

(三)维护公平竞争的原则

维护公平竞争，是市场规制法的基本理念。无论是竞争法——反垄断法和反不正当竞争法，还是市场规制法的其他方面，都是以维护市场竞争的公平为出发点和归宿的。特别是作为市场规制法核心的竞争法，更是体现以“国家之手”来维护公平竞争的基础性法律。在实行市场经济体制的西方国家，竞争法（主要是指反垄断法）被称为“经济宪法”和“市场经济的大宪章”[①]。随着我国市场经济体制的逐步完善，竞争法在维护公平竞争方面的基础性作用将日益突显出来。需要指出的是，宏观调控法也在维护公平竞争方面发挥着重要作用，但这种作用发挥的方式与市场规制法不同，它主要是通过间接的调控方式为市场主体的公平竞争创造一个良好的外部环境，而且维护公平竞争也不是它唯一的职能。正是从这个意义上，我们把维护公平竞争确定为市场规制法的一个基本原则，以此体现它区别于宏观调控法的不同特点。

六、市场规制法的体系结构

市场规制法的体系结构大体由以下三部分构成[②]。

（一）市场规制一般法

这部分法律主要有：①市场准入法，如企业登记法；②反不正当竞争法；③反垄断法；④消费者权益保护法；⑤质量规制法，如产品质量法、标准化法等；⑥中介服务规制法，如广告法、拍卖法等。

这部分法律的特点是，其规制和调适的范围广泛，几乎涵盖了市场活动的整个领域和各个方面，是运用“国家之手”干预和规制市场经济关系的基础法律。

（二）市场规制特别法

这部分法律、法规主要有金融市场监管法、劳动力市场监管法、房地产市场监管法、电信市场监管法等。

这部分法律的特点是：其规制和调适的范围具有特定性，是专门针对某种特定的市场制定的特别性法律。

（三）市场规制相关法

这部分法律、法规可以包括企业法、侵权行为法、合同法、知识产权法等。

这部分法律的特点是，其内容同其他法律部门具有交叉性，也就是说，这些法律从总体上可能属于其他法律部门的范畴，但其中的某些方面和某些内容更适合市场规制法的原则与特点。例如，合同监管问题既是合同法的内容，也是市场规制法体系的有机组成部分。

---

① 史际春、邓峰：《经济法总论》，法律出版社，1998年，第168页。

② 王全兴、管斌：《市场规制法的若干基本理论研究》，《人大复印资料·经济法学、劳动法学》，2002年第2期，第8页。

第二节 市场规制法的理论基础

市场规制法的理论基础，是市场规制法得以存在和发展的思想前提。由于各国市场经济建立的条件不同、市场法制发展的模式各异，因此对市场规制法的理论基础的认识和阐释也就存在着较大的差异①。随着经济学理论从斯密的经济自由主义向凯恩斯的经济干预主义的转变，关于规制理论方面的研究也日趋重要。特别是在证实了“市场失灵”状态的存在之后，“市场失灵”成为政府规制的逻辑出发点。规制实践在市场经济国家由来已久，经历了规制—放松规制—规制重建与放松规制并存的发展轨迹。迄今为止，学界对政府规制的必要性和重要性已经形成共识，但对政府规制的依据一直存在争议。规制经济学是 20 世纪 70 年代以来逐步发展并在实证领域起重要作用的一门学科，它主要有公共利益规制理论（the public interest theory of regulation）、利益集团规制理论、激励性规制理论、规制框架下的竞争理论四大理论②。笔者认为公共利益规制理论可以作为市场规制法的理论基础。

公共利益的基本语义可以理解为社会公众基于社会经济发展企求满足的要求、愿望或需求。“公共利益”与“社会利益”及“社会整体利益”有细微区别，但与个人利益、国家利益明显不同。它是一种与个人利益、国家利益并存的独立的利益形态，它是指社会共同体不特定多数人的共同的正当利益，体现全体社会成员共同追求的目标与价值。相对于“国家利益”和“个人利益”，它强调利益主体的广泛性和包容性，更突出自身的社会性和共享性。

公共利益规制理论又称“市场破产”或“一般福利论”，是规制经济学发展的逻辑起点，其基本原理早已存在于法学、政治学、经济学中。它以市场失灵理论和福利经济学为基础，认为政府是公共利益的代表，为实现社会福利最大化，应公众矫正市场失灵（市场活动带来的无效率和不公平）的要求提供规制。它既是一种规范理论，又是一种实证理论，因此又被称为“作为实证理论的规范分析”（a normative analysis as a positive theory，理查德·波斯纳，1974 年）。从规范角度，它认定市场失灵（应该何时引入规制）和对市场失灵的克服（应该怎样克服）；从实证角度，它研究规制为何出现和如何出现，以最优干预的规范原理为基础。公共利益规制理论是在规制领域最早的研究主题“市场失灵与政府的矫正措施”下

---

① 有肯定论，如公共利益说；也有否定论，如“私益理论”认为规制机构的“公共利益取向”难以保障，规制往往成为私益团体利用政治或法律手段获取自身利益的方式；“管制俘获论”则认为规制机构可能被财力雄厚或者有助于政治票选的利益集团控制，不仅未能维护公共利益，反而涉及大量腐败渎职情形（理查德·波斯纳：《法律与经济分析》，蒋兆康译，中国大百科全书出版社，1997 年，第 475～476 页）。

② 张红凤：《规制经济学的变迁、学科定位及其整体评价——兼论中国学者面临的规制背景与任务》，《中国改革论坛》，2008 年第 2 期，第 25 页。

产生的。公共利益规制理论基于其研究主题主要包括两大研究内容：一是对市场失灵的认定。市场失灵如自然垄断、外部性、信息不对称等导致不被规制的市场运行不能达到帕累托最优水平，从而使政府规制成为必要。二是寻求“最优”政策来矫正市场失灵。公共利益规制理论认为，政府规制的目的是通过提高资源分配效率，以提高整个社会的福利水平。该理论把政府看做公共利益的代表，应公众矫正市场活动带来的无效率和不公平的要求来提供规制，以保护公众的利益[①]。

我国市场规制法与国外市场规制法产生和发展的制度背景不同，从理论上讲政府干预市场的原因主要有四个方面：①市场失灵；②市场幼稚；③市场不完善；④市场缺陷。西方市场规制法产生于自由资本主义向垄断资本主义过渡时期，其内在原因是“市场失灵”，所以西方国家市场规制的直接目的是弥补因垄断引起的市场失灵和市场缺陷。而市场失灵和市场缺陷是市场发展到一定程度才显现出来的，因此西方国家对市场经济的干预是从无到有的。而我国的情况则是市场幼稚和市场不完善，市场幼稚需要政府的扶持和帮助，市场不完善需要政府职能转换，即从市场中退出。中国的市场幼稚、发育不足和市场不完善使得本应对资源配置起基础性作用的市场机制难以发挥，这在客观上要求政府承担起培育市场的功能。于是，一方面政府要肩负培育市场主体、建立市场体系的重任，在法律上促进民商法的发展；另一方面由于市场幼稚和市场不完善的严重存在，政府的宏观调控又不可或缺。可见我国的情况与西方国家刚好相反，我国的政府与市场是一体的，这是原体制的遗留。政府不需要干预，对经济的影响力已经很大，我国的政府由原来的直接干预向间接干预转化。国家一方面通过放活微观经济以形成受价值规律支配的市场调节机制，另一方面通过转变政府职能以形成间接控制为主的国家干预机制，这在法律上表现为公法私法化过程。西方国家的现代市场经济是由自由竞争(即单纯市场调节)的市场经济转化而来的市场调节与国家干预相结合的市场经济，国家干预是在不断发现市场失灵和缺陷并且不断积累干预经验和教训的过程中逐步完善的，市场失灵是国家干预的前提。这在法律上表现为私法公法化过程。

第三节　市场规制法的域外比较

一、美国的市场规制立法

美国市场规制法的基本规定，主要体现在一系列国会法案之中，特别是《谢

① 张红凤：《西方政府规制理论变迁的内在逻辑及其启示》，《教学与研究》，2006年第5期，第70～71页。

尔曼法》《克莱顿反托拉斯法》(简称《克莱顿法》)和《联邦贸易委员会法》三个主要法案。其中，前两者侧重于反垄断方面，后者侧重于规制一般性的不正当竞争问题。1890 年颁布的《谢尔曼法》对垄断的原则进行了规定，1914 年《克莱顿法》则对各种限制性商业行为和垄断行为作出了具体的界定，具体包括价格歧视行为、独家交易行为、用畅销货搭卖滞销品的搭卖安排、吞并同行业的竞争公司的兼并行为、各竞争公司之间董事相互兼任、串通一气地消除彼此间的竞争的交叉董事等。而 1914 年的《联邦贸易委员会法》除继续贯彻反垄断的各项宗旨外，首次明确提出了“不正当的竞争方法”的概念，将市场规制法的调整范围进一步扩张延及一般性的不正当竞争行为。根据美国学者的归纳，违反《联邦贸易委员会法》而构成不正当竞争的行为有 12 项：①歪曲产品的产地、成分、质量或功能；②使用类似的商标名称、商标标志、设计或图案；③滥用描述性的名称或术语；④使用非正当的或欺诈性的标签或包装；⑤广告明确或暗示性的不当渲染；⑥对产品的功效作出没有根据的断言；⑦使用欺骗性的鉴定和奖励证书；⑧做吆喝性的、引诱性的广告；⑨利用儿童作危险性的广告；⑩不正当的欺骗性的销售行为，如名为免费赠送，实为搭售；⑪不正当的和欺骗性的商业交易；⑫价格欺骗行为，如进行含糊的、引人误解的价格比较等。

从性质上看，《谢尔曼法》兼有民法和刑法的性质，《克莱顿法》和《联邦贸易委员会法》则属于民法范畴。从发展上看，1936 年的《罗伯逊-帕特曼法案》是对《克莱顿法》第 2 条的修正，主要目的是禁止那些可能会削弱竞争或导致市场垄断的价格歧视；1938 年的《惠勒-李法》对《联邦贸易委员会法》第 5 条进行了修改，增强了一般性条款的规定，对不正当竞争进行了界定：在商业中不公平的竞争方法是非法的；商业中的不公平或欺骗性行为及惯例是非法的。这一修改的目的是将该法的适用范围扩大到那些直接损害消费者利益的商业行为；据此，如果联邦贸易委员会认为消费者直接受到卖方行为的欺骗，就可以对厂商采取行动，而不必首先查明是否损害了卖方之间的竞争。但是，该条规定的“在商业中”(incommerce)这一短语限制了联邦贸易委员会在各地有效地行使管辖权，1975 年该法规定的“在商业中”被修改为“在商业中或影响商业的”(in or affecting commerce)，不正当竞争被界定的范围从而变得极为宽泛。1950 年的《赛勒-克弗维尔法》和 1980 年的《反托拉斯诉讼程序改进法》对《联邦贸易委员会法》第 7 条作出修正。而且在长期的司法实践中，美国反托拉斯法的理论和实践不断完善，反托拉斯法成为推行政府的经济政策、保护经济正常运转的强有力的手段。

美国市场规制法中主要有民事和刑事两类法律责任。关于刑事责任，根据《谢尔曼法》的规定，一旦被指控并判定为有罪，如果被控者是公司，将被处以最高达 100 万美元的罚款；如果被控者是个人，将被处以最高达 10 万美元的罚款，或 3 年以下监禁，或由法院酌定两种处罚并用。刑事诉讼的提起由司法部反托拉斯局专门负责。关于民事责任，根据《谢尔曼法》的规定，对于违反该法的行为，可以提起民事诉讼，追究民事责任。法院可以对违法者处以10000美元以下的罚款乃至颁布禁令或限制令，禁止、限制其继续从事相应行为。如当事人拒不执行，法院可以藐视法庭罪追究其刑事责任。上述民事诉讼既可以由反托拉斯局代表美国政府提起，也可以由私人自行提起。对反托拉斯局提起的民事诉讼，在特定情形下，法院可以应其请求，对企业进行强制分割，即当大规模垄断出现时，责令其分解为若干相互独立的公司，以削弱其垄断力量。关于私人提起的民事诉讼，任何个人或企业，如因被告从事《谢尔曼法》所禁事项而受财产或经营损失，均可向法院提起三倍赔偿之诉。此外，《克莱顿法》和《联邦贸易委员会法》则针对各自界定的各类垄断及不正当竞争行为，分别规定了单一民事性质的程度不等的责任形式及相应的追诉渠道。根据这两项法案，反托拉斯局可以依据《克莱顿法》，针对相关垄断行为提起民事诉讼；联邦贸易委员会可以依据《联邦贸易委员会法》针对相关不正当竞争行为提起民事诉讼。

二、德国的市场规制立法

德国的市场规制立法由两大相对独立的法律系统组成：一是以1957年颁布的《反限制竞争法》为核心的规制限制竞争行为及各种垄断现象的各类规范组成的法律规范系统；另一个是以1896年的《反不正当竞争法》为核心的规制一般性不正当竞争行为的各类规范组成的法律规范系统。

德国《反限制竞争法》作为反垄断的基本法集实体与程序于一身，自1957年颁布之后，迄今已进行过七次修订。1965年第一次修订没有重大和实质性的内容。1973年第二次修订引进企业合并控制，禁止名牌产品的价格约束，禁止协调性行为方式，此外还改善了对市场支配地位企业的滥用监督。1976年的第三次修订加强了对媒体企业的合并控制。1982年的第四次修订再次全面强化了对企业合并的控制，同时进一步改善了对市场支配地位企业的滥用监督，此外还加强了对中小商业企业的法律保护，废止了关于能源市场的特殊规定，使反限制竞争法适用于能源市场。

1990年第五次修订对公司并购的范畴作了更宽泛的规定，只要公司的合并影响到竞争，购买另一公司少于25%或20%的股份的行为也属于并购；改善对中小商业企业的法律保护，即在可以享受豁免的卡特尔中，增加了中小商业企业的联合采购组织。1998年进行第六次修订，修订的《反限制竞争法》于1999年1月1日生效。第六次修订的宗旨是，强化德国市场经济秩序中的竞争规则，并在保留德国法中有效竞争规则的同时，将德国法与欧洲共同体(简称欧共体)法相协调，并在体例上重新作了安排。现行《反限制竞争法》的体系是：①横向限制竞争(第1～13条)；②纵向限制竞争(第14～18条)；③占市场支配地位的滥用行为

(第19～23条)；④行业协会的竞争规则(第24～27条)；⑤适用除外领域(第28～31条)；⑥行政法和民法制裁(第32～34条)；⑦企业合并控制(第35～43条)；⑧垄断委员会(第44～47条)；⑨卡特尔机构(第48～53条)；⑩卡特尔局审理程序(第54～62条)；⑪抗告(第63～73条)；⑫法律抗告(第75～76条)；⑬共同规定(第77～80条)；⑭罚金裁决程序(第81～86条)；⑮民事诉讼(第87～90条)；⑯共同规定(第91～96条)；⑰国家委托的分配(第97～129条)；⑱适用范围(第130条)；⑲废除和过渡期规定(第131条)。这次修改增加了德国《反限制竞争法》的第四大部分实体内容——公共采购招标投标的监管；根据欧盟法对纵向卡特尔的规定进行了修改；增加了对低于成本销售行为的禁止规定；规定公司并购必须事先申请，此前有的公司合并后才申请；取消了对银行、保险等行业的除外规定，同样适用《反限制竞争法》。

2005年进行了第七次修订，与前六次修订相比，此次修订使德国竞争法在很多方面发生了根本性的变化。首先，它强调全面与欧盟竞争法的协调和对接。修订后的《反限制竞争法》废除了原《反限制竞争法》第14～18条有关纵向限制竞争行为的规定，扩大了第1条的适用范围。现在的第1条不仅适用于横向限制竞争，而且适用于纵向限制竞争，其规定："企业之间的协议、企业协会的决定及企业之间的协调行为，如果其目的在于避免、限制或扭曲竞争或者有着避免、限制或扭曲竞争的效果，则应该予以禁止。"按照目前的规定，无论是横向行为还是纵向行为，只要限制了竞争，则都要禁止。同时该法将卡特尔豁免制度由依批准豁免改为依法豁免，此前豁免要经过联邦卡特尔局的书面批准，修改后不再需要批准，而由公司自己依法判断是否合法；授权联邦卡特尔局在没有具体案例的情况下对某一行业进行调查。修订后的《反限制竞争法》第2条第1段借鉴了《欧洲共同体条约》(简称《欧共体条约》)第81(3)条的规定，重新建立了一般豁免制度。它规定，企业之间的协议、企业协会的决定及企业之间的协调行为，在允许消费者直接享受福利、有利于改善商品生产或分配、促进技术或经济进步的同时，没有对企业施加获得这些目标并不是必不可少的限制，或没有提供企业排除争议商品实质竞争的可能，应该免于适用第1条的禁止性规定。其次，修订后的德国《反限制竞争法》废除了原来的有关法定豁免和行政豁免的规定。这些豁免涉及标准化卡特尔、型号卡特尔、标准条款和条件卡特尔、合理化卡特尔、结构危机卡特尔和紧急情况卡特尔等，同时也取消了部长授权的卡特尔规定[①]。

德国《反不正当竞争法》最早于1896年制定，是世界上第一部反不正当竞争法，当时着眼于禁止某些严重的不正当竞争行为，法律调整的范围和力度有很大

① 王健：《德国竞争法的欧洲化改革——〈反限制竞争法〉第7次修订述评》，《时代法学》，2006年第6期，第88～93页。

的局限性。现行版本为1909年制定，增加了“一般条款”，即“行为人在商业交易中以竞争为目的而违背善良风俗，可向其请求停止行为损害和赔偿”之规定，从而使该法成为市场竞争法中的一部重要法律。1975年该法作了较大修订，规定违法而构成不正当竞争的行为有10种：①利用欺骗的文字、图案、声像广告或假资料等方法曲解说明商品的性能、产地名称、制造方式、价格构成等来招揽和影响顾客；②制造商或批发商为挤垮零售商，向客户出售产品和权利证书，而且定价不低于零售商的定价；③利用他人商标，或使用与他人商标易相混淆的商标；④出售破产财团商品，变相压价，并以财团的破产作招牌，来兜售商品；⑤作停业处理或清仓处理的广告，不说明停业的范围和停业、清仓的原因，或在停业、清仓结束后的法定期限内重新开业或私运商品进出；⑥不经特别许可，对商品进行换季大处理或存货处理；⑦贿赂有关职员，以打击竞争对手或取得暴利；⑧以竞争或个人打算为目的，向他人透露因工作关系而取得蓝图、模型、模板、剪裁样式、配方等技术性的样品、标准；⑨通过各种方法诽谤竞争对手；⑩企业的工作人员受他利诱或自愿出卖企业秘密。

该法最新修改于2002年7月23日，修改后的新法于2004年7月7日公布并立即生效。修改内容主要集中在以下六个方面。

(1)首次明确消费者作为保护对象。这一点吸收了法院判例和学术界的观点，并满足了消费者保护协会的要求。德国实务界和学术界一向认为竞争法的保护对象有三个，即消费者、市场共同竞争者和公共利益。虽然旧法也保护消费者，但在法律中没有规定，而是由法官根据目的性解释方法推导出来的。新法第2条第2款对消费者进行了界定，即准用《德国民法典》第13条的规定。根据《德国民法典》第13条，消费者是指非以工商业活动和独立的职业活动为目的而缔结法律行为的自然人①。

(2)“一般条款”得到修改。旧法第1条规定：行为人在商业交易中从事以竞争为目的的行为，且这种行为违反善良风俗，得被要求停止这种行为和赔偿损失。此次修改为：不正当的竞争行为是不允许的，如其以不利于共同竞争者、消费者或其他市场参与者的方式妨碍竞争，且这种妨碍并非无关紧要的。新法将其列为第3条、第4条，列举的不正当竞争行为主要有：影响消费者或其他市场参与者决策自由的行为；利用消费者，特别是孩子、年轻人缺乏经验的行为；在价格优惠或搭售中没有将附加条件清楚无误说明的行为；在具有广告性质的有奖销售中没有将参加条件清楚无误说明的行为；等等。但并不排除法官的裁量权，法官仍然可通过法的续造来确认什么是不正当竞争行为。

---

① 郑友德、万志前：《德国反不正当竞争法的发展与创新》，《法商研究》，2007年第1期，第125～133页。

(3)对误导性广告作了重大修改和补充。旧法对沉默是否也可能构成误导未作规定，新法第5条给出了判断标准：对一个事实的沉默是否为误导性的，要考虑这个事实按照交易观点对决定订立合同的意义以及沉默对决策的影响力。这个标准是对法官裁量的授权。同时规定，如果在降价之前原价只是在不合适的短暂的期间内被索要过，可以推定一个降价广告为误导性的。如果发生争议，原价是否或在哪个时间段被索要过，则举证责任在发布降价广告方。

(4)商家完全可以自由决定是否及何时进行特价销售。按照旧法，特别的销售活动和清仓销售原则上是禁止的，只是在满足法定的条件时才允许有例外。例如，停业销售、店庆销售、冬季和夏季结束销售以及零星商品的特价，而清仓销售则必须要有充分的理由证明清仓为必须的(如火灾、水灾、暴风雨造成损失等)，而且销售的时间受到限制，并要受到工商业协会或手工业协会的监督，新法则完全废止了上述规定。

(5)新法废止了“生产厂家做广告和发放购买券”的规定。按照旧法规定，“生产厂家做广告和发放购买券”为不允许的。例如，不允许做直接生产厂家销售之类的广告。

(6)新法在法律后果方面规定了多种权利。新法除规定了传统的停止请求权和赔偿损失请求权之外，又规定了排除请求权，即排除由不正当竞争所造成的不法状态；还规定了削夺利润请求权，即在一定条件下以上请求权的占有人可要求从事不正当竞争行为的商家将其从此行为中的获利上缴联邦国库。其目的在于惩罚那些危害众多顾客以获取非法利益的故意违反竞争法的行为。这种请求可由促进工商业利益的有权利能力的团体、消费者团体、工商业公会或手工业公会提起，而不能由单个竞争者或消费者提起。该非法所得一经确认须上缴联邦财政，但提出申请的团体可以向联邦主管机关要求返还其为提出这类请求所必要的支出。

关于限制竞争行为和垄断，德国立法规定的责任形式主要是行政性质和民事性质两类。为此，德国设有专门的联邦卡特尔局，专司负责此类行为的规制及相应的责任追诉，其主要运作方式是通过登记、审查、批准或禁止权限的行使，限制卡特尔、企业兼并以及其他各类竞争和垄断行为。其主要内容是：①禁止卡特尔；②禁止限制竞争行为；③禁止贸易歧视行为；④监督大企业滥用经济力量；⑤控制大企业合并。卡特尔局实施相应的监督与规制，并对违法者给予相应的行政制裁。卡特尔局的前述执法活动是极为严格的，当事人如果无视卡特尔局的决定，将承担严厉的损害赔偿责任。除卡特尔局外，联邦经济部长、各州政府还分别在特定事项范围内履行相应的规制职能。在德国，因其深厚的法治传统，如果当事人对上述各机构的行政处罚不服，均可以在法定期限内，向相应级别的法院提起诉讼，由法院对相应案件作出最后裁决。

关于一般性的不正当竞争行为，德国规定了民事、刑事两类责任形式，没有规定相应的行政责任。根据德国的法律传统，因不正当竞争行为首先被视为一种侵权行为，故而对于一般性的不正当竞争行为，大多是通过普通民事诉讼的途径予以追究的。同时，鉴于不正当竞争侵权的特殊性，德国《反不正当竞争法》除规定作为不正当竞争行为直接受害者的个人和企业可以提起相应的民事诉讼外，还特别规定受到不正当竞争行为影响的工商业者和特定行业的工商业者联合会，也可以采取相应的民事诉讼手段，请求法院判令制止相应的不正当竞争行为。此外，德国各州政府还在工商会设立了调解委员会，它具有强制执行的效力。至于不正当竞争的刑事责任，则是由国家基于公共权力的理念直接加以追究的。在德国，除个别性质不严重的以外，绝大多数不正当竞争行为都要受到刑事法律的相应追究与制裁。

三、日本的市场规制立法

一般认为，日本市场规制法属于二元分立式立法模式，但两者存在着并列和重复适用的关系，都属于确保公正自由竞争的法律，并且都是由日本公正交易委员会来负责和监督执行的。因此，日本的市场规制法在很大程度上是其反垄断立法和反不正当竞争立法的交叉合成品。

《禁止垄断法》是日本规制垄断和限制竞争行为的基本法。根据日本《禁止垄断法》第 1 条，该法禁止的行为包括私人垄断、不当地限制交易和不公正交易行为三种。其一，私人垄断是指经营者单独或与他人联合、通谋或采取其他任何方法，排除或控制其他经营者的经营活动，违反公共利益，造成特定商业领域中的实质性限制竞争，即所谓控制市场的行为。其二，不当地限制交易是指经营者利用契约、协定、默契以及其他任何名义，锁定或提高价格，限制生产、技术、产品、设备或交易对象，从而违反公共利益，造成特定商业领域中的实质性限制，即所谓操纵市场的行为，在日本亦称“地下卡特尔”。其三，不公正交易行为是指因违法而为《禁止垄断法》所禁止的各种不当商业行为。对于前述各种不公正交易行为，日本法律作出了极为严格的禁制，但对于使用了不公正交易方法的人则并未规定相应的惩罚措施，而只是规定可以命令中止相应的行为。

《不正当竞争防止法》(1993 年本)是日本现行不正当竞争的基本法律。不正当竞争行为主要有：①使用他人的姓名、商号、商标、商品包装等商品标记，或者销售、转卖、出口使用了这些标记的商品，从而与他人的商品发生混同的行为；②将模仿他人商品的商品予以转让、出租，或者为转让、出租而展览、进口或出口的行为；③以窃取、欺诈、胁迫等不正当手段获取商业秘密，或者将非法获取的商业秘密予以使用或披露的行为；④对于商业秘密，明知或者因重大过失而未能知道其中存在不正当获取行为，而仍然予以使用或披露的行为；⑤出于不正当竞争、非法牟利或者损害秘密持有人的目的，将因工作关系而从商业秘密持有人处获悉的商业秘密予以披露或者使用的行为；⑥在提供商品、劳务时或者在对其商品、劳务进行广告、宣传时，对商品的产地、品质、内容、制造方法、用途或数量，或者对劳务的性质、用途、数量等内容作虚假的或引人误解的表示，或者将作了这种表示的商品转让、交付以及为转让、交付而展览、进口、出口的行为；⑦通告、传播损害竞争对手的营业信誉的虚假事实的行为。此外，《不当赠品及不当表示防止法》等其他相关法规、法令还规定了各自领域中的相应各种不正当竞争行为。

对于各类不正当竞争行为，日本《不正当竞争防止法》规定了民事和刑事两种责任形式。首先，不正当竞争行为的受害人有权提起相应的民事诉讼，请求法院制止所涉不正当竞争行为、恢复因他人不正当竞争行为而致伤害的名誉并获得相应赔偿。其次，构成犯罪的，还要受到有关司法机关的相应刑事追究。

四、我国台湾地区的市场规制立法

我国台湾地区“公平交易法”采取了单一法典统一涵盖反垄断法规范和反不正当竞争法规范双重法域的典型的合并式立法模式。“公平交易法”有总则、独占、结合、联合行为、不公平竞争、公平交易委员会、损害赔偿、罚则、附则等七章。根据性质和种类的不同，该法相应被划分为两大部分：构成竞争限制的垄断行为和构成竞争干扰的一般性不正当竞争行为。

垄断行为主要包括：①独占。独占即独占事业不得以不公平的方法，直接或间接阻碍其他事业参与竞争，或对商品价格或服务报酬为不当之决定、维持或变更，或无正当理由，使交易相对人给予特别优惠，或其他滥用市场优势地位的行为。②结合。事业结合达一定规模的，即应向中央主管机关申请许可，如未申请或申请未获批准而径行为相应结合的即构成非法，将受禁止结合或其他必要的处分。③联合行为。除“有益于整体经济与公共利益，并经中央主管机关许可者”，原则上一切联合行为(即卡特尔行为)均在禁止之列。

限制竞争行为主要有：①以损害特定事业为目的，促使他事业对该特定事业断绝供给、购买或其他交易的行为；②无正当理由对他事业给予差别待遇的行为；③以胁迫、利诱或其他不正当方法，同竞争对手争夺交易对象的行为；④以胁迫、利诱或其他不正当方法促使他事业放弃价格竞争、参与结合或联合的行为；⑤以胁迫、利诱或其他不正当方法，获取他人商业秘密或其他技术秘密的行为；⑥不正当地限制交易相对人的经营活动。

不正当竞争行为主要有：①禁止事业就其营业所提供的商品或服务有仿冒他人商品或服务表征的行为。②禁止事业在商品或其广告上为虚伪不实或引人误解的表示或表征；广告代理与媒体业在明知或可知情况下仍制作、设计、传播或刊登引人误解的广告者，与广告主负连带赔偿责任。③禁止事业为了竞争目的而散布诋毁商业信誉。④禁止多层次传销行为。⑤禁止事业为足以影响交易秩序的欺罔或显失公平的行为。

此外，我国台湾地区"著作权法""商标法"和"专利法"对各自领域的不正当竞争行为也都各有相应规定，并分别依各有关法规自行予以规制。

为了切实落实相应的市场规制"政策"和"立法"，促进台湾地区市场经济的健康发展，我国台湾地区当局特别设立了专门性的"公平交易委员会"，统一负责市场规制方面的执法和监管问题。

综上，上述国家或地区市场规制的原因是"经济性"垄断、限制竞争行为等市场失灵问题，市场失灵是上述国家或地区市场发展到一定程度才显现出来的。其相应的规制立法具有"弥补性"，即补充民商法对市场经济的调整不力，这在法律上表现为私法公法化过程。而我国市场规制的原因则并非上述国家或地区那种所谓经济自然发展伴生现象的"纯经济性"问题，而原来过于强大的公共权力对社会经济生活的过度干预及随体制转轨而来的各种伴生现象如行政垄断等市场幼稚和市场不完善问题，市场幼稚需要政府的扶持和帮助，市场不完善需要政府职能转换，即从市场中退出。正因为中国的市场幼稚、发育不足和市场不完善，所以本应对资源配置起基础性作用的市场机制难以发挥，这在客观上要求政府承担起培育市场的功能。因此，中国的市场规制法一方面要克服妨碍市场机制作用的正常发挥的行政权力的滥用，同时又要合理界定公共权力在市场规制问题上的作用空间和范围，这在法律上表现为公法私法化过程。

第四节 市场规制法的执法模式

关于市场规制的执法模式，目前世界上主要有司法模式和行政模式两种基本模式。所谓司法模式，是指在市场规制的具体实施方式上，以司法机关的司法活动为主导，以对市场违规行为的相应民事责任和刑事责任的追究为途径和限度，排除行政机关的参与及对行政责任的追究。所谓行政模式，是指在市场规制的具体实施方式上，以行政机关的行政执法活动为主导，以对市场违规行为的相应行政责任的追究为主要手段和途径，同时辅之以必要的司法控制手段以及相应的司法救济途径。不同的执法模式，各执法机构（主体）的法律地位不同，受害者权利救济的方式亦不同。所以，执法模式的选择是竞争法的关键。

西方发达市场经济国家的市场规制法针对一般性的不正当行为与垄断和限制竞争行为，分别采取不同的执法模式。西方国家规制一般性不正当竞争行为的通用模式是司法控制模式，如德国、奥地利、瑞士等欧洲大陆法系国家。司法控制模式的优越性在于，排除了行政机关对经济活动的不适当干预，符合市场经济中市场主体的意思自治精神。同时，这种以当事人意思自治为连接点和启动器的司法控制模式，也反过来有助于市场经济所需的个体独立和个体自治精神的培养与充分发展。但这种执法控制模式也有局限，即主要依赖于当事人的起诉和举证，不及行政机关依职权主动及时处理效率高。而且并非所有的不正当竞争行为均可纳入侵权行为的范畴，如商业贿赂、不当有奖销售等，单纯从侵权角度由司法机关进行处理，显然无法解决这类不正当竞争行为。

西方国家对于垄断和限制竞争行为的法律控制则主要采取行政控制执法模式，设立专门、独立的执法机构，并通过立法赋予其充分的执法职能与手段，使其能够对违反竞争法的行为进行全面的控制，按规定的程序进行调查和处理。此种模式下，起主导作用的是代表国家行使公共意志的执法机构，当事人的意志以及相应的司法程序只具有辅助性的意义。

西方国家之所以针对不同的竞争行为采取不同的法律控制模式，根本缘由在于垄断和限制竞争行为与一般性不正当竞争行为具有不同的属性。一般性不正当竞争行为对于市场秩序的破坏，通常只是局部性的、微观性的，不构成对总体市场秩序和市场机制本身的直接威胁与破坏，它具有直观性的特点，不需具有较高的专门知识即可准确识别，易于界定和判断，因而一般情况下借助普通司法程序即可充分实现法律控制的目标。而垄断和限制竞争行为对于市场的威胁与破坏往往是总体性的、结构性的。所以西方国家的反垄断法的共同做法是从竞争性市场结构出发，反对企业以独占等方式，排斥或限制竞争，妨碍其他企业进入市场，从而保障社会资源的优化配置。反不正当竞争法主要关注竞争参与者之间竞争行为的正当性与合理性，注重对竞争参与者利益的保护。反垄断法则更加关注竞争的有无以及竞争是否充分，更加强调提高经济运行效率和维护社会公共利益，其重点在于保障企业获得公正的竞争能力和竞争机会，保障企业平等地进入市场，打击和控制自然垄断及政府支持行政垄断，消除企业间的差别待遇，实现企业间的公正、自由、平等基础上的竞争。

这是因为反垄断执法是政府适度干预经济、调控经济的重要政策手段和途径，必须在国家竞争政策、产业政策、社会公共政策以及国家利益、社会利益、社会公共利益、消费者利益之间进行平衡、协调，以最终实现国家利益、社会利益和消费者利益的最大化，这就需要由国家根据不同时期的不同经济环境对垄断行为和垄断执法进行政策上的调整，因此反垄断法具有较强的政策性。另外，由于垄断所存在的相关市场复杂多变，垄断对市场竞争的影响因时、因地、因市场具体情况而呈现巨大差异。因而，反垄断法本身的规范具有较强的原则性和抽象性，这也决定了反垄断执法的灵活性和较大的自由裁量权。这也契合了行政执法的特性。

第二章

反垄断法理论与实务

第一节 反垄断法的一般理论

一、垄断的概念

垄断是指违反法律或者社会公共利益，通过合谋性协议、安排或协同行动，或者通过滥用经济优势地位，排斥或控制其他经营者的经济活动，在一定的生产领域或流通领域内实质上限制竞争的行为。它在日本法上指的是垄断状态和私人垄断(monopolistic situation，private monopoly)；在美国法中指的是垄断化和寡头垄断(monopolization，joint monopolization)；在德国法、欧共体法、英国法中则指垄断力的滥用(abuse of monopoly power)。

二、反垄断法的概念和特征

(一)反垄断法的概念

反垄断法有狭义与广义之分，狭义的反垄断法是指国家制定或认可的，通过规范垄断和限制竞争行为来调整企业和企业联合组织相互竞争关系的法律规范的总称。广义的反垄断法是指国家制定或认可的，通过规范垄断和限制竞争行为来调整企业和企业联合组织相互竞争关系的实体法与相关程序法的法律规范的总称。

(二)反垄断法的法律特征

(1)反垄断法是调整竞争关系的法律规范。反垄断法属于竞争法的一部分。反垄断法与反不正当竞争法虽然都是调整竞争关系，但是两个法律调整的角度却不同，因而权利义务也就不同：反垄断法是从规范限制竞争的状态和行为出发调整竞争关系，其主体依法有维护经济的自由和民主，活跃竞争并抗拒限制竞争的权利和祛除限制竞争活动的义务。反不正当竞争法则从规范不正当竞争入手来调整竞争关系，其主体有依法从事正当竞争、抵制不正当竞争的权利和祛除不正当竞争活动的义务。

(2)反垄断法调整的主体是企业和企业联合组织。反垄断法调整的主体，在各国法律表述中并不相同：日本和我国台湾地区为事业者和事业团体；德国称之为企业和企业联合组织；英国、美国使用对象仅使用 person 一词；欧盟《罗马条约》使用 undertakings 一词。所以，反垄断法调整的对象是从事市场竞争经营活动的自然人、法人及其他经济组织。

(3)反垄断法是以企业和企业联合组织在市场中竞争为内容的。反垄断法只是以处于市场支配地位的企业和企业联合组织相互间在市场中的限制竞争行为或状态为规范对象，具体内容包括垄断(含垄断状态、垄断化、垄断力的滥用)、限制竞争行为、经济力量过度集中、不公平交易方法和歧视。

(4)反垄断法既是实体法又是程序法。它是通过规范垄断和限制竞争行为来调整企业和企业联合组织相互竞争关系的实体法与相关程序法的法律规范的总称。反垄断法法律规范除涉及反垄断与限制竞争的实体法律规范外，还涉及行政法法律规范及反垄断的程序法法律规范。

三、反垄断法的基本原则

反垄断法基本原则是指贯穿反垄断法始终和各方面的总括性原理或准则，是反垄断法的价值理念和立法宗旨的展开和延伸，是反垄断法的灵魂和建构依据。学界普遍认为，合理原则和本身违法原则是反垄断法的基本原则。

合理原则又被称为合理规则、合理性规则、合理性原则、论辩原则等。所谓合理原则，是指对市场上某些限制竞争行为不是必然视为违法，而需要根据具体情况来判定，尽管该行为形式上具有限制竞争的后果和目的，但同时如果又具有推动竞争的作用，或者能显著改变企业的经济效益，或其他有利于社会整体经济和社会公共利益的实现，如有利于采用新技术降低产品成本，更好地满足消费者利益的需要，该行为就被视为合法①。该原则在 1897 年的“泛密苏里运价协会案”中被怀特(White)法官提出，但直到在 1911 年的“美国标准石油公司案”中才成为违法判定准则。

本身违法原则也被称为固定的不合理原则，又被称为自身违法原则或自身违法规则，是指当垄断企业的规模占有市场的比例超过一定数额，或行为属法律禁

① 王保树：《经济法原理》，中国社会科学文献出版社，1999 年，第 230～231 页。

止的范围之内时就判定其属于违法，无需考虑它们对市场竞争的影响。该原则在1897年“泛密苏里运价协会案”的判定中第一次被表达，在1940年“美国政府诉索科内-维科姆案”中被正式采用。

本身违法原则和合理原则都是在反垄断司法实践中逐渐形成的违法判定原则，但二者之间存在着明显区别。

其一，判定标准和程序的差异。本身违法原则反映的是一个事实定位的问题，违法行为存在与否是裁决的基础，判定程序相对简单。合理原则反映的是一个价值判断问题，强调对当事人限制竞争行为后果的考量。

其二，考察的内容不同。本身违法原则主要关注当事人是否存在主观恶意，当事人之间进行共谋的事实或当事人单方面滥用支配地位的行为都显示、表露了当事人的恶意。合理原则要考虑当事人所处产业的市场结构、当事人的市场权利，当事人限制竞争的目的、当事人限制竞争的必要性等因素。

其三，体现的反垄断目标不同。本身违法原则往往体现对多重立法目标的维护，偏重于保护公平竞争、竞争者的平等地位和经济自由。合理原则常常体现出对经济效率和社会整体利益目标的偏爱，偏重于提高经济效率、追求资源的有效利用。

其四，理论依据与适用范围不同。哈佛学派的结构主义主张对本身违法原则的影响较大，而芝加哥学派的行为主义倾向对合理原则也产生过重大影响。本身违法原则主要适用于行政性垄断、操纵价格、划分市场、搭售行为等反竞争行为的判定，而合理原则适用范围较广，包括经济性垄断、滥用市场优势地位、兼并等。

其五，司法成本的差异。本身违法原则确立了明确的合法与违法的界线，它有助于提高司法效率，减少司法资源的浪费。而合理原则正好相反，它强调对具体的合理与非合理因素进行分析、比较，势必会使反垄断法减少语义逻辑性，加强经济性和事实性等因素，强调经济的合理性分析①。

四、反垄断控制制度

现代反垄断法制度可以划分为关于市场支配地位控制的制度和关于限制竞争行为控制的制度两类。在此基础上成了四项制度，即反垄断控制制度、经济力量过度集中排除制度（企业控股、企业结合和合并）、横向限制和纵向限制规制、不公正交易方法与歧视规制。其中反垄断控制制度包括三种，即纯结构性反垄断控制制度、准结构性反垄断控制制度和行为性反垄断控制制度，其规范的对象分别

---

① 余东华：《转型期中国反行政性垄断中违法判定原则的选择——从本身违法原则到合理原则》，《天津社会科学》，2008年第1期，第81～83页。

是垄断状态(日本法)、垄断化(美国法)、垄断力的滥用(德国、欧盟、日本法)。结构主义与行为主义是反垄断控制制度的基本分类，也是对反垄断控制制度最本质的描述。

结构主义的反垄断控制制度，是指为了控制行业集中度而对行业集中状态进行规范的反垄断控制制度。此种制度不仅规范占市场支配地位企业的市场行为，而且还担负着对阻碍了市场竞争的市场结构予以调整的任务。而行为主义的反垄断控制制度，则是指仅规范占市场支配地位企业的市场行为的反垄断控制制度，它并不关心行业的集中制度。其区分的一个标准是看该反垄断控制制度的制裁方法中有没有结构性的制裁方法——解散和分割大公司。结构性反垄断控制制度承担着调整行业集中度的任务，所以解散和分割大公司以恢复竞争性的市场结构是其必然的内容。而行为主义的反垄断控制制度只关心占市场支配地位的企业是否有滥用其支配力的行为，因此该制度中就没有结构性的制裁方法，而只是针对企业市场行为的制裁措施：勒令停止行为与损害赔偿，但是并不改变企业的原有形态。

结构主义的制度仅限于日本、美国两国，行为主义的制度以德国、英国、法国、欧盟为代表。在结构主义制度中，日本法是针对大企业及大企业在产业结构上的影响而设定的，具有调整产业结构的意义，所以日本法是规范垄断状态的(市场结构)，我们称之为纯结构主义的反垄断控制制度。美国法的制度在设置目的和要件上与调整产业结构无关，只是制裁措施具有调整产业结构的功能，仅具有解散和分割大公司的制裁内容，美国法是规范垄断化的(市场行为)，我们称之为准结构主义的反垄断控制制度。

而我国针对不同的行为采用不同的垄断控制制度，《反垄断法》的规制对象分为经济性垄断和行政性垄断两种。

经济性垄断是指市场主体利用自己的经济优势，或者通过联合组织或通谋等方式，限制、排挤或阻碍市场正常竞争的行为。其特征主要有：①经济性垄断的实施主体是市场主体，即参与商品生产或流通的组织和个人。②经济性垄断的主体是具有市场经济优势地位的主体。③经济性垄断的目的是为了获取高额垄断利润。经济性垄断主要包括经营者达成垄断协议、经营者滥用市场支配地位和具有或者可能具有排除、限制竞争效果的经营者集中三种情形。由于后面将对经营者集中和行政性垄断进行专门论述，所以这里先着重介绍以下两种经济垄断行为。

(一)经营者达成垄断协议

垄断协议是指两个或者两个以上的经营者(包括行业协会等经营者团体)，通过协议或者其他协同一致的行为，实施固定价格、划分市场、限制产量、排挤其他竞争对手等排除、限制竞争的行为。其特征有：①实施主体是两个或者两个以上的经营者；②共同或者联合实施；③以排除、限制竞争为目的。

垄断协议区分为横向垄断协议、纵向垄断协议和混合垄断协议。横向垄断协议一般是指具有竞争关系的经营者达成的垄断协议。纵向垄断协议一般是指经营者与交易相对人达成垄断协议。混合垄断协议兼具横向和纵向垄断协议的特征。

垄断协议的立法模式有两种：一种是以美国、德国为代表的“概括禁止”模式。美国《谢尔曼法》第 1 条确立了任何以契约、联合或者共谋等形式对州际贸易或者国际贸易进行限制的行为均为非法的原则。德国《反限制竞争法》第 1 条规定：企业之间的协议、企业联合组织的决议以及企业之间相互协调的行为，如以阻碍、限制或者扭曲竞争为目的或使竞争受到阻碍、限制或扭曲，将被禁止。此类立法模式的优点是，规则具有高度的概括性，但凡为原则精神所涵盖的协议都是被禁止的。另一种立法模式，即“概括禁止加典型列举”模式，以欧盟为代表，包括英国、日本、韩国、瑞典、罗马尼亚、俄罗斯等国家。《欧共体条约》第 81 条第 1 款规定了禁止垄断协议的原则：企业之间的协议、企业联合组织的决议以及企业之间相互协调的行为，如果它们能够影响成员国之间的贸易，如以阻碍、限制或者扭曲竞争为目的或使竞争受到阻碍、限制或扭曲，将被视为与共同体市场不协调而予以禁止。日本《禁止垄断法》第 3 条禁止企业之间进行不正当的交易限制，所谓的“不正当交易”按照该法第 2 条第 6 项，是指企业以契约、协议或者其他名义，与其他企业共同决定、维持或者提高交易价格，对数量、技术、产品、设备或者交易对象等加以限制，相互间约束或完成其事业活动，从而违反公共利益，对一定交易领域内的竞争构成实质性的限制①。我国则采取了典型列举的方式。

根据我国《反垄断法》的规定，横向垄断协议的表现形式包括：①固定或者变更商品价格；②限制商品的生产数量或者销售数量；③分割销售市场或者原材料采购市场；④限制购买新技术、新设备或者限制开发新技术、新产品；⑤联合抵制交易；⑥国务院反垄断执法机构认定的其他垄断协议。

根据我国《反垄断法》的规定，纵向垄断协议的表现形式包括：①固定向第三人转售商品的价格；②限定向第三人转售商品的最低价格；③国务院反垄断执法机构认定的其他垄断协议。

（二）经营者滥用市场支配地位

1. 市场支配地位

所谓市场支配地位，是指经营者在相关市场内具有能够控制商品价格、数量或者其他交易条件，或者能够阻碍、影响其他经营者进入相关市场的能力的市场地位。其他交易条件，是指除商品价格、数量之外能够对市场交易产生实质影响

---

① 唐晋伟：《试析我国〈反垄断法〉规制垄断协议的立法模式——以第 13 条和第 14 条中的兜底条款为考察对象》，《行政法学研究》，2008 年第 1 期，第 78～127 页。

的其他因素，包括商品等级、付款条件、交付方式、售后服务等。能够阻碍、影响其他经营者进入相关市场，是指排除、延缓其他经营者在合理时间内进入相关市场，或者其他经营者虽能够进入该相关市场但进入成本大幅度提高，无法与现有企业开展有效竞争等。

企业是否有支配地位应从三个方面来判断：第一，相关市场的划分，即市场的地域界限和产品界限；第二，企业在市场中所占比例的大小，是绝对优势还是相对优势；第三，市场竞争的阻碍因素，市场中竞争的阻碍因素越多，支配地位企业的市场优势就越容易形成。

(1)相关市场。所谓相关市场，是指经营者在一定时期内就特定商品或者服务进行竞争的商品范围和地域范围，它又分为相关产品市场和相关地域市场。所谓相关产品市场，是指向共同消费者的相同的或可替代的产品所构成的市场。所谓相关地域市场，就是消费者能够有效地选择某种竞争产品，供应商能够有效地供应该产品的一定区域，即指具有紧密替代关系的商品相互竞争的地理区域。

根据我国《反垄断法》的规定，在认定经营者具有市场支配地位时应当依据的因素包括：①该经营者在相关市场的市场份额，以及相关市场的竞争状况；②该经营者控制销售市场或者原材料采购市场的能力；③该经营者的财力和技术条件；④其他经营者对该经营者在交易上的依赖程度；⑤其他经营者进入相关市场的难易程度；⑥与认定该经营者市场支配地位有关的其他因素。

(2)市场份额。市场份额是指经营者的特定商品销售额或者销售量在相关市场的比重。相关市场竞争状况包括相关市场的发展状况、现有竞争者的数量、是否存在潜在的竞争者和进入障碍、相关市场其他经营者的市场份额、商品差异程度、市场透明度等。通常某一企业占据较高的市场份额，就认为其具有优势地位，而较低的市场占有率就不可能具有支配市场的能力。

根据我国《反垄断法》的规定，具有市场支配能力的情形包括：①一个经营者在相关市场的市场份额达到二分之一的；②两个经营者在相关市场的市场份额合计达到三分之二的；③三个经营者在相关市场的市场份额合计达到四分之三的。我国《反垄断法》同时规定了两种例外情形：①如果有两个经营者在相关市场的市场份额合计达到三分之二或者三个经营者在相关市场的市场份额合计达到四分之三的情形，其中有的经营者市场份额不足十分之一的，不应当推定该经营者具有市场支配地位。②被推定具有市场支配地位的经营者，有证据证明不具有市场支配地位的，不应当认定其具有市场支配地位。

(3)市场进入障碍。市场进入障碍是指新进入者比现有的市场主体付出较大的成本。是否存在进入障碍是界定支配地位的重要标志。这种障碍一般包括掠夺性定价、排他性合同条款、搭售要求等。确认进入障碍也是较为困难的，因为一个具有优势地位的企业想阻止新进入者进入该市场绝非易事。这些优势企业容易被认为具有支配地位而受到反垄断法的干预和控制。

2. 滥用市场支配地位

滥用市场支配地位又称滥用市场优势地位，是指经营者利用其具有的市场支配地位，以谋取垄断利益或者排挤其他竞争对手为目的实施的排除、限制竞争，或者损害其他经营者和消费者利益的行为。

滥用市场支配地位行为的构成要件包括：①行为主体要件。只有具有市场支配地位的经营者实施的，才予以禁止。②行为要件。只有出现反垄断法禁止的行为，才予以禁止。③结果要件。只有实质上排除或者限制了市场竞争，损害消费者利益的，才予以禁止[①]。

国外滥用市场支配地位的表现形式主要包括以下几种。

(1)掠夺性定价行为。掠夺性定价行为是指具有市场支配地位的企业，为了挤垮竞争对手，巩固和强化自己的市场支配地位，无正当理由地以低于成本的价格销售商品的行为。掠夺性定价主要有产品性掠夺性定价和地区性掠夺性定价两种。

(2)独家交易行为。独家交易行为是指供应商与销售商达成的关于独家供应或独家销售的协议以及相应行为。

(3)价格歧视行为。价格歧视行为是指拥有市场支配地位的出卖人(供应商)或买受人(销售商)就同一种标的物不适当即无正当理由地要求不同的买受人(销售商)或出卖人(供应商)支付不同价款的行为。价格歧视行为可分为直接价格歧视和间接价格歧视两种。直接价格歧视直接表现为拥有市场支配地位的企业就同一种商品针对不同的交易对象(主要体现为地区的不同、交易量的不同等)确定不同的价格。而间接价格歧视在表面上就同一种商品针对不同的交易对象所确定的价格是相同的，但滥用企业却通过对有的交易对象暗中给予回扣或提供服务和设施等方法造成事实上的价格歧视。

(4)差别待遇行为。差别待遇行为是指拥有市场支配地位的企业没有任何正当理由，不适当地对条件完全相同的交易对象，就所提供的商品或者服务的价格或其他交易条件，采取不同的标准或待遇的行为。

(5)搭售行为。搭售行为又称捆绑销售，是指合同当事人一方要求另一方当事人在购买或取得合同商品或工业服务的同时，还必须接受那些在实质上或商业习惯上与合同商品或工业服务不相称的商品或工业服务的行为。

(6)拒绝交易行为。拒绝交易行为又称抵制行为，是指拥有市场支配地位的企业无正当理由，不适当地拒绝与特定交易相对人交易的行为。构成拒绝交易的条件是：第一，拒绝交易的一方大都是资金雄厚或在某方面有优势的企业，而被

---

① 盛杰民：《刍议反垄断法对市场支配地位的规制》，《学术交流》，2005 年第 7 期，第 42～46 页。

拒绝的一方则是要求进入相关领域的企业。第二，被拒绝企业提供的交易条件是合理的，拒绝交易没有任何正当理由。第三，拒绝的结果是被拒绝的企业没有条件参与市场经济活动中同优势企业进行竞争或交易①。

(7)强制交易行为。强制交易行为是指拥有市场支配地位的企业以利诱、胁迫或其他不正当手段，促使其他企业从事损害竞争的交易行为，主要包括：使他人与自己交易、使他人不与自己的竞争对手交易、安排他人之间进行交易、阻碍他人之间建立正常的交易关系，使竞争对手被迫加入某贸易组织以及减弱、回避、甚至放弃与自己竞争等②。

根据我国《反垄断法》的规定，经营者滥用市场支配地位的表现形式包括：①以不公平的高价销售商品或者以不公平的低价购买商品；②没有正当理由，以低于成本的价格销售商品；③没有正当理由，拒绝与交易相对人进行交易；④没有正当理由，限定交易相对人只能与其进行交易或者只能与其指定的经营者进行交易；⑤没有正当理由搭售商品，或者在交易时附加其他不合理的交易条件；⑥没有正当理由，对条件相同的交易相对人在交易价格等交易条件上实行差别待遇；⑦国务院反垄断执法机构认定的其他滥用市场支配地位的行为。

➤案例分析

案情简介： 2007 年年初，唐山人王冠珏在工商局登记注册了唐山人人信息服务有限公司(简称人人公司)，创办了一个普及医药知识及招商的网站——全民医药网。为了提高网站的点击率，全民医药网和百度河北代理商签了一个《竞价排名协议》。全民医药网和百度签订的这个竞价排名，参与时间为 2008 年 3～9 月，金额为 8.9 万元。参与竞价的最初几个月，是全民医药网和百度的蜜月期。全民医药网做的全国厂家招商、招会员，在百度搜索排第一名。2008 年 6～8 月，全民医药网因为要改版，把竞价支付价格调到最低，异常便开始出现了。2008 年 7 月 10 日，网站的访问量骤减，访问量从前一日的 2 961 个 IP 访问地址骤减为 701 个。以 2008 年 7 月 10 日为分界点的前后两个月对比，全民医药网的月访问量从前一个月的 88 095 个 IP 访问地址锐减至 18 340 个，日均访问量从 2 936 个 IP 访问地址锐减至 611 个。百度收录的全民医药网的链接从以前的 8 万多条信息减少到了 4 条。2008 年 10 月，人人公司向国家工商行政管理总局提出申请，请求对百度公司进行反垄断调查。同年 12 月，人人公司认为百度滥用市

① 王生卫：《反垄断法中滥用市场支配地位的界定》，《华南农业大学学报(社会科学版)》，2004 年第 1 期，第 94～99 页。

② 周昀：《试论滥用市场支配地位行为的禁止制度》，《中国社会科学院研究生院学报》，2007 年第 3 期，第 19～26 页。

场支配地位，进行不公正的竞价排名，便委托律师将百度公司诉至北京市第一中级人民法院，请求判令百度公司承担恢复原状的民事责任，解除对于人人公司网站的屏蔽，彻底全面恢复收录，并赔偿人人公司110.6万元。

原告人人公司诉称：由于其降低了对百度搜索竞价排名的投入，被告百度公司即对其所经营的全民医药网在自然排名结果中进行了全面屏蔽，从而导致了全民医药网访问量的大幅度降低。而百度公司这种利用中国搜索引擎市场的支配地位对其网站进行屏蔽的行为，违反了我国《反垄断法》的规定，构成滥用市场支配地位强迫其进行竞价排名交易的行为。

（资料来源：佟姝：《百度被诉垄断案背后的思考》，http://www.cnki.com.cn/Article/CJFDTotal-ZLSB20100109.htm，2010年1月9日）

争议焦点：(1)被告是否具备了市场支配地位？

(2)被告是否存在滥用市场支配地位的行为？

法理评析：根据《反垄断法》第6条之规定，具有市场支配地位的经营者，不得滥用市场支配地位，排除、限制竞争。本案需要从三方面进行分析：①相关市场的界定；②市场支配地位的认定；③滥用市场支配地位行为的认定。

1. 相关市场

根据《反垄断法》第12条规定："本法所称相关市场，是指经营者在一定时期内就特定商品或者服务进行竞争的商品范围和地域范围。"百度公司认为，自己提供的搜索引擎服务对于广大网民来说是免费的，故与搜索引擎有关的服务不能构成《反垄断法》所称的相关市场，并据此请求人民法院判决驳回原告人人公司的诉讼请求。法院经审理认为，百度公司形式上向网民提供免费的网络信息搜索服务。实质上通过扩大使用百度搜索的网民数量吸引有偿的广告盈利。法院对百度公司的观点不予支持，理由如下："搜索引擎服务商向网络用户提供的免费搜索服务不能等同于公益性的服务，它仍然可以通过吸引网络用户并借助广告等营销方式来获得现实或潜在的商业利益。"

(1)相关产品市场。由于搜索引擎服务所具有的快速查找、定位并在短时间内使网络用户获取海量信息的服务特点，是其他类型的互联网应用服务所无法取代的，即作为互联网信息查询服务的搜索引擎服务与网络新闻服务、即时通信服务等其他互联网服务并不存在构成一个相关市场所必需的紧密的需求替代关系。因此，"搜索引擎服务"本身可以构成一个独立的相关市场。

(2)相关地域市场。考虑到文化背景、语言习惯等因素，中国的网络用户选择并可以获取的较为紧密替代关系的搜索引擎服务一般来源于中国境内，即中国境内相关服务的提供者会表现出较强的竞争关系，因此本案的相关地域市场可以界定为中国境内市场。

2. 市场支配地位

《反垄断法》所称市场支配地位，是指经营者在相关市场内具有能够控制商品价格、数量或者其他交易条件，或者能够阻碍、影响其他经营者进入相关市场能力的市场地位。《反垄断法》第 18 条规定，认定经营者具有市场支配地位，应当依据下列因素：①该经营者在相关市场的市场份额，以及相关市场的竞争状况；②该经营者控制销售市场或者原材料采购市场的能力；③该经营者的财力和技术条件；④其他经营者对该经营者在交易上的依赖程度；⑤其他经营者进入相关市场的难易程度；⑥与认定该经营者市场支配地位有关的其他因素。

《反垄断法》第 19 条规定，有下列情形之一的，可以推定经营者具有市场支配地位：①一个经营者在相关市场的市场份额达到二分之一的；②两个经营者在相关市场的市场份额合计达到三分之二的；③三个经营者在相关市场的市场份额合计达到四分之三的。

为了证明百度公司在相关市场的市场份额超过 50%，人人公司提交了以下证据：①刊登在《中国证券报》2008 年 9 月 17 日第四版题为《百度坐拥中国搜索市场近 2/3》的文章，该文章述称，根据某咨询公司的调查结果，百度在搜索引擎市场以 65.8%的市场份额遥遥领先；②百度公司于 2008 年 10 月 23 日在其网站上刊登的《百度 Q3 客户数欲破 20 万大关　付费搜索增长稳健》之文章。百度公司在该文章中声称其在搜索引擎市场稳稳占据 70%以上的市场份额。

但法院认为原告提供的证据不足以证明被告百度公司确实占据了“中国搜索引擎服务市场”二分之一以上的市场份额，即不足以证明百度公司获得了市场支配地位，理由如下：①上述两篇文章所提到的“市场份额”所依据的相关市场的范围与本案所定义的相关市场的范围是否一致无法确定，而相关市场范围的大小与市场份额的计算直接相关，因此法院不能确定上述两文中市场份额的计算是以范围相同的相关市场为依据。②由于本案中的相关市场是中国搜索引擎服务市场，原告人人公司仅提交了两篇有关被告市场地位的新闻报道，未提供具体的计算方式、方法及有关基础性数据的证据能够使法院确信该市场份额的确定源于科学、客观的分析。

3. 滥用市场支配地位

《反垄断法》第 17 条规定，禁止具有市场支配地位的经营者从事下列滥用市场支配地位的行为：①以不公平的高价销售商品或者以不公平的低价购买商品；②没有正当理由，以低于成本的价格销售商品；③没有正当理由，拒绝与交易相对人进行交易；④没有正当理由，限定交易相对人只能与其进行交易或者只能与其指定的经营者进行交易；⑤没有正当理由搭售商品，或者在交易时附加其他不合理的交易条件；⑥没有正当理由，对条件相同的交易相对人在交易价格等交易条件上实行差别待遇；⑦国务院反垄断执法机构认定的其他滥用市场支配地位的行为。

被告百度公司辩称，其确实对原告人人公司所拥有的全民医药网采取了减少收录的措施，实施该措施的原因是人人公司的网站设置了大量垃圾外链，搜索引擎自动对其进行了作弊处罚。但是，该项处罚措施针对的仅仅是百度搜索中的自然排名结果，与原告人人公司所称的竞价排名的投入毫无关系，亦不会影响其竞价排名的结果。

原告既未能举证证明被告在“中国搜索引擎服务市场”中占据了支配地位，也未能证明被告存在滥用市场支配地位的行为，其诉讼请求缺乏事实与法律依据，法院依据《中华人民共和国民事诉讼法》(简称《民事诉讼法》)第 64 条、《反垄断法》第 17 条第 4 项及第 50 条之规定，判决驳回了原告的全部诉讼请求。

需要注意的是，该案发生时间较早，如果发生在 2012 年 6 月 1 日以后，按照最高人民法院《关于审理因垄断行为引发的民事纠纷案件应用法律若干问题的规定》【法释〔2012〕5 号】第 10 条规定，原告可以以被告对外发布的信息作为证明其具有市场支配地位的证据。被告对外发布的信息能够证明其在相关市场内具有支配地位的，人民法院可以据此作出认定，但有相反证据足以推翻的除外。则原告提供的第 2 条证据法院应予以认定。这样，被告就具备了市场支配地位。

第二节　行政垄断的反垄断法规制

一、行政垄断的概述

我国最早的行政垄断立法是 1980 年 10 月 17 日国务院发布的《关于开展和保护社会主义竞争的暂行规定》。对于行政垄断的概念，学者们可谓仁者见仁、智者见智，概括起来主要有以下几种观点：一是行政垄断是通过行政手段和具有严格等级制的行政组织维持的垄断；二是行政垄断是凭借行政权力形成的垄断；三是行政垄断是指国家经济主管部门和地方政府滥用行政权，排除、限制或妨碍企业之间的合法竞争；四是行政垄断是行政权力加市场力量而形成的特殊垄断；五是行政垄断是指政府及其所属部门滥用行政权力限制正当竞争。

以上五种观点从不同侧面提到了行政垄断的概念，有其合理性，但都存在一定的不足。第一种见解虽讲了行政垄断的主体和手段，却未提及行政垄断滥用行政权力排除、限制市场竞争这一核心要素；第二种见解着眼于行政垄断的依据是行政权力，却忽视了行政垄断的主体及其对行政权力的滥用；第三种见解对行政垄断的实施主体的外延限制过窄；第四种观点同第二种观点一样，也忽视了行政垄断的主体及其对行政权力的滥用；第五种观点对行政垄断实施主体的界定不够准确，如果将“政府”理解为包括国务院和地方政府，这将引起国家垄断与行政垄断概念的混乱。

2007 年 8 月 30 日通过的《反垄断法》虽未明确给出行政垄断的概念，但通过其第 8 条的禁止性规定可以得出，所谓行政垄断是指行政机关以及法律、法规授权的具有管理公共事务职能的组织滥用行政权力，排除、限制竞争的行为。其主要特征表现在：①行政性垄断是一种超经济垄断。行政性垄断不同于经济性垄断，经济性垄断是市场经济发展到一定阶段的产物，是市场内在力量作用的结果；而行政性垄断则是行政权力的膨胀与滥用的具体体现与结果，它产生的基础与市场要素、市场运行规律没有直接关系。②行政性垄断的实施主体是国家经济主管部门、职能部门，地方政府及其职能部门，具有政府管理职能的行政性公司。行政性垄断都是由市场主体之外的行政部门实施，它与行政权力存在着直接的支配与被支配关系。③行政性垄断具有鲜明的强制性。行政性垄断是以行政权力为支撑，运用行政权力的强制性权威干预市场经济秩序。对于一般市场主体而言，他们不能抗拒或者逃避行政垄断的强制力，否则就会受到行政强制力的制裁。

行政性垄断与经济性垄断的主要区别：①实施的主体不同。行政垄断的实施主体是行政主体，经济垄断的实施主体是市场主体，这是行政垄断与经济垄断的一个根本区别。因为经济垄断是以企业、企业集团以及其他形式的经济组织等市场主体在市场运行过程中实施了排挤或支配控制其他竞争者的行为为基本特征的；而行政垄断是政府及其所属部门滥用行政权力限制和排除公平竞争的行为，并非是一般的经济主体所为，而是由特定的非经济主体实施的行为。②滥用的形式不同。行政垄断是行政权力的滥用，经济垄断是经济优势的滥用。行政权力的滥用是行政垄断与经济垄断的又一个重要区别。行政垄断与经济垄断都是滥用优势形成的，但经济垄断中的滥用主要表现为以集中的经济力或者联合的经济力支配市场，从而使他人成为经济从属者的可能。而行政垄断所滥用的优势是行政权力，主要表现在干预市场活动的过程中非法排除或支配经营者、妨碍了市场的正常竞争活动。③市场准入限制形态不同。经济垄断表现为独占进入市场的机会；行政垄断表现为占有客观存在的进入市场和进行竞争的机会，并在其“给予”经营者这些机会时施以不平等。

我国行政垄断主要表现为：

(1)行政机关和法律、法规授权的具有管理公共事务职能的组织滥用行政权力，限定或者变相限定单位或者个人经营、购买、使用其指定的经营者提供的商品。

(2)行政机关和法律、法规授权的具有管理公共事务职能的组织滥用行政权力，实施下列行为，妨碍商品在地区之间的自由流通：①对外地商品设定歧视性收费项目、实行歧视性收费标准，或者规定歧视性价格；②对外地商品规定与本地同类商品不同的技术要求、检验标准，或者对外地商品采取重复检验、重复认证等歧视性技术措施，限制外地商品进入本地市场；③采取专门针对外地商品的行政许可，限制外地商品进入本地市场；④设置关卡或者采取其他手段，阻碍外地商品进入或者本地商品运出；⑤妨碍商品在地区之间自由流通的其他行为。

(3)行政机关和法律、法规授权的具有管理公共事务职能的组织滥用行政权力，以设定歧视性资质要求、评审标准或者不依法发布信息等方式，排斥或者限制外地经营者参加本地的招标、投标活动。

(4)行政机关和法律、法规授权的具有管理公共事务职能的组织滥用行政权力，采取与本地经营者不平等待遇等方式，排斥或者限制外地经营者在本地投资或者设立分支机构。

(5)行政机关和法律、法规授权的具有管理公共事务职能的组织滥用行政权力，强制经营者从事本法规定的垄断行为。

(6)行政机关滥用行政权力，制定含有排除、限制竞争内容的规定。

二、国外对行政垄断进行法律规制

1. 俄罗斯反行政垄断的法律规制

俄罗斯反行政垄断的法律规定集中于《关于在商品市场中竞争和限制垄断活动的法律》，该法制定于1991年，其第7～9条将“行政机关和地方自治管理机关限制商品市场竞争”作为一种独立的限制竞争行为予以规定。其违法主体有三类，即俄联邦行政机关、俄联邦各部门行政机关和地方市政当局。2002年该法修订后，在原有主体的基础上又增加了两类主体——法律授权或受委托的权力机关或组织以及除俄联邦立法机关之外的各地方立法机关，突出了对行政垄断的规制，将其单独列为一章，即“俄联邦行政机构、俄联邦各部门行政机关、各市政当局或被委托行使指定机构职能或权力的其他机构或组织的限制竞争的法令、行为、协议或协同行为”。2006年，俄罗斯在整合《商品市场竞争及限制垄断行为法》和《金融市场保护法》的基础上，颁布了《俄罗斯联邦竞争保护法》，实现了商品市场和金融市场规制行政垄断的原则和制度的统一，进一步将政府预算外基金以及俄罗斯联邦中央银行纳入行政垄断的违法主体范围，并确立对行政垄断的认定标准，既包括实质性限制竞争及侵害经营者利益，也包括存在“可能”消除竞争的危险的情况，且行政垄断行为包括作为，也包括不作为。其主要内容可归纳为如下几个方面。

第一，对行政机构抑制竞争的法令和行为的规制。其主要包括：①对机构发布的限制竞争的法律法令的禁止，即行政机构发布的法令或采取的行动，若是限制经济实体的自主权，歧视或偏袒特定的经济实体的，导致或可能导致抑制竞争或损害经济实体或公民利益的，应予禁止。②行政机构不得在任何领域中无理由地阻碍经济实体的活动。③对出于制造和销售垄断商品的目的而设立机构的限制。

第二，对行政机构抑制竞争的协议的限制。一个行政机构与另一个行政机构达成的协议(协同行为)，如果导致或可能导致抑制竞争或损害其他经济实体或自然人的利益时，可根据已建立的程序被全部或部分禁止，或被宣布为无效。其包括：①抬高、压低或操纵价格；②划分市场范围、总销售额或购买额、所售商品的等级或卖方或买方集团；③限制经济实体进入市场或将其排除在市场之外。

第三，对权力经商的规制。禁止国家权力机构和国家行政机构的官员参与企业性活动，包括：参与自主的企业活动；拥有企业；在一个公司或合伙机构的全体会议上直接或通过代表行使赋予其所持有的股票、捐赠、股份或共享股份的表决权；在一个经济实体的管理机构中占有一个职位。

第四，关于反行政垄断机构及其权力的规定。根据该法规定，行政垄断案件和经济垄断案件统一由俄联邦反垄断局(或其地方机构)处理。俄联邦反垄断局对行政机关违反反垄断法的案件有权做出处理：①在需要废除或修改已通过的违法的法令、制止违法行为、撤销或更改已经签订但与反垄断法规相抵触的契约时，俄联邦反垄断局有权对违反反垄断法的行政机关下达有约束力的指令；②有权向违反反垄断法的行政机关提供下列建议，即采用或取消专利权，修改顾客收费表，采用或取消配额，分配税收减免、优惠贷款和其他形式的政府支持；③有权对行政机关官员违反反垄断法的行为实施行政处罚。俄联邦反垄断局的决定必须在其规定的时限内执行。若关于撤销或修改违反反垄断法规的法令的决定得不到执行，俄联邦反垄断局有权向经济法庭起诉，要求法庭做出全部或部分撤销该法令的判决，或者要求法庭命令有关机构采取恢复原状的措施。

对联邦行政权力机构、俄联邦各部门的行政权力机构和各市政当局的官员课收的罚金，应在收到罚款决定之日后 30 日缴纳，不按时缴纳或不全额缴纳的，俄联邦反垄断局(或其地方代表机构)有权向一般法院起诉，要求法庭对其重新实施罚款，或对其加收滞纳金。行政机关及其官员对俄联邦反垄断局(或其地方代表机构)的决定和处理意见如果不服，有权向一般法庭或经济庭起诉，要求部分或全部撤销俄联邦反垄断局(或其地方代表机构)的决定(处理意见)；或者要求取消或更改由俄联邦反垄断局(或其地方代表机构)作出的行政处罚或课收罚金的决定。

第五，对行政垄断法律责任的规定。行政机关及其所属官员违反反垄断法应承担的法律责任包括民事责任、行政责任、刑事责任。民事责任，就是当行政机关的法令与反垄断法规相抵触，或者因这类机构不履行或不恰当地履行其职责而使经济实体或个人受到损害时，行政机关及其所属官员应根据民事法规消除这类损害；行政责任主要是来自反垄断机构的行政处罚。如果行政机关及其官员在一年时间内重复出现违反反垄断法的行为，或不按时执行联邦反垄断局(或其地方代表机构)的官员做出的警告或课收罚金决定及阻挠决定执行的，应依法追究其刑事责任。

2. 乌克兰共和国反行政垄断的法律规制

1992年2月颁布、1995年7月修订的《禁止垄断和企业活动中不正当竞争行为法》对滥用行政权力限制竞争行为作了规定。其包括：①出于限制竞争的目的，禁止某个经济领域建立新企业或企业的其他组织形式，以及限制某种活动或某种产品的生产。②强迫企业加入某联合体、康采恩、跨行业跨地区以及其他的企业集团，或强迫企业订立优惠合同，承担向某些消费团体提供价格便宜的商品。③做出可导致市场垄断地位的由中央分配商品的决议。④发布禁止在乌克兰共和国某地区销售来自其他地区商品的命令。⑤向个别企业提供税收或其他方面的减免，由此使它们相对其他企业取得优势地位，导致一定商品市场的垄断化。⑥限制企业购买或者销售商品的权利。⑦对个别企业或企业集团发布禁令或限制。

此外，乌克兰共和国于1993年11月颁布了《反垄断委员会法》。乌克兰反垄断委员会在履行反垄断职能时拥有远远超过西方发达国家反垄断主管机构的一般权限，具体包括：①监管中央和地方政府行政机构以及地方和地区自治机构在企业方面所行使的职权。②向国家部门发布指令，要求废除或者修正违反反垄断法的文件，或者结束这类决议；有权禁止或者允许在这些部门建立垄断企业。③在其权限范围内，制定并批准要求国家部门强制执行的规范性文件，并监督它们的执行。④国家部门就经济非垄断化、推动工业竞争力以及反垄断立法作出决定时，得与反垄断委员会协商一致；就经济组织的建立、重组、合并和解散，建立跨行业、跨地区的企业集团、康采恩以及其他联合体，应征求反垄断委员会的意见。⑤凡是能够影响市场竞争的文件，特别是涉及企业整顿和对某些经济活动进行的特许，必须事先得到反垄断委员会的许可。依照上述两个法律文件，乌克兰反垄断委员会仅在1994年就依据这些规定，查处了几起由财政部、邮电部、交通部等行政机关实施的行政性限制竞争案件。

1995年3月，经总统批准，乌克兰共和国成立了一个非垄断化协调委员会，其主要任务是分析非垄断化的实践，推动市场竞争，向总统和政府内阁通告实施国家竞争政策的情况，参与非垄断法的重要立法工作，提出反对限制竞争、非垄断化和消除企业进入市场障碍的措施，并且监督这些措施的实施。该委员会在其权限范围内作出的决议对国家的行政机关、地方自治机构以及企业和企业集团均有约束力。

3. 欧盟反行政垄断的法律规制

在欧盟成员国内部，尤其在一些基础设施领域，存在着大量享有一定行政管理权限的公用国有企业，为有效规制国有企业利用其享有的一定行政管理权限限制竞争的行为,《欧共体条约》第 90 条规定:"成员国不得对公共企业以及享有特权或专有权的企业采取背离或保留本条约,特别是第 85 条至第 94 条的任何措施。""对于可带来普遍经济利益的服务企业或者具有财政垄断性质的企业,如果适用共同体条约的规定,特别是适用其竞争规则,能够在法律上或者事实上妨碍它们完成被委托的任务时,可以不适用这些规定。但不得由此影响共同体内贸易的发展,违反共同体的利益。"欧共体法院在此之后作出了几个著名的判决,如电信终端设备案、比利时电报电话公司垄断案、法国国家邮政局限制 Corbeau 公司竞争案等。

➤案例分析

案情简介: 2008 年 8 月 1 日北京兆信信息技术有限公司、东方惠科防伪技术有限责任公司、中社网盟信息技术有限公司、恒信数码科技有限公司四家防伪企业将国家质量监督检验检疫总局(简称国家质检总局)诉至北京市第一中级人民法院,认为国家质检总局在推广"中国产品质量电子监管网"的过程中,违反了《反不正当竞争法》和《反垄断法》,涉嫌行政垄断。

行政诉状称,从 2005 年 4 月开始,国家质检总局不断推广一家名为"中信国检信息技术有限公司"(简称中信国检)的企业经营的"中国产品质量电子监管网"(简称电子监管网)的经营业务,要求生产企业在所生产的产品的包装上加印监管码。消费者可通过短信、电话、上网等方式,向电子监管网查询监管码的有效性,从而确定所购产品是否是假冒的。为此,加入电子监管网的企业需缴纳数据维护费,消费者查询需支付查询信息费和电话费。为了推广电子监管网的经营业务,国家质检总局从 2005 年 4 月到诉讼为止,单独或联合其他国家机关挂名,发布了近百个文件,同时还召开多种形式的会议,并由国家质检总局的有关领导出席、发表讲话,以督促各地企业对产品赋码加入电子监管网。

2007 年 12 月,国家质检总局又发布《关于贯彻〈国务院关于加强食品等产品安全监督管理的特别规定〉实施产品质量电子监管的通知》。这份通知要求,从 2008 年 7 月 1 日起,食品、家用电器、人造板、电线电缆、农资、燃气用具、劳动防护用品、电热毯、化妆品等 9 大类 69 种产品必须在包装上使用电子监管码后,方能生产和销售。

诉状认为,自 1996 年起,全国防伪行业都在普遍使用类似"电子监管网"的技术为生产企业提供产品防伪服务。国家质检总局将电子监管网的推广与中国名牌、免检产品等评选挂钩,并规定一些产品不赋码入网不得销售,在实际上确立了电子监管网的经营者——中信国检的垄断地位。该案立刻引起法律学界的强烈关注,并被喻为中国"反行政垄断第一案"。

(资料来源:朱弢:《四家防伪企业起诉国家质检总局》,http://www.caijing.com.cn/

2008-08-01/110002051.htm，2008年8月1日）

争议焦点：国家质检总局的行为是否构成行政垄断？

法理评析：《反垄断法》第8条、第32条、第37条分别规定，“行政机关和法律、法规授权的具有管理公共事务职能的组织不得滥用行政权力，排除、限制竞争”；“行政机关和法律、法规授权的具有管理公共事务职能的组织不得滥用行政权力，限定或者变相限定单位或者个人经营、购买、使用其指定的经营者提供的商品”；“行政机关不得滥用行政权力，制定含有排除、限制竞争内容的规定”。假如国家质检总局行为属实，则为典型的行政性垄断。国家质检总局督促各地企业对产品赋码加入电子监管网，是严重的排斥和限制竞争行为。但该案件后来被北京市第一中级人民法院以“超过法定的起诉期限”为由驳回。

第三节　经营者集中的反垄断法规制

一、经营者集中概述

（一）经营者集中的概念

我国反垄断法主要规制的是经营者集中，2007年8月30日第十届全国人民代表大会常务委员会第二十九次会议通过的《中华人民共和国反垄断法》首次使用了“经营者集中”这一术语。经营者集中又被称为企业合并、企业结合，是指经营者通过合并、资产购买、股份购买、合同约定(联营、合营)、人事安排、技术控制等方式取得对其他经营者的控制权或者能够对其他经营者施加决定性影响的情形。

在不同的国家和地区，对企业合并的规制各不相同。美国《克莱顿法》第7条所指的“合并”行为包括取得股份或其他形式的股本(stock or other share)以及资产(assets)，其主体不限于公司，还包括其他法律形态的企业。德国《反限制竞争法》用以表示企业合并的概念中文通常译作“企业合并”或“企业结合”。日本《禁止垄断法》将企业集中和公司合并作为两种不同的企业结合行为予以明确区分，公司合并是指一般意义上亦即公司法意义上的合并，包括新设合并和吸收合并，但仅限于日本国内公司之间的合并行为。《禁止垄断法》还调整了能够导致企业集中的包括取得股份、干部兼任和营业转让等在内的其他企业行为，从事这些行为的主体不限于公司。我国台湾地区“公平交易法”第6条对企业之间的结合行为称为“企业结合”：“本法所称结合谓从事下列情形之一者而言：一、与他事业合并者。二、持或取得他事业之股份或出资额，达到他事业有表决权股份或资本总额三分之一以上者。三、受让或承租他事业全部或主要部分之营业或财产者。四、与他事业经常共同经营或受他事业委托经营者。五、直接或间接控制他事业之业务经营或人事任免者。”①

经营者集中一般包括以下几种形态：①导致主体资格发生变化的经营者间的合并；②取得其他经营者足够数量有表决权的股份或者实质性资产；③经营者之间通过委托经营、联营等方式形成控制与被控制关系；④经营者直接或者间接控制其他经营者的人事。我国《反垄断法》规定，经营者集中是指下列情形：①经营者合并；②经营者取得其他经营者足够数量的有表决权的股份或者资产；③经营者通过合同等方式取得对其他经营者的控制权或者能够对其他经营者施加决定性影响。

反垄断法意义上的经营者集中与企业法意义上的企业合并(或企业兼并)有所不同。企业法上所称的企业合并是指两个或两个以上独立的企业，通过取得财产或股份等形式被一个新的企业所取代或合并成一个企业的行为。其本质特征是被合并企业法律人格的变化，企业法对企业合并行为进行规范主要是为了确立企业在合并时应遵循的准则和程序，以维护企业合并的债权人和股东的合法权益，确保市场交易的安全和稳定。而反垄断法意义上的经营者集中是广义的“兼并与收购”，除“股权并购”和“资产并购”之外，还包括两个或者两个以上企业之间的合并，以及一个企业以合同或者其他方式取得对其他企业的控制权或者施加支配性影响的情况②。即不论是资产转移还是经营控制，只要经营者的经营权实质性地转移，形成控制与被控制关系，即有可能成为反垄断法的规制对象。反垄断法还赋予了“企业合并”特殊的法律含义——能使企业直接或者间接对另一企业发生支配性影响的所有联合方式，而不仅仅限于一个企业取得另一个企业的财产或股份③。可见，反垄断法关注的并非被集中经营者的法律人格是否发生变化，而在于“企业合并产生或可能产生的市场经济力量的集中和合并对市场竞争的影响，关注企业合并后是否创设或强化企业的市场支配地位”④。

(二)经营者集中的类型

学术界以参与集中的经营者之间的关系为标准，将经营者集中分为横向集中、纵向集中和混合集中。

(1)横向集中。横向集中是指因生产或销售同类产品或提供同类服务、具有直接竞争关系的经营者之间的集中。横向集中发生在竞争者之间。横向集中直接减少了市场上独立经营者的数量，直接影响到市场竞争结构，也就是说是以彻底

---

① 孔祥俊：《反垄断法原理》，中国法制出版社，2001年，第597页。

② 王晓晔：《〈中华人民共和国反垄断法〉中经营者集中的评析》，《法学杂志》，2008年第1期，第2～7页。

③ 王晓晔：《企业合并中的反垄断问题》，法律出版社，1996年，第220页。

④ 徐士英：《竞争法新论》，北京大学出版社，2006年，第28页。

消灭竞争者的方式而形成垄断，从而剥夺其他竞争者的平等发展机会，危及其他竞争主体的利益及公共利益，会对市场竞争产生直接、严重的危害，因而成为各国反垄断法规制的主要对象。

(2)纵向集中。纵向集中是指处于同一产业中不同生产环节的经营者之间的集中，也称垂直集中。纵向集中一般发生在同一产品市场中处于不同环节而实际上有买卖关系的企业之间。由于参与集中的经营者之间并不存在直接的竞争关系，和横向集中相比较，纵向集中可能对竞争的危害要小。通常各国反垄断法对纵向集中的态度较为宽容。

(3)混合集中。混合集中是指既不存在竞争关系也不存在买卖关系的经营者之间的集中，即发生于不同行业、不同部门的经营者之间的集中。它是第二次世界大战后出现的一种新型企业集中方式，是企业集团实现多元化经营活动的主要途径。混合集中不会影响市场集中度，对市场竞争的影响较小，但在特定情况下也会对竞争造成不利影响，各国反垄断法对于混合集中的控制较为宽松。

(三)反垄断法控制经营者集中的理论基础

产业组织理论认为，经营者集中有利于形成规模经济。对企业而言，规模化经营是企业提高市场竞争能力和抵御市场风险能力的一种选择；对政府而言，发展规模经济有利于增强一个国家的国际竞争力。正是规模经济的巨大优势，使得各国重视通过鼓励经营者集中来发展经济。但是经营者集中会产生负面的经济效果，需要政府的干预。因此，各国立法对经营者集中进行控制。

(1)新古典竞争理论。垄断会导致资源配置的低效率和社会福利的“无谓”损失，压制竞争功能的发挥，影响市场机制的运转，因而垄断是应该被控制和反对的①。

(2)产业组织理论。企业实施的经营者集中都会在不同程度上改变直接相关市场的市场结构，任何改变市场结构的行为都会在不同程度上影响相关市场的竞争现状，限制或损害市场的有效竞争，从而危害到社会整体利益。因而该理论主张维护有效竞争的市场结构，对经济生活中的垄断和寡占采取规制政策。

(3)行为规制理论。生产日益集中在大企业手中有利于提高规模经济效益和生产效率，大公司的高利润完全可能是经营活动高效率的结果，与市场垄断势力无关，因而主张放松反垄断管制，以经济效率作为反垄断立法的目的和反垄断的标准。

(4)新产业组织理论。垄断结构不一定导致垄断行为，也不一定损害消费者利益，反垄断政策的目标是提高市场效率，在效率优先的前提下兼顾保护消费者

① 余东华：《欧美并购规制政策中效率条款的演进及对我国的启示》，《天津社会科学》，2010年第3期，第77～83页。

利益[①]。

二、控制经营者集中的程序规则

(一)事前强制申报制度

经营者集中事前申报，是指参与集中的经营者在集中之前向反垄断机关提供有关材料，以供反垄断机关审查的制度。立法设置事前申报制度的主要原因在于，一旦经营者集中行为进行，参与集中的经营者会投入巨额的资金，如果事后再被勒令分拆，会给企业带来巨大的经济损失，对于社会而言，也有可能因为企业外部关系的重整而产生震动[②]。

我国《反垄断法》第21条规定：经营者集中达到国务院规定的申报标准的，经营者应当事先向国务院反垄断执法机构申报，未申报的不得实施集中。我国《反垄断法》的这一规定体现了经营者集中事先申报制度的强制性质。“强制事先申报”制度，有利于实现经营者集中制度的价值，可以增加反垄断法事先指引功能[③]。实施“强制事先申报”制度的关键在于申报标准是否恰当。事先申报制度的启动和运行需要遵循一定的规范，具体规则如下：

1. 申报标准

2008年8月3日国务院颁布了《关于经营者集中申报标准的规定》。其第2条明确规定，商务部是经营者集中反垄断审查执法机构，承担受理和审查经营者集中申报的具体执法工作。第3条明确了经营者集中达到下列标准之一的，经营者应当事先向国务院商务主管部门申报，未申报的不得实施集中：①参与集中的所有经营者上一会计年度在全球范围内的营业额合计超过100亿元人民币，并且其中至少两个经营者上一会计年度在中国境内的营业额均超过4亿元人民币；②参与集中的所有经营者上一会计年度在中国境内的营业额合计超过20亿元人民币，并且其中至少两个经营者上一会计年度在中国境内的营业额均超过4亿元人民币。这一原则性规定，确立了经营者集中申报标准，即“达到何种规模必须事先申报的法定门槛”。经营者集中申报标准的设定，目的在于解决“反垄断执法机构对于一项具体的经营者集中行为是否享有管辖权的问题”[④]。

关于经营者集中申报标准，我国采用的是当事人绝对规模标准，也可称之为双层销售标准。该标准要求参与集中的企业依据国际销售额和国内销售额来确定

---

① 余东华：《欧美并购规制政策中效率条款的演进及对我国的启示》，《天津社会科学》，2010年第3期，第77～83页。

② 王中美：《论反垄断法对经营者集中的规制》，《行政与法》，2008年第1期，第74～76页。

③ 时建中：《我国反垄断法的特色制度、亮点制度及重大不足》，《法学家》，2008年第1期，第14～19页。

④ 方小敏：《经营者集中申报标准研究》，《法商研究》，2008年第3期，第79～86页。

其申报义务，但决定申报标准的最根本因素是和国内市场的关联度，即“参与集中的经营者中至少两个以上的经营者上一会计年度在中国境内的营业额均超过4亿元人民币”。运用经营者“营业额”这一指标作为衡量是否进行事先申报的标准，其思维的逻辑进路是：营业额足以说明集中的规模，参与集中的所有经营者的年度营业额越高，集中的规模越大，反之越小。简言之，这种标准是最简单、明确和客观的标准，易于评估和判断。对于企业而言，这种标准能够节约企业申报成本，也最容易为企业所理解和接受①。欧盟、德国和我国台湾地区都采用营业额标准。总之，将营业额作为判断是否涉嫌垄断的标准，不仅具有可操作性，也符合中国的实际②。

关于营业额的计算，银行、保险、证券、期货等行业和领域情况特殊。针对银行、保险、证券等金融行业的特殊性，商务部等五部门2009年7月15日出台了《金融业经营者集中申报营业额计算办法》，有针对性地解决了金融业营业额计算问题。

2. 经营者集中申报豁免制度

我国《反垄断法》第22条规定，经营者集中有下列情形之一的，可以不向国务院反垄断执法机构申报：①参与集中的一个经营者拥有其他每个经营者百分之五十以上有表决权的股份或者资产的；②参与集中的每个经营者百分之五十以上有表决权的股份或者资产被同一个未参与集中的经营者拥有的。关于《反垄断法》豁免这两种情形的原因，学术界通常认为，这两种情形下的集中属于母子公司或姐妹公司的集中，不管是母子公司还是姐妹公司，在集中发生之前，它们都已经形成了一种控制关系。也就是说，这类经营者集中活动事实上是企业集团内部交易，对市场竞争不会产生重要影响，因此《反垄断法》予以申报豁免③。

3. 申报资料

依据《反垄断法》之规定，经营者向国务院反垄断执法机构申报集中，应当提交下列文件、资料：①申报书；②集中对相关市场竞争状况影响的说明；③集中协议；④参与集中的经营者经会计师事务所审计的上一会计年度财务会计报告；⑤国务院反垄断执法机构规定的其他文件、资料。申报书应当载明参与集中的经营者的名称、住所、经营范围、预定实施集中的日期和国务院反垄断执法机构规定的其他事项。

经营者提交的文件、资料不完备的，应当在国务院反垄断执法机构规定的期

---

① 刘宁元：《关于我国管制经营者集中的相关问题研究》，《政治与法律》，2009年第11期，第107～112页。

② 孙效敏：《外资并购国有企业法律问题研究》，北京大学出版社，2007年，第188页。

③ 种明钊：《竞争法》，法律出版社，2008年，第317页。

限内补交文件、资料。经营者逾期未补交文件、资料的，视为未申报。

4. 对未依法申报经营者集中的调查处理

2011 年 12 月 30 日商务部颁布的《未依法申报经营者集中调查处理暂行办法》明确规定，经调查认定被调查的经营者未依法申报实施集中的，商务部可以对被调查的经营者处以 50 万元以下罚款，并可责令被调查的经营者采取以下措施恢复到集中前状态：①停止实施集中；②限期处分股份或资产；③限期转让营业；④其他必要措施。

5. 反垄断执法机构依法调查

《关于经营者集中申报标准的规定》第 4 条规定，经营者集中未达到申报标准，但按照规定程序收集的事实和证据表明该经营者集中具有或者可能具有排除、限制竞争效果的，国务院商务主管部门应当依法进行调查。

（二）经营者集中的审查

1. 经营者集中审查的程序价值

反垄断审查本质上是国家权力对于经济生活的干预和调控，因此为了实现法律的公平正义，审查程序一方面应当保护当事人陈述和辩护的权利，另一方面应以程序限制审查机构权力滥用①。

2. 审查阶段

（1）初步审查。按照《反垄断法》第 25 条规定，国务院反垄断执法机构自收到经营者提交的文件、资料之日起，进行初步审查的期限为 30 日。在此期间内，若国务院反垄断执法机构没有作出不实施进一步审查的决定，经营者不得实施集中。此期限届满后，只要国务院反垄断执法机构没有做出实施进一步审查的决定，经营者可以实施集中。

（2）进一步审查阶段。《反垄断法》第 26 条规定，国务院反垄断执法机构决定实施进一步审查的，应当自决定之日起 90 日内审查完毕，作出是否禁止经营者集中的决定，并书面通知经营者。有下列情形之一的，国务院反垄断执法机构经书面通知经营者，可以延长前款规定的审查期限，但最长不得超过 60 日：①经营者同意延长审查期限的。一般来说，反垄断执法机构审查的时间越长，对参与集中的经营者越不利，但参与的经营者愿意承担不利后果，同意延长审查期限的可以例外。②经营者提交的文件、资料不准确，需要进一步核实的。③经营者申报后有关情况发生重大变化的。国务院反垄断执法机构逾期未作出决定的，经营者可以实施集中。

商务部 2009 年 7 月 15 日通过的《经营者集中审查办法》，于 2010 年 1 月 1

---

① 李小明、徐祎：《论我国经营者集中审查制度的缺陷与完善》，《湖南大学学报》，2010 年第 5 期，第 133～138 页。

日起施行。根据该办法第10条之规定，在进一步审查阶段，商务部认为经营者集中具有或者可能具有排除、限制竞争效果的，应当将其反对意见告知参与集中的经营者，并设定一个允许参与集中的经营者提交书面抗辩意见的合理期限。参与集中的经营者的书面抗辩意见应当包括相关的事实和理由，并提供相应的证据。参与集中的经营者逾期未提交书面抗辩意见的，视为对反对意见无异议。

商务部应当在《反垄断法》规定的期限内做出禁止或不予禁止经营者集中的决定，并书面通知申报人。审查期间，经营者不得实施集中。

3. 听证

听证是经营者集中规制中一个非常重要的程序制度，对保护参与集中的经营者的知情权和辩护权具有非常重要的意义。在我国，商务部拥有是否举行听证会的决定权。《经营者集中审查办法》第7条规定，在审查过程中，商务部可以主动或应有关方面的请求决定召开听证会，调查取证，听取有关各方的意见。

(1)听证会参加者。商务部召开听证会，应当提前书面通知听证会参加方。听证会参加方提出书面意见的，应当在听证会举办前向商务部提交。商务部举行听证会，可以通知参与集中的经营者及其竞争者、上下游企业及其他相关企业的代表参加，并可以酌情邀请有关专家、行业协会代表、有关政府部门的代表以及消费者代表参加。

(2)听证会参加方的权利和义务。听证会参加方应当按时出席听证会，遵守听证会程序，服从听证会主持人安排。听证会参加方出于商业秘密等保密因素考虑，希望单独陈述的，可以安排单独听证；安排单独听证的，听证内容应当按有关保密规定处理。

(3)听证会程序。听证会按照以下程序进行：①听证会主持人宣布听证会开始，宣读听证会纪律；②核对听证会参加方；③参加方就听证内容进行陈述；④听证会主持人就听证内容询问有关参加方；⑤听证会主持人宣布听证会结束。

(三)审查决定

商务部反垄断审查决定可以分为三类：一是禁止经营者集中，商务部作出这一决定，应当说明理由。通常的理由主要是经营者集中限制或者阻碍了市场竞争。二是批准经营者集中。三是附条件批准经营者集中。对于附加限制性条件批准的经营者集中，商务部应当对参与集中的经营者履行限制性条件的行为进行监督检查，参与集中的经营者应当按指定期限向商务部报告限制性条件的执行情况。参与集中的经营者未依限制性条件履行规定义务的，商务部可以责令其限期改正；参与集中的经营者在规定期限内未改正的，商务部可以依照《反垄断法》相关规定予以处理。

商务部做出不予禁止经营者集中的决定时，可以决定附加减少集中对竞争产生不利影响的限制性条件。根据经营者集中交易具体情况，限制性条件可以包括如下种类：①剥离参与集中的经营者的部分资产或业务等结构性条件；②参与集中的经营者开放其网络或平台等基础设施、许可关键技术(包括专利、专有技术或其他知识产权)、终止排他性协议等行为性条件；③结构性条件和行为性条件相结合的综合性条件。在反垄断法理论上，限制性条件也称经营者集中的救济措施。附加限制性条件既能矫正集中对市场竞争造成的损害，又能满足当事人交易的愿望，已成为经营者集中审查决定的最优选择①。

1. 结构性限制条件

结构性限制条件是一种旨在恢复竞争结构的一次性措施，主要形式为资产剥离。资产剥离是参与集中的经营者将其部分资产或业务转移给非关联第三方，由非关联第三方运营被剥离资产或业务，从而维持相关市场上竞争者数量，维持相关市场的竞争水平。这一制度的设置是为了消除经营者集中产生的反竞争效果②。资产剥离措施的优点在于能够相对快速地有效消除一项集中给相关市场所带来的竞争问题，即恢复到集中前的竞争程度，因而资产剥离制度是一种有效的经营者集中控制措施。

商务部2010年颁布的《关于实施经营者集中资产和业务剥离的暂行规定》对剥离业务作出了规定。资产剥离制度的核心包括两个方面：一是确立能够有效经营的买方。首先买方应是非关联的第三方，也就是剥离资产的买方独立于参与集中的经营者，与其不存在实质性利害关系；其次买方购买剥离业务不会产生排除、限制竞争的问题；最后买方拥有必要的资源、能力并有意愿维护和发展被剥离业务。二是资产剥离的范围是否恰当，一般剥离的资产应是独立运作且有竞争力的。但是，《关于实施经营者集中资产和业务剥离的暂行规定》对剥离资产没有作出明确规定。通常能够有效解决竞争损害的资产剥离应具备的条件包括：剥离资产在配置上应具有完整性，即在人力资源、知识产权和硬件设施等方面具有独立经营的商业所具备的一般条件；剥离后，剥离资产原有的竞争能力应该保持；集中方在资产剥离后，应同时剥离其在该资产上的全部股权③。

2. 行为性限制条件

行为性限制条件是指通过限制经营者集中相关方的竞争行为，控制集中反竞争影响的救济。行为性救济主要是推动横向竞争的救济措施。常用的行为方式包括参与集中的经营者开放其网络或平台等基础设施、许可关键技术(包括专利、专有技术或其他知识产权)、终止排他性协议等。

---

① 刘武朝：《论经营者集中附限制性条件执行争议的仲裁适用》，《河北法学》，2013年第10期，第73～78页。

② 马云鹤、张国全：《欧美反垄断法资产剥离制度的比较与借鉴》，《理论界》，2011年第10期，第56～57页。

③ 胡东：《经营者集中反垄断评估中的救济措施》，《价格理论与实践》，2008年第7期，第63～64页。

（四）对经营者集中决定的救济

《反垄断法》第 53 条规定，对反垄断执法机构作出的禁止集中的决定或对经营者附加限制性条件的决定不服的，参与集中的经营者可以先依法申请行政复议，对行政复议决定不服的，可以依法提起行政诉讼。行政复议是参与集中的经营者提出行政诉讼的前置程序。

三、经营者集中的实质性审查

（一）经营者集中的实质性审查标准

各国竞争法在企业合并上一般都适用“合理规则”，即如果能证明此项集中是旨在提高经济效率的合理的商业行为，那么就是可以接受的。一般来说，对于判断一项将进行的并购行为是否应当受到禁止，各国主要采用两个标准：是否严重地削弱了竞争，即实质性地减少竞争；是否取得或加强垄断地位①。美国、日本等国采用了第一类标准。

美国 1914 年《克莱顿法》第 7 条是禁止经营者集中最为重要的法律依据，但它开始只是禁止通过股票买卖所实现的合并，而不禁止通过资产取得所进行的合并。1950 年的《塞勒-克弗维尔法》将其管辖范围扩张到各种形式的企业合并，1980 年的《反托拉斯诉讼程序改进法》又将原来的“公司”扩大到“人”。1992 年美国司法部和联邦贸易委员会共同发布的《横向合并指南》规定，企业合并不得产生或者扩大市场支配力或者推动行使市场支配力，具有“本质上减少竞争或具有形成垄断的趋势”，否则应加以禁止②。可见，美国反托拉斯法禁止合并的实体标准采用了“实质性减少竞争”标准。

日本《禁止私人垄断及确保公正交易法》第 15 条关于合并的限制如下：国内公司在两种情形下不得合并，一是因该合并将实质性限制一定交易领域竞争的；二是该合并以不公正的交易方法进行的。

依据经济学原理，合并可能导致企业取得或加强市场支配地位，一旦企业滥用市场支配地位，就会对竞争和消费者产生严重的影响。欧盟的经营者集中控制标准经历了三次变化③。其最早的标准是《欧共体条约》第 86 条确立的“滥用市场支配地位”标准。1989 年欧盟理事会通过第一个合并控制条例，即第 4064/89 号并购条例，确立了“市场支配地位”标准。1990 年欧共体企业合并控制条例的序言指出：“一个具有共同体影响的合并如果产生或加强市场支配地位，并由此严重损害共同体市场或其大部分的有效竞争，该合并应视为与共同体市场不协调。”

---

① 王中美：《论反垄断法对经营者集中的规制》，《行政与法》，2008 年第 1 期，第 74～76 页。

② 程益群：《经营者集中反垄断法豁免制度探微》，《南方论刊》，2007 年第 12 期，第 30～32 页。

③ 刘和平：《欧美并购控制法实体标准比较研究》，《法律科学》，2005 年第 1 期，第 108～110 页。

根据欧洲初审法院的解释，该实体标准包括两个部分，首先是“产生或加强市场支配地位”，然后是“有效竞争被实质阻碍了”。可见，当时欧洲采用的是第二种标准。2004 年 1 月 20 日，欧盟部长理事会通过《理事会关于企业之间集中控制条例》，即第 139/2004 号并购条例，其第 2 条规定：“集中如果在共同市场或其大部分市场将严重妨碍有效竞争，特别是通过产生或加强市场支配地位的形式，将被宣布与共同市场不相容。”引进了“严重妨碍有效竞争”标准。欧盟并购控制实体标准的改变意味着欧盟更加强调并购对竞争的影响，防止并购产生任何严重损害竞争的效果，这与美国实质性减少竞争标准趋于一致①。

我国对经营者集中也采用实质性减少竞争标准。《反垄断法》第 28 条规定，经营者集中具有或者可能具有排除、限制竞争效果的，反垄断执法机构应作出禁止经营者集中的决定。但对外资并购，我国则同时实行实质性减少竞争与国家安全审查的双重标准。我国《反垄断法》第 31 条规定：“对外资并购境内企业或者以其他方式参与经营者集中，涉及国家安全的，除依照本法规定进行经营者集中审查外，还应当按照国家有关规定进行国家安全审查。”

从我国《反垄断法》第 3 条对经营者集中的定性性规定，到第 28 条提出的禁止经营者集中的实质性标准是相同的，这标明立法上存在一定的问题。首先从立法技术上来看，实质性标准和定性性规定在立法上重复了；其次实质性标准存在一定的问题，具有或者可能具有排除或者限制竞争效果，这样的规定实际上扩大了经营者集中禁止的范围。其他国家在这个问题的规定上是严谨和慎重的，如日本在《关于审查公司拥有股份的事务处理基准》中对“实质性地限制竞争”规定：是指因为竞争减弱而带来特定的事业人或事业人团体能以其意志在某种程度上自由地左右价格、质量、数量及其他条件，从而支配市场的状态；“因拥有股份而实质性地限制竞争”，是指因拥有该股份，市场结构与拥有股份前相比较变为非竞争性的，从合理的观点看来，它形成、维持、强化了无法期待实际有效竞争的状态②。经营者集中是否应该禁止，实际上是要在它的市场积极效果和消极效果之间找到一个平衡点，如果平衡点设置不当，它将使这种制度本身所具有的价值荡然无存。因此我国反垄断法关于实质性标准的规定过于严苛，不利于经营者在市场上自发地合理有效地配置资源，建议将标准改为“严重或实质上妨碍有效竞争”。

(二)经营者集中实质审查的要素

反垄断执法机构在考虑一项具体的经营者集中行为是否具有排除、限制竞争效果时，可以考虑的要素要依据《反垄断法》第 27 条之规定。《反垄断法》第 27 条

---

① 姜发根：《经营者集中反垄断法控制的实体法论——兼评〈中华人民共和国反垄断法(草案)〉第四章》，《安徽广播电视大学学报》，2007 年第 3 期，第 17～21 页。

② 王长河、周永胜、刘风景译：《日本禁止垄断法》，法律出版社，1999 年，第 68 页。

规定，审查经营者集中，应当考虑下列因素：①参与集中的经营者在相关市场的市场份额及其对市场的控制力；②相关市场的市场集中度；③经营者集中对市场进入、技术进步的影响；④经营者集中对消费者和其他有关经营者的影响；⑤经营者集中对国民经济发展的影响；⑥国务院反垄断执法机构认为应当考虑的影响市场竞争的其他因素。

1. 相关市场份额和对市场的控制力

在运用这一要素进行反垄断审查时，首先要确定相关市场。科学合理地界定相关市场，对识别竞争者和潜在竞争者、判定经营者市场份额和市场集中度、认定经营者的市场地位、分析经营者的行为对市场竞争的影响、判断经营者行为是否违法以及在违法情况下需承担的法律责任等关键问题，具有重要的作用。因此，相关市场的界定通常是对竞争行为进行分析的起点，是反垄断执法工作的重要步骤[①]。《反垄断法》在第 12 条第 2 款中对相关市场进行了界定，是指经营者在一定时期内就特定商品或者服务(以下统称商品)进行竞争的商品范围和地域范围。根据该规定，我国《反垄断法》将相关市场分为相关商品市场和相关地域市场，分别代表经营者就特定商品和服务进行竞争的商品范围和地理范围。2009 年 5 月 24 日，国务院反垄断委员会公布了《关于界定相关市场的指南》，界定相关市场就是明确经营者竞争的市场范围。相关商品市场，是根据商品的特性、用途及价格等因素，由需求者认为具有较为紧密替代关系的一组或一类商品所构成的市场。这些商品表现出较强的竞争关系，在反垄断执法中可以作为经营者进行竞争的商品范围。相关地域市场，是指需求者获取具有较为紧密替代关系的商品的地理区域。这些地域表现出较强的竞争关系，在反垄断执法中可以作为经营者进行竞争的地域范围。此外，我国有学者认为，还应该包括相关时间市场。相关时间市场是指相关产品在相关地域中进行竞争的时间[②]。其次，在确定相关市场的基础上，反垄断机构可以依据参与集中的经营者在相关市场的份额和对市场的控制力来判断集中后是否会形成控制市场的垄断力量。市场份额是分析相关市场结构、经营者及其竞争者在相关市场中地位的重要因素。市场份额直接反映了相关市场结构、经营者及其竞争者在相关市场中的地位。市场份额多少代表了集中规模的大小以及对市场的控制程度。

商务部在实践中依据《关于评估经营者集中竞争影响的暂行规定》，判断参与集中的经营者是否取得或增加市场控制力时，综合考虑下列因素：①参与集中的

① 戴龙：《反垄断法中的相关市场界定以及我国的取向》，《北京工商大学学报》，2012 年第 1 期，第 116～122 页。

② 时建中、王伟炜：《反垄断法中相关市场的含义及其界定》，《重庆社会科学》，2009 年第 4 期，第 54～63 页。

经营者在相关市场的市场份额，以及相关市场的竞争状况；②参与集中的经营者产品或服务的替代程度；③集中所涉相关市场内未参与集中的经营者的生产能力，以及其产品或服务与参与集中经营者产品或服务的替代程度；④参与集中的经营者控制销售市场或者原材料采购市场的能力；⑤参与集中的经营者商品购买方转换供应商的能力；⑥参与集中的经营者的财力和技术条件；⑦参与集中的经营者的下游客户的购买能力；⑧应当考虑的其他因素。

2. 相关市场的市场集中度

一般情况下，市场集中度越高，经营者集中产生或强化市场垄断的可能性越大，经营者单独或联合实施限制竞争行为的可能性也越大。所以，测定市场集中度是反垄断机关评估经营者集中竞争影响的重要依据①。

美国关于市场集中度的判断标准有一个发展的过程。1968 年美国司法部颁布的《企业合并指南》建立了“四企业集中度标准”，即通过测量一个产业中排名前 4 位的企业市场份额之和占整个行业市场份额的百分比来判断市场集中度。由于该标准只考虑了大企业的市场份额，因此难以反映一个行业的集中趋势。司法部在 1982 年的《企业合并指南》中采用了赫芬达尔-赫希曼指数(HHI 指数，简称赫氏指数)，即将同一产业中所有企业的市场份额平方后再相加，通过测量赫氏指数来判断企业集中度，依据指数高低将市场区分为高度集中的市场、中度集中的市场和低度集中的市场②。赫氏指数可以根据市场结构的变化进行调整。以美国司法部和联邦贸易委员会 2010 年 8 月发布的标准进行说明。如果合并后的赫氏指数大于或等于 2 500，那么该市场就属于高度集中的市场；在 1 500～2 500 的属于中度集中的市场；在 1 500 以下的属于低度集中的市场③。在高度集中的市场中，如果合并后赫氏指数的提高低于 100，一般可以获得批准；如果增幅指数在 100～200，就需要进行详细审查；增幅指数超过 200，推定认为该经营者集中可能强化市场力量。在中度集中的市场中，如果合并后使赫氏指数较合并前提高不足 100，则合并不会限制竞争，但如果使赫氏指数提高了 100 以上，则合并将可能因限制竞争而被禁止。在低度集中的市场，合并不会对市场产生负面影响。

2011 年商务部制定的《关于评估经营者集中竞争影响的暂行规定》指出，市场集中度是对相关市场的结构所作的一种描述，体现相关市场内经营者的集中程度，通常可用赫氏指数和行业前 N 家企业联合市场份额(CRn 指数，简称行业集中度指数)来衡量。赫氏指数等于集中所涉相关市场中每个经营者市场份额的平方之和。行业集中度指数等于集中所涉相关市场中前 N 家经营者市场份额之和。

① 种明钊:《竞争法》，法律出版社，2008 年，第 319 页。

② 种明钊:《竞争法》，法律出版社，2008 年，第 306～307 页。

③ 丁茂中:《反垄断法促进企业规模化经营的实现路径》，《法商研究》，2011 年第 6 期，第 44～53 页。

市场集中度是评估经营者集中竞争影响时应考虑的重要因素之一。通常情况下，相关市场的市场集中度越高，集中后市场集中度的增量越大，集中产生排除、限制竞争效果的可能性越大。

3. 市场进入障碍

市场进入障碍是指市场在位者能成功据以排除竞争对手进入相关市场的各种因素。进入市场的难易程度影响市场力量，进入障碍越大的市场上，现存企业的市场力量就越强，越容易形成垄断势力。而在进入障碍较低的市场条件下，合并不太可能产生或强化市场力量。因此，在进行反垄断审查时，反垄断机构要对进入障碍大的经营者集中进行考察。

《关于评估经营者集中竞争影响的暂行规定》指出，经营者集中可能提高相关市场的进入壁垒，集中后经营者可行使其通过集中而取得或增强的市场控制力，通过控制生产要素、销售渠道、技术优势、关键设施等方式，使其他经营者进入相关市场更加困难。

4. 对技术进步的影响

经营者通过集中，可更好地整合技术研发的资源和力量，对技术进步产生积极影响，抵消集中对竞争产生的不利影响，并且技术进步所产生的积极影响有助于增进消费者利益。集中也可能通过以下方式对技术进步产生消极影响：减弱参与集中的经营者的竞争压力，降低其科技创新的动力和投入；参与集中的经营者也可通过集中提高其市场控制力，阻碍其他经营者对相关技术的投入、研发和利用。正是由于经营者集中对技术进步存在双面影响，因此应将其当做评估的重要考察因素。

5. 对消费者和其他有关经营者的影响

经营者集中可提高经济效率、实现规模经济效应和范围经济效应、降低产品成本和提高产品多样化程度，从而对消费者利益产生积极影响。集中也可能提高参与集中经营者的市场控制力，增强其采取排除、限制竞争行为的能力，使其更有可能通过提高价格、降低质量、限制产销量、减少科技研发投资等方式损害消费者利益。鉴于经营者集中对消费者影响的两面性，因此以消费者利益作为比较判断的标准。

有学者认为，《反垄断法》的唯一职责就是维护竞争和保护消费者，不以保护其他有关经营者为坐标①。这些观点是按照西方国家反垄断法的目标提出的，忽略了中国反垄断法的立法目的。正如我国《反垄断法》第1条所规定的，其目的就是预防和制止垄断行为，保护市场公平竞争，提高经济运行效率，维护消费者利益和社会公共利益。其中市场公平竞争必然涉及保护其他经营者在市场上的竞争

---

① 王中美：《论反垄断法对经营者集中的规制》，《行政与法》，2008年第1期，第74～76页。

活动。正如《关于评估经营者集中竞争影响的暂行规定》所指出的，经营者集中可能提高相关市场经营者的竞争压力，有利于促使其他经营者提高产品质量，降低产品价格，增进消费者利益。凭借通过集中而取得或增强的市场控制力，参与集中的经营者可能通过实施某些经营策略或手段，限制未参与集中的经营者扩大经营规模或削弱其竞争能力，从而减少相关市场的竞争，也可能对其上下游市场或关联市场竞争产生排除、限制竞争效果。

6. 对国民经济的影响

经营者集中有助于扩大经营规模，增强市场竞争力，从而提高经济效率，促进国民经济发展。在特定情况下，经营者集中也可能破坏相关市场的有效竞争和相关行业的健康发展，对国民经济造成不利影响。因而《反垄断法》提出对国民经济发展的影响也应该作为审查考虑的因素。有学者认为，这似乎说明反垄断执法机构还要考虑国家的产业政策①。在经营者集中领域，我国《反垄断法》和产业政策之间的关系是密切的，反垄断法可以被视为高级的法律化的产业政策，两者之间是同向性互动发展，相辅相成的②。在根本目的上，国民经济的良好发展和高效的经济运行效率是一致的。

四、法律责任

(一)经营者违法实施集中的法律责任

《反垄断法》第48条规定，经营者违反规定实施集中的，由国务院反垄断执法机构责令停止实施集中、限期处分股份或者资产、限期转让营业以及采取其他必要措施恢复到集中前的状态，并可以处50万元以下的罚款。

责令停止实施集中、限期处分股份或者资产、限期转让营业以及采取其他必要措施恢复到集中前的状态等形式，要求反垄断执法机构根据个案情况选择适用。

(二)经营者不履行审查和调查义务的法律责任

《反垄断法》第52条规定，对反垄断执法机构依法实施的审查和调查，拒绝提供有关材料、信息，或者提供虚假材料、信息，或者隐匿、销毁、转移证据，或者有其他拒绝、阻碍调查行为的，由反垄断执法机构责令改正，对个人可以处2万元以下的罚款，对单位可以处20万元以下的罚款；情节严重的，对个人处2万元以上10万元以下的罚款，对单位处20万元以上100万元以下的罚款；构成

① 王晓晔：《中华人民共和国反垄断法中经营者集中的评析》，《法学杂志》，2008年第1期，第2～7页。

② 倪振峰、丁茂中：《反垄断法是高级的法律化的产业政策》，《探索与争鸣》，2009年第2期，第36～40页。

犯罪的，依法追究刑事责任。

➤案例分析

案情简介：2008年9月3日汇源果汁公告称，荷银将代表可口可乐公司全资附属公司以约179.2亿港元收购汇源果汁集团有限公司股本中的全部已发行股份及全部未行使可换股债券，可口可乐提出的每股现金作价为12.2港元。2008年9月5日媒体报道称，中国本土有几个果汁企业准备一同呼吁审查该宗并购案的有关国家机构能够将汇源品牌拿出来拍卖。2008年11月3日汇源发布声明称，可口可乐并购汇源案已正式送交商务部审批，预计审批结果有望在年底前出台。

（资料来源：高蕾：《可口可乐梦断汇源》，http://www.ce.cn/cysc/ztpd/09/kl/，2013年9月15日）

争议焦点：该案是否涉嫌反垄断法中的经营者集中？

法理评析：我国《反垄断法》第20条规定，经营者集中是指下列情形：①经营者合并；②经营者取得其他经营者足够数量的有表决权的股份或者资产；③经营者通过合同等方式取得对其他经营者的控制权或者能够对其他经营者施加决定性影响。同时《反垄断法》第28条规定，经营者集中具有或者可能具有排除、限制竞争效果的，反垄断执法机构应作出禁止经营者集中的决定。根据《反垄断法》第27条的规定，反垄断执法机构考虑一个并购是否具有排除、限制竞争效果时，应考虑以下一系列因素：①参与集中的经营者在相关市场的市场份额及其对市场的控制力；②相关市场集中度；③经营者集中对市场进入、技术进步的影响；④经营者集中对消费者和其他有关经营者的影响；⑤经营者集中对国民经济发展的影响；⑥反垄断执法机构认为应当考虑的影响市场竞争的其他因素。

可口可乐公司诞生于1886年，总部在美国的亚特兰大，是世界软饮料销售的领袖和先锋。1927年可口可乐在中国设立了第一家分公司，1979年又重返中国，在并购时已在中国投资达12亿美元，产品以可口可乐、雪碧、酷儿等为主导，覆盖碳酸饮料、果汁饮品、汽水、茶饮料等几大领域。中国是可口可乐公司的全球第四大市场，2007年在中国收入的增幅达到18％；可口可乐拥有中国软饮市场15.5％的份额，是百事可乐的两倍；可口可乐占有中国果汁市场9.7％的份额，仅凭一款果粒橙就拿下果汁市场第二名的位置。

而汇源当时已成为中国果汁行业第一品牌，汇源商标被评为“中国驰名商标”，另据汇源2008年半年报显示，汇源上半年总体销售额约12.94亿元，其中百分百果汁和中浓度果汁销售额就达7.437亿元。汇源果汁是中国最大的果蔬汁生产商，2008年汇源占高浓度果汁市场56.1％；汇源在中国果汁市场占10.3％的份额，在所有果汁品牌中市场占有率第一。

当时，可口可乐公司虽然基本已经完成了对中国碳酸饮料行业的“垄断”，但在浓缩果汁饮料市场上，仍然落后于汇源果汁，为了进一步扩大在中国的市场，可口可乐选择以并购汇源的方式进一步打开中国市场，这也是其实现全球化战略的重要一步；而汇源虽然在国内纯果汁市场一枝独秀，但是在低浓度果汁市场远落后于竞争对手，汇源选择放弃其果汁饮料市场，计划专心于上游市场的运作。

如收购成功后，汇源可与可口可乐现有果汁饮料形成优势互补，实现资源的优化配置，提升公司在果汁饮料市场的竞争力，扩大市场份额。同时能促进技术进步，提升产业结构。此次收购的战略体现在对汇源的原料、生产加工、厂房与生产设备、渠道网络、品牌价值及自身的技术、管理、资金等上下游资源和软硬实力的一次大规模性的整合。例如，收购成功后，汇源凭借可口可乐全球的资源整合能力，将使消费者享受更好的果汁产品。

但是2008年12月4日商务部首次公开表态，已对可口可乐并购汇源申请进行立案受理，但具体立案日期及何时结果揭晓均对外保密。此前，并购双方曾联合对外公布，最初签订的订购协议有效期为200天，因此这个收购案最晚将于2009年3月下旬揭晓。2009年3月10日中国商务部部长陈德铭表示，商务部正在根据反垄断法依法审核可口可乐收购汇源案，不会受任何外部因素的影响。2009年3月18日中国商务部正式宣布，根据中国反垄断法禁止可口可乐收购汇源。这是反垄断法自实施以来首个未获通过的案例。

商务部给出的解释是可口可乐的收购提案会影响或限制竞争，不利于中国果汁行业的健康发展；如果收购成功，可口可乐有能力把其在碳酸饮料行业的支配地位传导到果汁行业。可口可乐在中国碳酸饮料市场已经占到了绝大部分的比例，并购后，公司可以通过捆绑销售等形式促进其果汁产品的销量，从而对果汁行业也形成一种垄断之势；如果收购成功，可口可乐对果汁市场的控制力会明显增强，使其他企业没有能力再进入这个市场，这样不利于行业内的竞争与激励，也就不利于产品质量、生产工艺技术的升级和创新，进而阻碍果汁饮料行业向前发展；如果收购成功，会挤压国内中小企业的生存空间，抑制国内其他企业参与果汁市场的竞争。这并不是我们出于民族情感而作出的保护主义决定，而是为了防止行业垄断，促进行业发展的举措。

第四节 反垄断法豁免制度研究

一、反垄断适用除外法律制度概述

反垄断适用除外又称豁免制度，是指国家通过促进、承认、许可等方式，对特定主体、特定行业、企业或者特定行为违反反垄断法规定时，予以合法性认可的法律制度。它体现了反垄断法的灵活性和适应性，是各国反垄断法中共有的法律制度。豁免制度就是要将那些具有垄断性质但从长远考虑会增进社会公共利益的行业或行为暂时排除在反垄断法的适用之外。适用除外的排除方式大体有两种，一种是由反垄断法本身加以规定，另一种是在特别法的规定中加以适用除外。

二、国外反垄断适用除外制度

1. 美国的反垄断适用除外制度

按照美国法律的规定，下列情况不受反垄断法的管辖：①在价格操纵方面，农场主及牧业主合作社、出口商协会、海上保险协会、工会等组织的目的是成员之间的相互帮助，就免受《谢尔曼法》的管辖。②特定人员不受反垄断法约束。自由职业者、专业人员，如医生、律师、会计师等免受反垄断法的约束。③贸易组织的某些活动。对各种贸易组织的非价格信息的交换，除非它是被用来压制竞争或管理垄断集团组织，或者不是以压制或消除竞争为目的的贸易组织的自我管理，均不违反《谢尔曼法》的规定。④某些联合投资安排。1984 年，美国国会通过了国家合作研究与开发法案。该法案对竞争企业之间合法注册、联合投资的研究与开发项目提供了反垄断豁免权。⑤自然垄断。美国对于有些行业的自然垄断不受反垄断法的限制，而是由政府加以管制。这些行业主要有水、电、煤气、电话、交通运输等公用事业行业，近几年又扩大到医药、银行等行业。⑥对垄断力量的获得是无辜的。例如，企业通过优良的产品与服务、独特的技能、独到的商业眼光等吸引了消费者，获得较大的市场份额。⑦知识产权的行使行为豁免适用反垄断法。但是，当该权利的行使所附加条件“不合理”地损害竞争时，仍然有受到反垄断法谴责的危险。⑧对于适用《克莱顿法》第 7 条关于企业兼并的例外。属于倒闭企业、小企业兼并或者根据 1966 年银行兼并法案进行的兼并，原则上不受反垄断法的管辖。

2. 德国《反限制竞争法》的除外情况

德国《反限制竞争法》的除外情况：①条件卡特尔，即统一使用标准合同条件、共同交货条件、付款条件的合同与决议，但不包括价格或者价格的构成。②回扣卡特尔，即供货时关于回扣的合同和决议，但该回扣必须表现真正的劳务价值，且不会造成对不同经济阶段的不合理的不同待遇，或者是对同一经济阶段的不同顾客的不合理的不同待遇。③结构危机卡特尔，即因销售减少而发生持续的需求变化时，卡特尔当局可因申请将就生产、制造、加工或者处理方面的合同或决议的批准颁发给企业，以使其需求符合适当的生产能力。④合理化卡特尔，即只关于统一使用标准或型号的合同或决议。⑤专门化卡特尔，即通过专门化达到经济活动合理化的合同与决议，但是它们不得妨害市场上的基本竞争状况。⑥中小企业的协作便利，即通过第⑤条方式之外的方式达到经济合理化的合同与决议，这种合同和决议可使中小企业的生产效率提高。⑦出口卡特尔，即德国《反限制竞争法》适用范围之外市场竞争管理原则的担保和出口方面的合同与决议。⑧进口卡特尔，即当德国买方没有，或没有具备竞争能力的报价人时，卡特尔当局可批准限制竞争类型的合同与决议。需说明的是，第①～⑧项除外适用均需卡特尔当局批准。⑨特别卡特尔，即为整体经济和公共利益限制竞争时，联邦经济部长可批准限制竞争的合同与决议。⑩联邦邮局、联邦铁路、承运人。⑪生产者协会，包括生产者企业、生产者企业协会和生产者联合会的合同与决议。上述合同或决议如果对生产或农产品销售或对农产品的精制和加工设施的利用，并不采取价格限制，并不排除竞争，则不受反垄断法的制约。⑫联邦银行、煤炭和钢铁联合会、烧酒垄断。银行包括了德意志联邦银行和恢复建设信用银行。煤炭和钢铁则根据欧共体煤炭和钢铁共同条约规定而豁免。烧酒垄断是根据 1980 年的《烧酒垄断法》而豁免。⑬信用机构和保险企业。⑭按《利用版权和使用受保护权利法》规定受监督的事业社团。⑮公用工程公司，包括供应电力、煤气、水的企业。

3. 欧盟的反垄断适用除外制度

根据《欧共体条约》第 85(3)条的规定，下列情况下作为反垄断的适用除外：①企业之间的任何协议或任何种类的协议；②企业联合会的决定或任何种类的决定；③任何协作惯例或任何种类的协作惯例。其条件是这些协议、决定或惯例有助于改善商品的生产和发售，有助于促进技术进步或经济发展，并同时让消费者从中得到一部分合理的利益。

4. 日本的反垄断适用除外制度

日本的反垄断适用除外有：①自然垄断所特有的行为。包括了铁道、电力、煤气等事业及其他性质上当然成为垄断事业的经营者从事的有关生产、销售或供应，而为其事业所特有的行为，公益事业均属此类。②行使无形财产权行为。包括根据《著作权法》《专利法》《实用新设计法》《发明法》或者《商标法》行使权利的行为。但是，在实施上述权利中出现不当限制条件时，虽不涉及《禁止垄断法》方面的问题，但会涉及不公正交易方法方面的问题。③以小规模事业者或者以消费者互助为目的的协同组合行为。④对国际性协定和合同申报、金融公司的持股量，根据个别条款规定可对各自的某些行为作适用除外。

综上，各国反垄断法规定的适用除外制度概括起来主要有以下几种类型：第一类为特定人员，包括劳工、医生、律师、会计师等自由职业者；第二类为特定组织，包括工会、特定企业组合、组织、协会；第三类为特定行业，包括农业、金融业、保险业、公用事业等；第四类为特定行为，包括转售价格的维持、小企业行为等；第五类为行使无形财产权利的行为。

三、我国反垄断适用除外制度

我国反垄断适用除外制度主要体现在特定行业豁免、特定行为豁免方面。

我国特定行业的豁免主要体现在《反垄断法》第7条和第56条中。该法第7条规定："国有经济占控制地位的关系国民经济命脉和国家安全的行业以及依法实行专营专卖的行业，国家对其经营者的合法经营活动予以保护……"这里特定行业主要有两类：一类是国有经济占控制地位的、关系国民经济命脉和国家安全的行业，包括涉及国家安全的行业、提供重要公共产品和服务的行业及重大基础设施和重要矿产资源的行业，主要有军工、电网电力、石油石化、电信、煤炭、民航、航运七大行业；另一类是依法实行专营专卖的行业，主要有烟草、食盐、干草和麻黄草及农药、农膜、化肥四类。其依据是社会公共利益需要和垄断的经济效益性(最低效益规模)理论。反垄断法一般对这些行业的合法经营行为予以豁免，但不是对行业的整体豁免。

《反垄断法》第56条规定，农业生产者及农村经济组织在农产品生产、加工、销售、运输、储存等经营活动中实施的联合或者协同行为，不适用本法。这里的农业包括种植业、林业、畜牧业及渔业等产业及相关服务，是"大农业"的概念[①]。其主体是农业生产者及农村经济组织，其行为是"农产品经营活动"中的"联合"或"协同"行为。

特定行为的豁免主要表现为垄断协议的豁免、经营者集中的豁免及知识产权豁免三方面。

我国垄断协议的豁免主要体现在《反垄断法》第15条中。该条规定，关于垄断协议的除外情形有：①为改进技术、研究开发新产品的；②为提高产品质量、降低成本、增进效率，统一产品规格、标准或者实行专业化分工的；③为提高中小经营者经营效率，增强中小经营者竞争力的；④为实现节约能源、保护环境、救灾救助等社会公共利益的；⑤因经济不景气，为缓解销售量严重下降或者生产明显过剩的；⑥为保障对外贸易和对外经济合作中的正当利益的；⑦法律和国务院规定的其他情形。其中前五种行为的豁免条件必须属于上述法定情形并由经营者证明所达成的协议不会严重限制相关市场的竞争，而且能够使消费者分享由此产生的利益；第六种情形属于对外经济贸易领域的豁免，出于维护本国利益，加强本国企业出口竞争力的考虑，对为了发展对外贸易而进行的有关垄断或限制竞争行为实行豁免成为各国的共同做法。

我国经营者集中的豁免主要体现在《反垄断法》第28条中。我国《反垄断法》第28条第2款规定：经营者能够证明该集中对竞争产生的有利影响明显大于不

---

① 曹康泰：《中华人民共和国反垄断法解读》，中国法制出版社，2007年，第47页。

利影响，或者符合社会公共利益的，国务院反垄断执法机构可以作出对经营者集中不予禁止的决定。这是我国对经营者集中豁免的原则性规定。所谓经营者集中豁免，是指在特定条件下，对形式上符合垄断要件的经营者集中行为不予禁止和制裁。从价值目标而言，豁免制度的立法目的和反垄断的目标是一致的，都是要实现有效竞争。对一项经营者集中予以豁免，并非豁免的该集中行为对竞争没有危害，而是它对竞争的危害被它所带来的利益所抵消或者超越。这是经营者集中豁免制度的正当性基础。该条款明确了判断豁免的根据有两点：一是集中对市场竞争的积极效果大于消极效果，即效果比较标准；二是社会公共利益标准。有学者认为，该条款设置了我国反垄断法中的效率抗辩制度。

(一)效率抗辩制度

在一项集中被判定具有或可能具有反垄断法意义上的反竞争影响，且依法应予禁止的情况下，如果集中方能够证明集中所产生的效率能够抵消和(或)超过和(或)明显超过反竞争的影响，则可获得批准[①]。设置该制度的目的在于帮助反垄断机关正确辨识竞争效果和反竞争效果。

在美国，效率抗辩制度是在司法部 1984 年颁布的《并购指南》中引入的。在并购审查中，允许企业通过并购改善其经济效率，承认并购通过降低生产成本、提高管理水平或使资本市场更为有效等方法产生明显的效率。效率条款的出现意味着企业并购规制政策的适当放松，反垄断执行政策的力度有所放松。效率抗辩制度的引进，实际上表明反垄断理念的变化，企业并购不仅仅是企业由谋求增加市场力量所驱动，也有可能是企业提高效率的要求[②]。此后，在 1997 年《并购指南》中进一步阐明效率政策，该指南认为，在效率增加和竞争减少之间总存在着一种权衡关系，但权衡的结果必须是可认知的效率的增加足以超过并购对竞争的损害。同时，美国反垄断机构要求效率能够向消费者转移，即消费者应当在并购企业所取得的效率中占有合理的分享比例，从其购买的商品或服务上享受到价格或质量上的经济利益。在美国，一般能被接受的效率抗辩理由包括规模经济、生产设施的整合、研发能力的提升、工厂专业化以及运输成本的降低[③]。欧盟在 2004 年部长理事会通过的《关于控制企业集中的第 139/2004 号理事会条例》中，首次承认“并购引起的效率可能会抵消对竞争的影响，特别是可能抵消其他情况下对消费者的潜在伤害”。随后，欧盟委员会颁布《欧盟横向并购指南》(2004/C31/03)，第 7 章共 13 条全部为效率条款。

---

① 孙晋：《企业混合合并的竞争法分析》，《时代法学》，2009 年第 5 期，第 27～35 页。

② 余东华：《欧美并购规制政策中效率条款的演进及对我国的启示》，《天津社会科学》，2010 年第 3 期，第 77～83 页。

③ 王中美：《论反垄断法对经营者集中的规制》，《行政与法》，2008 年第 1 期，第 74～76 页。

我国《反垄断法》第 28 条确立了我国经营者集中审查评估中的效率抗辩制度。商务部《关于评估经营者集中竞争影响的暂行规定》中明确了市场进入、技术创新、消费者利益、其他经营者的利益、国民经济的影响这些因素应作为效果比较的因素，即效率抗辩要素。

(二)社会公共利益标准

公共利益是一个不确定的法律概念。以社会公共利益作为控制经营者集中的豁免标准，是为了适应实践中的不同情况以及通过灵活性实现个案中的公正[①]。商务部《关于评估经营者集中竞争影响的暂行规定》指出，除了效率抗辩要素，还需综合考虑集中对公共利益的影响、集中对经济效率的影响、参与集中的经营者是否为濒临破产的企业、是否存在抵消性买方力量等因素。显而易见，我国反垄断机构对于公共利益的认定是有所限制的，主要是环境保护等方面。

有学者认为，我国关于经营者集中豁免的规定主要参考了德国法的内容[②]。德国《反限制竞争法》第 36 条第 1 款规定："如可预见，合并将产生或加强市场支配地位，联邦卡特尔局应禁止合并；但是，参与合并的企业证明合并也能改善竞争条件，并且这种改善超过支配地位的不利条件，不在此限。"该法第 42 条第 1 款规定，在个别情况下，合并对整体经济的好处可以弥补对竞争的限制，或者合并符合重大的公共利益的，应申请，联邦经济部长可以批准原为联邦卡特尔局所禁止的合并。显然，德国法关于豁免的规定一般标准是效果比较标准，例外情况是社会公共利益标准。我国是将这两者标准并列，都作为豁免的根据。这样的规定，在利用效率比较标准和社会公共利益标准出现判断不一致或者发生冲突的情况下，如何来协调审查结果？因此，以效果比较标准作为豁免的一般根据，社会公共利益标准作为特殊根据应该是符合《反垄断法》立法目的的最佳选择。

国外经营者集中的反垄断豁免一般包括以下情形：

(1)改善市场竞争条件和竞争状况。经营者集中是一把"双刃剑"，一方面有可能导致产生或者加强市场支配地位，另一方面也有可能改善市场的竞争条件和竞争状况。德国《反限制竞争法》就是例证。

(2)显著地提高企业的经济效率。竞争是促进企业提高生产效率的有效机制，但企业合并后通过资产整合也可以产生"合并特有的效率"。如果"合并特有的效率"显著，明显超过合并的反竞争影响，则可以放宽对合并的审查。美国 1992 年《横向合并指南》采用此标准。

(3)兼并破产企业。如果合并企业能够证明，兼并的目标企业濒临破产，且

---

① 孙博：《德国企业合并控制中的公共利益原则》，《中德法学论坛》，2010 年第 7 辑，第 178 页。

② 王晓晔：《中华人民共和国反垄断法中经营者集中的评析》，《法学杂志》，2008 年第 1 期，第 2～7 页。

符合相关条件，则合并不被禁止。此即所谓的“破产企业原则”。把兼并破产企业作为企业合并的反垄断豁免条件之一，是国际上的通行做法，特别是日本、美国。

(4)潜在的市场进入。所谓潜在的市场进入，是指如果市场上没有或者只有很低的进入障碍，合并后的企业即使占有很大的市场份额，甚至取得了独占地位，它也不会随意抬高产品的价格，因为市场外的企业与市场内的企业存在着潜在的竞争关系。在判断一个市场是否存在潜在的市场进入时，主要考虑以下因素：价格上涨；进入的可能性；进入的及时性；进入的充分性①。在存在这种潜在竞争关系的前提下，合并就不会实质性地产生或者加强市场势力，取得市场势力的企业也不会滥用其市场优势地位。潜在的市场进入的上述特点，使其成为豁免某些经营者集中的条件之一。

(5)整体经济和社会公共利益。对经营者集中进行控制的目的在于维护竞争性的市场结构，促进市场经济的健康发展、维护消费者的合法权益和社会公共利益。随着企业合并的跨国化，各国在控制企业合并时，不仅审查合并对国内竞争秩序的影响，也要对合并所带来的对国际市场竞争的积极影响和对国内竞争的消极影响进行利益权衡②。

我国知识产权的豁免主要体现在《反垄断法》第 55 条中，该条规定，经营者依照有关知识产权的法律、行政法规规定行使知识产权的行为，不适用该法；知识产权拥有合法垄断权的目的在于鼓励创新和充分发挥创造性成果在推动科技进步、经济繁荣和社会发展方面所起的重要作用。但知识产权的滥用也会对市场经济造成损害，受到各国反垄断法的规制，我国也不例外。

专题研究：知识产权滥用的反垄断法规制

一、知识产权与反垄断法的关系

知识产权是权利主体对其所创作的创造性智力劳动成果依法所享有的专有权利，知识产权权利主体对其创造性智力劳动成果在一定区域、一定时间范围内享有的一种独占排他的专有权利。在特定的区域、特定的时间范围内，权利主体可以通过传播、使用或者授权许可他人使用其创造性智力成果来获得经济利益。一般情况下，未经权利主体许可，任何人不得擅自使用其享有知识产权的智力成

① 孔祥俊：《反垄断法原理》，中国法制出版社，2001 年，第 619 页。

② 姜发根：《经营者集中反垄断法控制的实体法论——兼评〈中华人民共和国反垄断法(草案)〉第四章》，《安徽广播电视大学学报》，2007 年第 3 期，第 20 页。

果。由此可见，知识产权实际上是法律赋予权利主体的一种合法的垄断权利。因此，各国反垄断法通常都明确规定，权利主体行使知识产权的行为并不适用反垄断法，我国《反垄断法》第 55 条对此作出了明确规定。

然而，虽然知识产权是法律赋予权利主体的一种合法垄断权，但这并不代表权利主体可以任意妄为，滥用其知识产权。一旦权利主体滥用其知识产权，超出了法律所能容许的范围和边界，并扰乱了自由公平的市场竞争秩序，那么就有可能受到反垄断法的规制与调整。

关于知识产权与反垄断法之间的关系，从立法价值和本质属性的角度来看，知识产权与反垄断法之间存在冲突。知识产权的特点之一就是其独占性或垄断性，知识产权是法律赋予权利主体的一种合法的垄断权。法律之所以要赋予知识产权权利主体以合法的垄断权，就在于权利主体所创造的智力劳动成果通常能够促进科技、文学艺术的繁荣与发展，对促进经济的发展、社会的进步具有十分重大的意义。因此，为了激励人们的创造积极性，知识产权法律制度的目的就是赋予知识产权权利主体以合法的垄断权，以便权利主体可以通过独占排他地行使其知识产权来获得经济利益。然而，反垄断法的本质属性则在于预防和制止垄断行为，以保护市场公平竞争。可见，从表面上来看，前者是赋予权利主体垄断地位，后者则是预防和制止垄断行为，二者之间似乎相互冲突，但是深入分析可以发现，知识产权与反垄断法之间并不冲突，而是相互配合，有机统一。知识产权制度虽然赋予知识产权权利人以合法的垄断权，但是赋予其垄断权不是最终目的而是手段，知识产权制度的最终价值目标在于激励创造，保护智力成果，促进科技、文学艺术的繁荣以及经济的发展和社会的进步。反垄断法之所以要预防和制止垄断行为，其最终价值目标也在于保护市场自由公平的竞争，维护市场秩序，提高经济运行效率，促进市场经济健康有序地发展。而且，根据我国《反垄断法》第 55 条之规定，经营者依照知识产权相关法律法规正当行使知识产权的行为，并不适用反垄断法，只有经营者滥用知识产权，排除、限制竞争的行为，才适用反垄断法。也就是说，并非所有滥用知识产权的行为都是反垄断法规制的范围，反垄断法只规制滥用知识产权来排除或限制竞争的行为，因此反垄断法与知识产权赋予权利人的垄断地位之间实际上并不冲突。可见，知识产权制度和反垄断法的最终价值目标是一致的，只不过两者选择的路径不同而已，正所谓殊途同归。

二、知识产权滥用的内涵

知识产权制度实际上是赋予权利人以垄断权，这种制度设计能够很好地保护权利人的利益，激励人们创造的积极性，但也有其弊端，那就是一旦权利人为了最大限度谋求经济利益而滥用其知识产权，反而会损害社会公共利益，阻碍科技、文学艺术的繁荣以及经济的发展。这里所谓知识产权滥用(intellectual property abuse)，是相对于正当行使知识产权而言的，它通常是指知识产权权利人在行使知识产权时超出了法律所允许的范围或正当界限，导致对该权利的不正当使用，进而损害他人利益或社会公共利益的行为[①]。知识产权通常具有巨大的市场经济价值，故而滥用知识产权还可能扰乱市场竞争秩序，从而损害他人或社会公共利益。知识产权制度设计的初衷除了激励人们创造积极性之外，还有就是实现权利人利益与社会公共利益之间的平衡，而知识产权滥用行为恰恰会导致知识产权权利人利益与社会公共利益之间的失衡。因此，规制知识产权滥用行为是维护自由公平市场竞争秩序，平衡知识产权权利人利益与社会公共利益的必然要求。

三、受反垄断法规制的知识产权滥用的表现形式

知识产权滥用的表现形式多种多样，但并非所有的都是反垄断法规制的对象，因篇幅和主题所限，本章在这里只讨论纳入反垄断法规制范围的知识产权滥用的表现形式[②]。通过前面的分析可知，只有超出知识产权行使界限和范围的权利滥用行为，并且限制、排除了竞争，才受反垄断法的规制与调整。在实践中，知识产权权利主体滥用其知识产权，不断扩张其垄断权范围，或通过其合法垄断地位来谋取非法垄断利益的行为主要表现为以下几种形式。

(一)滥用市场支配地位

所谓市场支配地位，是指在相关市场内通常具有能够控制商品价格、数量或者其他交易条件，或者能够阻碍、影响其他经营者进入相关市场能力的市场地位。知识产权作为一种合法的垄断权，在赋予权利主体垄断地位时，无疑会使权利主体在某种程度上获得市场支配地位。知识产权权利主体获得市场支配地位本身并不违法，只有其滥用市场支配地位，排除、限制竞争，才违反反垄断法。知识产权权利主体滥用市场支配地位的具体表现形式又分为以下几种。

1. 拒绝许可

拒绝许可(refusal to license)，即知识产权权利主体拒绝将自己的知识产权授权许可他人使用，是指知识产权权利主体利用自己对知识产权所拥有的专有权，拒绝授予其竞争对手合理的使用许可，从而排除他人竞争，以加强自己垄断地位的行为。拒绝许可本是知识产权权利主体的合法权利，但是此权利并非毫无限制，在有些情形下，国家会出于保护公共利益的目的而限制权利主体拒绝许可的权利，例如，《中华人民共和国专利法》(简称《专利法》)第48～51条就具体规定了专利实施强制许可的几种情形。因此，一旦权利主体为了维持其垄断地位，

---

① 王先林：《若干国家和地区对知识产权滥用的反垄断控制》，《武汉大学学报(社会科学版)》，2003年第2期，第154页。

② 韩勋：《浅议知识产权滥用的表现形式》，《知识经济》，2011年第10期，第18～19页。

排挤竞争对手，而利用其市场支配地位拒绝许可他人合理使用其知识产权时，不仅违反了知识产权法的相关规定，同时还构成了滥用市场支配地位的知识产权滥用行为。

2. 搭售

搭售也被称为附带条件交易，即一个销售商要求购买其产品或者服务的买方同时也购买其另一种产品或者服务，并且把买方购买其第二种产品或者服务作为其可以购买第一种产品或者服务的条件。在这种情况下，第一种产品或者服务就是搭售品(tying product)，第二种产品或者服务就是被搭售品(tied product)。在知识产权中，搭售行为通常是以许可协议的方式存在，对于因知识产权而获得市场支配地位的经营者来说，在相关市场领域里，其他经营者或消费者无法绕开其知识产权，因而不得不与之进行交易，此时该经营者若为了获得垄断利益，搭售其产品，则损害了他人利益或社会公共利益，同时破坏了市场竞争秩序，因此也构成了滥用市场支配地位的知识产权滥用行为。

3. 价格歧视

价格歧视(price discrimination)，是指销售商对不同的客户收取不同的价格而又没有支持该价格差别的明显的成本差异的正当理由的行为，以及对供应成本不同的客户收取同样价格的行为[①]。价格歧视是一种重要的垄断性定价行为，通常表现为具有市场优势地位的经营者在不同地区或不同国家进行差别式定价。知识产权权利主体利用其市场支配地位实施价格歧视的行为，会直接损害社会公共利益，同时损害市场公平交易机制。

4. 垄断性高价

垄断性高价是指企业凭借其知识产权制定在正常竞争条件下所不可能获得的远远超出公平标准的价格。前面说过，知识产权本身就具有垄断性质，知识产权权利主体通常在相关市场领域中占据优势地位甚至独占地位，如果此时权利主体在市场上实行毫无限制的高定价，必然会损害消费者及公共利益，同时扰乱市场竞争秩序。因此，垄断性高价是一种非常明显的滥用市场支配地位的知识产权滥用行为。

(二)联合限制竞争

所谓联合限制竞争，是指两个或两个以上的行为人以协议、默契或其他联合方式实施的排除或者妨碍竞争的行为。许可通常是知识产权权利主体实现其知识产权经济价值的重要途径，也是促进社会整体技术水平的重要途径。但是一些知识产权权利主体为了最大限度地获得垄断利益，常常会在许可协议中附加限制竞

① 孔祥俊：《反垄断法原理》，中国法制出版社，2001年，第581页。

争的条款，或者与被许可方达成某种联合限制竞争的协议条款。知识产权的巨大市场价值及其垄断性质决定了在相关市场内知识产权权利主体占据着主导的地位，因此一旦知识产权权利主体与其他经营者达成联合限制竞争的垄断协议，其直接的后果就是扰乱正常的市场竞争秩序。

联合限制竞争具体又可分为纵向联合限制竞争和横向联合限制竞争。所谓纵向联合限制竞争，是指两个或两个以上在同一产业中处于不同阶段而有买卖关系的企业通过共谋而实施的限制竞争行为[①]。两个或两个以上处于上下游交易关系的企业通过达成协议维持转售价格、独家经营、排他性回授等都属于纵向联合限制竞争的行为。所谓横向联合限制竞争，是指两个或两个以上因生产或销售同一类型产品或提供同一类服务而处于相互直接竞争中的企业，通过共谋而实施的限制竞争行为[②]。两个或两个以上的相互竞争的企业间通过达成协议来划分市场、限制产量、限制新产品新技术开发、固定价格等都是典型的横向联合限制竞争行为。具体在知识产权领域里，各企业之间一般都是通过交叉许可、专利池、技术标准组织、联合研发等手段进行横向联合。不管是纵向联合限制竞争行为还是横向联合限制竞争行为都严重损害消费者和社会公共利益，并损害了市场竞争秩序，违反了反垄断法。

四、国外反垄断法对知识产权滥用行为的规制

目前世界上许多国家和地区都很注重采用反垄断法对知识产权滥用行为进行规制，而且由于欧美等国家的经济比较发达，其反垄断法律制度已经比较成熟，因此针对知识产权滥用的反垄断法规制也已形成比较完整的制度体系。在此有必要对一些具有代表性的国家的知识产权滥用行为反垄断规制的相关制度体系进行比较研究。

美国是知识产权大国，也是世界上最早制定反垄断法并且反垄断法制度最为发达的国家，美国早在1890年制定的《谢尔曼法》是世界上第一部反垄断法，该法当然也适用于知识产权领域的垄断行为。美国在反垄断法控制知识产权滥用行为方面经历了一个变化的过程。最初是美国联邦最高法院确立的“专利权滥用”和“著作权滥用”原则，然后到20世纪70年代初，美国司法部提出了针对知识产权许可协议的九种限制竞争的原则，又称“九不”原则。这九种条款的内容是：①要求被转让人从转让人处购买与专利权无关的材料；②要求被转让人向转让人转让

① 王先林：《论联合限制竞争行为的法律规制——〈中华人民共和国反垄断法（草拟稿）〉的相关部分评析》，《法商研究》，2004年第5期，第20页。

② 王先林：《论联合限制竞争行为的法律规制——〈中华人民共和国反垄断法（草拟稿）〉的相关部分评析》，《法商研究》，2004年第5期，第19页。

许可证协议生效后取得的所有专利；③限制专利产品销售中的买主；④限制被转让人就专利权之外的产品或者服务的交易自由；⑤未经被转让人同意，转让人不得向其他任何人授予许可；⑥要求被转让人订立一揽子许可协议；⑦要求被转让人对所有产品的销售，包括与专利权无关的产品销售支付转让费；⑧限制工序专利被转让人销售由这种工序生产的产品；⑨要求被许可人按照固定价格或者最低价格销售相关产品。到了 20 世纪 80 年代，司法部逐步放弃“九不”原则，而对限制竞争的知识产权许可协议采用反托拉斯法的“合理规则”。

另外，美国司法部和联邦贸易委员会于 1995 年 4 月 6 日联合发布了《知识产权许可的反托拉斯指南》(简称《指南》)。该《指南》确立了知识产权领域反垄断法的两项基本原则，即“本身违反原则”和“合理原则”，为美国知识产权领域的反垄断法规制提供了明确的方向和思路，更为知识产权人及相关人判断其知识产权许可协议是否触犯反垄断法提供了分析方法和法律适用的基本原则。该《指南》的适用范围仅限于技术转让和创新有关的版权、专利、商业秘密等的许可协议。另外，该《指南》很好地处理了知识产权与反垄断法之间的关系。首先，从反垄断法角度来看，知识产权与其他形式的财产权处于相同的地位；其次，知识产权独占权本身并不能必然得出权利人具有市场支配力的结论，正如《指南》中所说：“知识产权既不特别地免受反垄断审查，也不特别地有反垄断嫌疑。”总之，该《指南》成为了美国知识产权滥用反垄断规制的重要指导性文件。

欧盟关于知识产权领域的反垄断立法也相对比较成熟，欧盟主要通过欧共体竞争法来处理关于知识产权滥用的问题。欧盟竞争法主要包括 1992 年各成员国为成立欧洲联盟而签署的《马斯特里赫特条约》中的竞争法规范、1951 年《欧洲煤炭与钢铁共同体条约》、1957 年《欧洲经济共同体条约》等。在关于运用知识产权方面，欧盟竞争法在长期的实践中，发展并确立了三大基本原则，即知识产权的所有权中“存在权”与“使用权”相区别的原则、权利耗尽原则及同源原则。1995 年，在玛吉尔(Magill)一案中，当著作权保护与欧共体市场竞争保护发生冲突时，欧共体法院优先选择了适用欧共体竞争规则来维护欧共体市场的有效竞争，欧共体法院这一判例确立了欧盟委员会有权通过实施强制性许可来处理滥用拒绝许可行为的规则。欧盟《技术许可协议集体豁免条例》是由《欧洲经济共同体条约》第 81 条和第 82 条有关企业之间限制竞争行为以及其他联合行为的规定发展而来，并经历了一系列的发展，至 2003 年年底 2004 年年初，欧盟又出台了一系列反垄断方面的最新政策，其中包含新修订的《欧共体技术许可协议集体豁免条例》，该条例成为了欧盟关于技术协议合法性审查的重要依据和标准。

五、我国反垄断法对知识产权滥用行为的规制

我国除了反垄断法对知识产权滥用行为进行规制外，还有其他的法律对其进

行规制，最典型的如知识产权法本身，知识产权法建立了合理使用制度、强制许可制度等来限制知识产权权利行使的范围和界限，同时知识产权法也遵循民法中禁止权利滥用原则。但是，这些只是知识产权法自身对其权利滥用的规制，仅属于私法层面的规制。而反垄断法则是从外部对知识产权滥用行为进行规制，并且规制手段包括民事的、刑事的以及行政的，属于公法层面的规制，具有较强的综合性和高效性。因此，反垄断法在规制知识产权滥用行为方面具有不可替代的价值和地位。

目前，我国《反垄断法》第55条对规制知识产权滥用行为作出了原则性规定，即“经营者依照有关知识产权的法律、行政法规规定行使知识产权的行为，不适用本法；但是，经营者滥用知识产权，排除、限制竞争的行为，适用本法”。《中华人民共和国合同法》(简称《合同法》)中也有关于知识产权滥用行为反垄断法规制的条款，该法第329条规定非法垄断技术、妨碍技术进步以及侵害他人技术成果的技术合同是无效的。此外，《中华人民共和国对外贸易法》(简称《对外贸易法》)第30条指出，如果知识产权权利人有阻止被许可人对许可合同中的知识产权的有效性提出质疑、进行强制性一揽子许可、在许可合同中规定排他性返授条件等行为之一，并危害对外贸易公平竞争秩序的，国务院对外贸易主管部门可以采取必要的措施消除危害。这实际上也是对于知识产权滥用行为的反垄断法规制。

总的来说，目前我国规制知识产权滥用行为的反垄断法律法规尚不健全、不具体、未形成体系，因此有必要借鉴欧美等国家的有关制度来完善我国的制度。

反不正当竞争法理论与实务

第一节　反不正当竞争法的一般理论

一、不正当竞争行为的概念和特征

(一)不正当竞争行为的概念

不正当竞争一词于1850年首先在法国出现。1896年德国颁布的《反不正当竞争法》被公认为是世界上第一个专门禁止不正当竞争的法律。第一个对不正当竞争行为进行规定的国际条约是1883年签订的《保护工业产权巴黎公约》，它在1900年布鲁塞尔修订文本中将公约的内容拓展到反不正当竞争领域。

关于不正当竞争的立法定义，各国家和地区法律表现出了其差异性。有的采用列举的方式，如我国台湾地区、日本、美国、韩国等。有的国家则采用概括式的方法，通过对不正当竞争的定义，揭示不正当竞争行为的基本内涵。但是，绝大部分国家都采用概括式与列举式相结合的立法方法来规定不正当竞争行为，我国也采用这种方式。《反不正当竞争法》第2条规定："本法所称的不正当竞争，是指经营者违反本法规定，损害其他经营者的合法权益，扰乱社会经济秩序的行为。"并在该法第2章规定了几种典型的不正当竞争行为。

(二)不正当竞争行为的特征

1. 主体的特定性

它是经营者的竞争行为。我国《反不正当竞争法》第2条第3款规定："本法所称的经营者，是指从事商品经营或者营利性服务的法人、其他经济组织和个人。"但实施了限制竞争行为的政府及其附属部门，也可以作为不正当竞争行为的特殊主体。

2. 行为的违法性

不正当竞争行为是违反法律及商业道德的行为，表现在：第一，它首先是违反反不正当竞争法律规范的行为。在我国既是指违反《反不正当竞争法》第 2～15 条的禁止性规范，也包括该法第 2 条的原则性规定。第二，它是指违反我国其他法律规范的行为，如《商标法》《产品质量法》等。第三，它是指违反公认的商业道德的行为。

3. 损害的严重性

不正当竞争行为不仅直接或间接地损害其他经营者的合法权益，而且直接或间接损害消费者的利益。更为重要的是，不正当竞争行为使公平的市场体系无法建立，妨碍正常交易秩序。

二、反不正当竞争法的概念与旨宗

（一）反不正当竞争法的概念

反不正当竞争法是指调整不正当竞争行为的法律规范的总称。其调整对象即反不正当竞争法所调整的各种社会关系，主要包括市场竞争关系和竞争管理关系。因而反不正当竞争法与反垄断法都属于竞争法。

市场竞争关系是指市场主体在竞争过程中形成的社会关系。而市场竞争管理关系是指国家相应职能机关在监督、管理市场竞争过程中形成的社会关系。这两种关系有本质性的区别：首先，从关系的主体来讲，竞争关系只发生在从事市场竞争的平等主体之间，而竞争管理关系发生于国家管理机关与市场主体之间，即管理者只能是具有管理职权的国家管理机关；其次，从主体的法律地位讲，竞争关系的主体发生在平等主体之间，是主体自愿参加市场竞争关系的结果。竞争管理关系发生于国家管理机关与市场主体之间，其法律地位是不平等的，是一种管理与被管理、命令与服从的不平等关系，其关系的发生是强制性的；再次，从内容来讲，竞争关系的内容是竞争主体之间的权利与义务，而竞争管理关系的内容则是管理者拥有的管理职权和竞争主体接受管理的义务；然后，从承担的责任来讲，违反竞争关系的责任主要是民事责任，而违反竞争管理关系的责任主要是行政责任；最后，竞争关系是以竞争为目的，这是竞争关系区别于其他市场关系的本质特征。而管理关系的目的不是为了直接参加竞争，是为了保护公平竞争，促进、限制、制裁不公平竞争、垄断行为和其他行为。

（二）反不正当竞争法的宗旨

反不正当竞争法萌发于工业化时代的早期，它产生后不久就被赋予以道德引导法律、重构商业秩序和伦理的重任，被称为竞争道德法。我国《反不正当竞争法》第 1 条规定："为保障社会主义市场经济健康发展，鼓励和保护公平竞争，制止不正当竞争行为，保护经营者和消费者的合法权益，制定本法。"可见，我国《反不正当竞争法》的立法宗旨为：终极目标是保障社会主义市场经济的健康发展；主要目标是鼓励和保护公平竞争；直接目的是制止不正当竞争和保护消费者的合法权益。从法益视角来看，反不正当竞争法主要通过对各种不正当竞争行为的制止来保护经营者利益、消费者利益及社会公共利益。

反不正当竞争法起源于民法典中的侵权行为法，目前仍有部分国家对不正当竞争行为运用侵权行为法中的一般条款来规制。因而早期的反不正当竞争法主要以经营者个人利益为立法宗旨；但到了 20 世纪 30 年代，随着法律社会化，各国反不正当竞争法开始关注社会公共利益，认识到不正当竞争行为不仅损害竞争对手，而且会损害其他市场主体和社会公共秩序，从而反不正当竞争法不仅保护经营者，而且对竞争中产生的社会弊害进行法律规制来维护公平的竞争秩序，保障市场竞争机制的正常运转。到了 20 世纪 60 年代，随着消费者运动的兴起和发展，各国反不正当竞争法开始对消费者权益予以保护并不断加大力度。所以现代反不正当竞争法的立法宗旨呈现出多元化趋势。

专题研究：反不正当竞争法的一般条款

一、反不正当竞争法一般条款的概念及特征

一般条款也称概括条款，学界对其论述很多。谢怀拭先生在其《外国民商法精要》一书中提到《德国民法典》的特点，主要就在于该法规定了一般条款，法律通过几个抽象原则的表述来概括一般条款，使司法者对一般条款的使用更加的明确，而且也为司法者提供了自由裁量的法律依据[①]。梁慧星在《民法解释学》中对一般条款是这样定义的："所谓一般条款是指，法律中的某些不具有确定内涵、外延，又具有开放性的指导性规定，其文义是空泛的、抽象的，表达立法者的价值倾向。在适用法律规则时，可依据一般条款进行价值判断，而一般条款借此具体化。通常认为，法律中的一般条款可以用来对具体规范加以进一步的解释，更可以补充漏洞。"[②]日本法学家我妻荣在《新法律学辞典》中是这样解释一般条款的："一般条款又称为概括性条款，大致在两种意义上使用：(1)把法律上的要件制定为抽象的、一般的规定。其具体适用听任法官，具有灵活性，在根据社会情

① 转引自翟云岭：《论〈反不正当竞争法〉中的一般条款》，《东北财经大学学报》，2004 年第 5 期，第 76 页。

② 梁慧星：《民法解释学》，中国政法大学出版社，1995 年，第 292～298 页。

况变化可追求妥当性这一点上，是有特点的。私法上多用于这一意义；(2)公法上，例如‘认为公益上有需要时’，指以不确定的概念为行政行为要件规定，也还有把与一定情形有关的情况统一整理为对象的规定。”①

学者们对于一般条款的含义有着不同的认识。因而在对一般条款的定位上也存在着偏差，第一种将一般条款直接等同于法律的基本原则，因而表现得比较空泛和抽象，一般条款体现的只是一种价值倾向；第二种将一般条款与法律基本原则区别，将它当做有弹性的法律规则。我国学界就反不正当竞争法的一般条款的认定，通常是第二种含义上的一般条款。例如，孔祥俊教授在《反不正当竞争法新论》中认为一般条款的定义是：“规定执法机关或者法院在法律具体举例的不正当竞争行为以外认定其他不正当竞争行为的要件的抽象的或者概括的规范。”②漆多俊教授在《经济法学》中认为反不正当竞争法一般条款的定义就是，“规定有关法律适用机关在法律具体列举的不正当竞争行为以外认定其他不正当竞争行为的要件及处罚规则的概括性规范，是认定和处罚法律没有列举的不正当竞争行为的法律依据”③。总的来说，反不正当竞争法中的一般条款无论是从定义上看，还是从其规定的内容来看，都是一个开放性的条款，具有广泛的适用性，行政、司法机关可以据此认定超出法律具体列举的不正当竞争行为以外的其他不正当竞争行为。

一般条款具有以下几项特征。

1. 规则性

一般条款的规则性特点是通过与法律概念和法律原则的比较得出的。不正当竞争行为的法律概念是抽象和概括其共同特征而形成的。虽然不正当竞争行为的概念可以确定竞争法的调整范围，但它不具有权利、义务和责任内容，所以就不属于一般条款。一般条款也不同于法律原则，法律原则具有指导立法、司法的作用，例如，我国反不正当竞争法将“公平”“诚实信用”和“遵守商业道德”规定为基本原则。法理上法律原则对法律规则的制定与适用具有指导意义，而且在特殊情况下可以直接作为断案的依据，但法律原则没有规定具体的行为模式，缺乏明确的标准，所以司法者在万不得已的情况下才会适用原则的规定。然而，一般条款作为具体的法律规则，其规定的内容中包含了一些基本的行为判断标准以及行为人的责任等，它的内容较一般原则具体，并且司法者在具体的案件中可以直接地适用，而且这种具体性的表现，也可以防止司法者的权力滥用。执法机关或法院也可以在法律具体列举的不正当竞争行为以外运用一般条款认定新型的不正当竞

① 〔日〕我妻荣主编：《新法律学辞典》，董璠舆译，中国政法大学出版社，1991 年，第 24～25 页。

② 孔祥俊：《反不正当竞争法新论》，人民法院出版社，2001 年，第 112 页。

③ 漆多俊主编：《经济法学》，高等教育出版社，2003 年，第 171 页。

争行为。

2. 抽象性

反不正当竞争法中的一般条款是一项抽象的法律规则。法律规则分为具体性规则和抽象性规则，其中抽象性规则是指规则的部分内容或全部内容具有一定的弹性，须经解释方可适用且可适当裁量的法律规则。一般条款的核心概念和限制词的模糊性，决定了一般条款具有抽象性。一般条款的核心概念在不同国家的法律中有不同的表述，德国是“善良风俗”，瑞士是“诚实信用”，瑞典是“善良的商业准则”。这些核心概念可以从法律、哲学、政治学等多个视角进行解释。

3. 授权性

一般条款的适用，实际上是立法机关对司法机关的一项授权。立法者在一般条款中使用抽象性的概念和限制词，目的在于给予法官或者执法者广阔的判断空间，能够斟酌个案情况，根据交易习惯，建立适用于新型不正当竞争行为的具体性规则。在德国、瑞士和瑞典等国家中，反不正当竞争法实际上主要是民法的特别法，不正当竞争行为的受害人只能向法院寻求救济。这些国家都是将一般条款认定新型不正当竞争行为的权力授权给了司法机关。美国《联邦贸易委员会法》第5条(具有一般条款的性质)的执行者是准司法性质的联邦贸易委员会，联邦贸易委员会被称为“第四部门”，具有特殊的地位、职权及执行程序。我国台湾地区的“公平交易法”实行“司法机关”和“行政机关”共同执行的“双轨制”。

4. 补充性

反不正当竞争法的一般条款具有补充列举条款不足的作用。由于经济状况的变动性与法律相对稳定性之间的矛盾，法律的相对滞后性，使得新型不正当竞争行为总是得不到有效的规制。因此，需要设置一种长效控制机制，适时监控违法行为，才能改变被动立法的局面。一般条款正是扮演此种角色。德国、美国、瑞士、希腊、瑞典等国及我国台湾地区的反不正当竞争法都设置了一般条款。

二、反不正当竞争法一般条款的功能

1. 弥补法律漏洞

在反不正当竞争法领域，纵使法律对目前的不正当竞争行为详加规定，也不能涵盖经济社会出现的各种不正当竞争行为，这是由竞争领域的特殊性决定的。反不正当竞争法的一般条款的出现解决了法律遗漏问题。由于一般条款具有抽象性和授权性，立法机关授权执法者与司法者对抽象的概念进行具体化解释，来判定将来可能出现的某种竞争行为是否正当。一般条款使得反不正当竞争法从单纯的行为列举逐步走向开放。

2. 增强反不正当竞争法的适用性

反不正当竞争法是制止不正当竞争行为、调整市场的法律。由于经济现象的复杂多变，将来必将有层出不穷的新型不正当竞争行为出现，我国《反不正当竞争法》的调整范围也必将逐渐扩大到原先没有涉及的领域，所以单纯地依靠列举条款的规定是不能适应经济社会的发展的。一般条款的出现就是为了应付这种变化无法预料的情况的，一般条款可以包罗法律中不曾列举的不正当竞争行为，可以使法律不但能规制当前的竞争状况，而且也能规制将来可能出现的新的不正当竞争的行为类型，从而增强了它的灵活性、适用性。

3. 为司法适用提供判断依据

反不正当竞争法中一般条款作为一条法律规则，采用抽象性和概括性的语言将法律没有明确列举的行为进行概括，为从事竞争活动的行为人提供一个行为标准。它所规定的标准是竞争者处于竞争领域这一特定时间、空间时所应当遵守的判断标准，是竞争者参与竞争的基本准则，要求人们竞争要公平、诚信、道德。在这一标准中，竞争中的义务来源和范围得到扩展。法律不再要求只是法律所明确列举的行为才是法律禁止的，凡是违反这些道德观念和伦理标准的行为，不论它是否被列举条款所明确禁止，都是法律所禁止的。

三、反不正当竞争法一般条款的局限性

反不正当竞争法的一般条款在对反不正当竞争法的适用上发挥了一系列重要功能，同时也表现出一定的局限性。具体表现在：①一般条款具有概括性和抽象性，使得它对不正当竞争行为的规定不够具体和明确，在实践中不能直接引用执行，必须要通过执法人员对它作进一步解释以后才能运用。②一般条款具有授权性，一方面能够使得执法人员有权限对超出法律明确列举的行为进行认定处理，可以防止法律的遗漏，但同时它把决定权交给了执法人员，就意味着执法人员的认识可以决定一个行为是正当还是不正当，这就使得依照一般条款认定的不正当竞争案件具有很大的不确定性。③一般条款的内容主要是善良风俗、诚实信用、公平竞争、商业道德等道德标准，而这些道德标准很多是需要行为人去自律的，都极为抽象，它们的含义常常还会随着时代的变迁而变化，因此不好用一个精确的标准去衡量。这样看来，一般条款就不是完美无缺的了，它有着自己的局限性，对这种局限性如果不加以注意，在法律的配套规定方面如果不能够完善，就会造成人们的无所适从。

四、反不正当竞争法一般条款的适用

（一）反不正当竞争法一般条款适用的方法

一般条款具有不确定性和抽象性，在一般条款的个案使用过程中，发挥作用的是执法司法人员的自由裁量和价值判断。但是如果对执法司法人员的这种自由裁量权不作限制，则很可能造成一般条款被滥用。

1. 一般条款具体化

具体化使模糊的一般条款变得清晰，在反不正当竞争法一般条款的适用中，具体化一般条款将抽象的意义变得能够适用于个案的具体情况。这个过程实质是进行法律解释和法律推理的过程。在具体的个案涉及一般条款时大体可以分为以下阶段：第一步，认定并宣告某一个不正当竞争行为不在法律列举条款的范围内，不能被列举条款直接规制；第二步，分析一般条款，解释该反不正当竞争法一般条款的内涵，并且作更进一步的分析，指出该一般条款的一些具体规则；第三步，进行具体个案分析，得出符合一般条款的规制情况，运用一般条款的规则进行规制。运用解释就是通过执法者和司法者的解说使一般条款能够适合于个案，解释实际是一种媒介行为，通过解释者的释义，可以使原本有歧义的文字变得明白易懂。

2. 适用案例类型化

在德国1909年《反不正当竞争法》的施行过程中，德国学者黑费尔梅尔依据不正当竞争行为人在竞争中所使用的竞争手段的性质、指向的对象和不正当竞争所损害的利益，将依一般条款的具体化个案材料分为五类不正当竞争行为：①诱捕顾客行为；②阻碍竞争对手行为；③不当利用他人劳动成果行为；④违法行为；⑤扰乱秩序行为。这样的一个案例体系，为法官适用一般条款提供了明确的指引，使法律具有了更强的可操作性，从而在很大程度上缓解了因一般条款的抽象概括性描述所带来的不确定因素。因此，我国在司法实践中援引一般条款时，可以将待决案件同先前作出的主导性裁判所涉及的案情作比较，以决定是否将此类的规范适用于待决案件。这种类比适用减少了法院的办案成本，有利于促进法律适用的安定性。

（二）一般条款框架下不正当竞争行为的认定

依据反不正当竞争法的一般条款认定不正当竞争行为，需要从不正当竞争行为的主体、主观方面、客体、客观方面等构成要件进行分析判断。

1. 不正当竞争行为的主体

对于不正当竞争行为的主体，各个国家的反不正当竞争法的一般条款规定不尽相同。德国2004年《反不正当竞争法》第3条一般条款规定，“不正当的竞争行为是不允许的，如其以不利于共同竞争者、消费者或其他市场参与者的方式妨碍竞争，且这种妨碍并非无关紧要的”，其实质上将一般条款的主体认定为参与竞争的一切竞争者。《巴黎公约》第10条之二规定，“在工商业活动中违反诚实信用的任何竞争行为，构成不正当竞争行为”，由此规定，可理解为任何主体只要从事工商业活动实施违反诚信原则的竞争行为，都受到该法的规制。知识产权组织《反不正当竞争示范条款》规定，“在工商业活动中违反诚实惯例的任何行为或做法，应构成不正当竞争行为”，该示范法只是将不正当竞争行为的主体限定在工商业活动中。希腊《反不正当竞争法》第 1 条规定，“竞争过程中违反善良风俗的任何行为均予禁止”，因此参与竞争中的任何人均有可能成为反不正当竞争法的规范对象。由此可以看出，大部分国家和组织的一般条款对不正当竞争行为的主体都没有作过多的限制，不管任何组织和个人，只要在从事竞争行为时，都可能成为不正当竞争行为的主体。

2. 不正当竞争行为的主观方面

在适用反不正当竞争法一般条款认定不正当竞争行为时，往往强调行为人主观方面是否以竞争为目的，是否实施的是违反诚实信用和善良风俗原则或公认的商业道德的行为。德国 1909 年《反不正当竞争法》一般条款规定，“对于在经营过程中为竞争目的而实施违反善良风俗行为的任何人，可以请求停止行为和承担赔偿责任”，该一般条款认为行为人的主观方面是以竞争为目的。德国学术界认为，“以竞争为目的”可以确保一般条款适用不会脱离与竞争有关的活动，只涉及与行为人竞争对手权益有关的活动，而不包括一般的民事侵权行为，可以将一些表面上看来具有竞争性质，但实质上并不是竞争的行为排除在外，如一些科学研究活动、慈善活动等。

3. 不正当竞争行为的客体

不正当竞争行为的客体是不正当竞争行为所侵犯的合法权益，它体现着不正当竞争法设立的宗旨。通常各国的反不正当竞争法保护的对象有竞争者、消费者、其他市场参与者、交易秩序等，因而导致不正当竞争行为所侵犯的客体是双重甚至是多重的。所以在具体认定时应从多方面来查明不正当竞争行为的社会危害性，不能只局限于一个方面。

4. 不正当竞争行为的客观方面

各国规定的对不正当竞争行为在客观上的表现形式大致都有：违背“善良风俗”“诚实信用”“公认的商业道德”“不正当”。不正当竞争行为的客观方面实质上就是违背竞争原则和公认的商业道德。不过竞争原则和商业道德都是一个抽象概括的表述，在实践中需要行政、司法人员具体去认定。一般来说，行政司法人员应从公平、公正，维护正当权益人利益，维护消费者权益，促进经济健康发展，促进正当竞争，保证整个竞争秩序的稳定这个立场出发去认定。

五、我国《反不正当竞争法》一般条款的理论争议

我国《反不正当竞争法》中是否存在一般条款，理论界和实务界一直都存在争论，而这一争论主要集中在我国《反不正当竞争法》第 2 条规定。我国《反不正当竞争法》第 2 条第 1 款规定：“经营者在市场交易中，应当遵循自愿、平等、公平、诚实信用的原则，遵守公认的商业道德。”第 2 款规定：“本法所称的不正当竞争，是指经营者违反本法规定，损害其他经营者的合法权益，扰乱社会经济秩

序的行为。”对于这一条是否是一般条款，概括起来主要有三种观点：一是法定主义说；二是一般条款说；三是有限的一般条款说①。

1. 法定主义说

该说认为我国《反不正当竞争法》并没有规定一般条款，第 2 条并不是一般条款。行政执法机关和司法机关在认定不正当竞争行为时，只限于第 2 章列明的不正当竞争行为种类。行政执法机关和司法机关没有权利就新型不正当竞争行为，根据法律原则和定义来认定②。支持这一学说的理由是：首先，从法律规定来看，我国《反不正当竞争法》第 1 章第 2 条规定“本法所称的不正当竞争，是指经营者违反本法规定，损害其他经营者的合法权益，扰乱社会经济秩序的行为”，而且我国《反不正当竞争法》第 2 章明确列举的不正当竞争行为后边并没有类似“其他不正当竞争行为等”的规定。

其次，从立法本意看，我国的《反不正当竞争法》也并没有规定一般条款。我国《反不正当竞争法》第 2 条的前身是国务院提交全国人大常委会审议的《反不正当竞争法》草案中的第 3 条，该条原先是这样表述的：“本法所称不正当竞争，是指经营者在经营活动中，违背诚实信用的原则和公认的商业道德，损害或者可能损害其他经营者合法权益的行为。”根据该草案的规定，行政执法机关和司法机关可以根据该条规定，认定法律未明确规定的其他的不正当竞争行为，以及对随着市场经济的发展出现的新不正当竞争行为进行认定。但全国人大常委会在审议该草案时对该条作出修改，以此我们可以判断出立法者对不正当竞争行为的认定采取严格法定主义。

2. 一般条款说

该说认为我国《反不正当竞争法》的第 2 条就是一般条款，行政执法机关和司法机关可以根据该条认定第 2 章明确列举行为以为的其他不正当竞争行为。其理由如下：

首先，我国《反不正当竞争法》第 2 条第 2 款规定：“本法所称的不正当竞争，是指经营者违反本法规定，损害其他经营者的合法权益，扰乱社会经济秩序的行为”，这里的“本法”到底应作何解释并没有定论。如果我们对“本法”作广义解释，则不正当竞争行为就不限于第 2 章列举的行为，这样就可以对其他不正当竞争行为的认定有了法律依据，更有利于制止不正当竞争，维护正常的经济运转。

其次，由于市场经济的多变性和复杂性，只是依靠单纯的法律列举是不可能对各种各样的不正当竞争行为作出穷尽规定的。我国《反不正当竞争法》的目的就

---

① 转引自张立娟、骆兴国：《论〈反不正当竞争法〉一般条款的完善》，《法制与社会》，2009 年第 3 期，第 60 页。

② 转引自梁晋雁：《反不正当竞争法一般条款研究》，山西大学硕士学位论文，2006 年，第 19 页。

是为了规制不正当竞争行为，维护市场经济秩序，其第2章所列举的不正当竞争行为只是具有代表性的。但随着现今经济社会的发展，已经有很多新型的不正当竞争行为出现，单靠这些列举的行为不能够囊括所有。将第2条理解为一般条款可以有效地解决这一问题，以弥补列举条款的不足。

3. 有限的一般条款说

该说认为我国《反不正当竞争法》的第2条是有限的一般条款。根据该一般条款，司法机关可以认定新出现的不正当竞争行为，但行政机关却不可以。由于该说认为认定新型不正当竞争行为的主体只有司法机关，所以被称为有限的一般条款。该说的理由是我国《反不正当竞争法》第4章所规定的法律责任是与第2章所列举的不正当竞争行为相对应的。根据此种对应关系，行政机关只能根据第2章所列举的类型来认定不正当竞争行为，然后给予相应的处罚。对于第2章没有明文列举的，行政机关无权进行处罚。但是对于司法机关来说，由于不正当竞争在现实中一般造成的都是受害人的经济损失，受害人向法院提起诉讼时一般都是要求不正当行为人进行民事赔偿，即使行为人的行为不是第2章所列举的，人民法院仍可以根据第2条来使行为人承担民事责任。

针对以上三种学说，我国理论界争论不断，但是就我国当前的经济形势来看，有限的一般条款说比较符合现实。在法律上，我们没有明确地规定一般条款，但是在具体的案件处理过程中，又不能避免对一般条款的适用。同时在目前的司法实践中，我们将《反不正当竞争法》的第2条作为一般条款适用，一般条款的适用可以弥补法律的漏洞，使一些新型的案件得到及时的处理。所以就目前我国的立法、司法实践而言，有限的一般条款理论比较契合实际。

六、我国《反不正当竞争法》一般条款适用中存在的问题

《反不正当竞争法》的一般原则就是将市场的道德原则法律化，因此体现了它在实施过程中的不确定性，具有兜底条款的作用，这也就使得它的适用范围非常的灵活和广泛。但是就我国的《反不正当竞争法》的实施来看，其主要存在的问题包括以下几个方面。

1. 保护主体的范围狭窄

随着对消费者利益保护的加深，当前的反不正当竞争法所保护的法益已经不再是竞争者的利益。现在不正当竞争法所保护的法益包括竞争者利益、消费者利益以及社会公共的利益。因此伴随着其利益保护结构的变化，不正当竞争法所保护的主体范围也发生了变化。但是我国《反不正当竞争法》第2条规定："经营者在市场交易中，应当遵循自愿、平等、公平、诚实信用的原则，遵守公认的商业道德。""本法所称的经营者，是指从事商品经营或者营利性服务(以下所称商品包括服务)的法人、其他经济组织和个人。"我们可以看到，我国的反不正当竞争法

所规制的主体范围并没有契合现代反不正当竞争法的理论，这就为以后的法律规制带来不确定性。

2. 行为主体的狭窄

我国《反不正当竞争法》所规定的不正当竞争行为的主体是“经营者”，即“从事商品经营或营利性服务的法人、其他经济组织和个人”。据此可知我国法律规定的不正当竞争行为的主体是不包括那些实际参与竞争，以及对竞争产生影响的主体，如公益性事业单位、社会团体和其他组织。根据我国的司法实践来看，受到法律规制的经营者还必须取得合法经营资格，这样就将企业单位的职工、法定代表人以及一些无照经营、违法经营者排除在外。但是在实际的市场活动运行中，我们可以看到，其他的一些非经营者的主体也会实施一些对市场秩序造成影响和破坏的不正当行为。大部分国家在立法时也将这种情况视为不正当竞争行为。我国虽然在 1995 年国家工商行政管理总局发布的《关于禁止侵害商业秘密行为的若干规定》第 3 条第 4 款中规定“权利人的职工违反合同约定或者违反权利人保守商业秘密的要求，披露、使用或者允许他人使用其所掌握的权利人商业秘密”视为侵害商业秘密。据此，将单位的职工视为经营者的范畴。但从立法和司法上看，这种单纯地规定对经营者的范围的概括，并没有超脱《反不正当竞争法》的规定，也显示出我国反不正当竞争法对其行为主体的范围界定有些狭窄。

3. 消费者利益保护的欠缺

现代反不正当竞争法所保护的法益包含消费者的利益，这也是当下法学界对人权利益保护的扩展。但是就我国的《反不正当竞争法》的规定和实际操作来看，并没有将侵害消费者的利益行为纳入其规制和调整的范围。虽然针对消费者的利益保护我们采取了专门立法保护的措施，而且不正当竞争行为一般是直接损害了经营者的利益，但是从利益的最终流向和利益的最终承担来看，无论是侵害经营者的利益还是其他人的利益，其最终都是由消费者来承担。而且，市场竞争所追逐的利益，最终是在消费者身上实现，因此我们可以看到，在不正当竞争行为侵害经营者利益的同时，消费者的利益也在遭受着损失，有时甚至是直接损害了消费者的利益。所以，在反不正当竞争法中对消费者的利益保护也是非常重要的，但是我国《反不正当竞争法》第 2 条并没有对此进行规定。

七、完善我国《反不正当竞争法》一般条款的建议

1. 主体范围的扩大

(1)不正当竞争行为主体的扩大。将我国现有法律所规定的不正当竞争行为的主体扩大到一切从事市场交易的主体，尤其是取消合法资格的限制，这样有助于将那些对市场竞争秩序产生不良影响的行为者都纳入《反不正当竞争法》规制中。同时，伴随着我国市场经济的逐步发展和完善，我们应该从立法上将“经营

者”进行重新的界定，来适应当前的经济环境。

(2)适用主体的扩大。就一般条款的适用主体问题，我国理论界存在很大的争议。一种观点认为，一般条款的适用主体只能是法院，而行政机关不能根据一般条款来认定不正当竞争行为。另一种观点则认为，一般条款的适用主体应该包括法院和行政机关。从反不正当竞争法的发展来看，政府为了调控市场经济，就必须适当地对经济进行行政干预。由于经济的发展，不正当竞争行为的泛滥，单纯地依靠司法已经不足以扼制，而加大行政对市场的积极干预可以有效地规制市场秩序，防止不正当竞争的发生。就此来看，我国《反不正当竞争法》一般条款的主体也应该是法院和行政机关。

2. 法益保护的扩大

市场主体所追逐的利益，最终都是在消费者身上实现的，同时由于现在经济发展水平的提高，尤其是物流水平的提高，经营者的经营行为和商品的扩散程度和影响范围已经不再拘泥于一个地区，如果产生侵害行为则会对社会公共利益造成巨大的影响和损失。因此，我国的《反不正当竞争法》所保护的法益应该有所扩大，不能只是单纯地保护经营者的利益，同时这也不符合当前法学界所追求的人权保护的目标。我国在规制不正当竞争行为时，对消费者利益和社会公共利益的保护，可以在《反不正当竞争法》第 2 章所规定的各种具体的不正当竞争行为中加入兜底条款，即其他不正当竞争行为。这就为司法操作提供了法律依据，有利于保护经营者利益以外的其他利益。

3. 合理界定行政机关与司法机关适用一般条款的权限

由于一般条款的表述概括、抽象，因此在对一般条款进行解释时，实际上就是一种法律再造。一般条款的解释权限，原则上应该属于立法机关，最高人民法院可以在具体的案件适用情况中进行必要的司法解释，从而在根本上保证一般条款适用的权威性。因此，我国不正当竞争法的一般条款的解释、认定应该由最高人民法院进行。对于涉及一般条款的案件，应该对案件的审级作出规定。由于一般条款的解释和认定对案件双方具有很大的影响，为防止一般条款的滥用，我们可以规定由中级以上人民法院审理涉及一般条款的案件。行政执法机关对法律明文列举以外的不正当竞争行为，在按照一般条款进行认定时，应该由一定级别的行政部门来进行。例如，我国《反不正当竞争法》第 3 条第 2 款规定：“县级以上人民政府工商行政管理部门对不正当竞争行为进行监督检查；法律、行政法规规定由其他部门监督检查的，从其规定。”因此，为了杜绝对一般条款的滥用，可以以该条法规为基础，规定级别较高的行政部门监督检查一般条款的认定。

4. 建立与我国《反不正当竞争法》一般条款相适应的责任体系

目前根据我国《反不正当竞争法》的规定，侵权行为人承担的是损害赔偿责任。这样的规定不能起到惩罚和震慑的作用，而且随着市场经济的发展，此类案件的涉案金额越来越大，社会危害性也越来越大，单纯的损害赔偿责任已不能适应当前的经济环境。我们应该在损害赔偿责任的基础上增加惩罚性赔偿责任。同时，根据行政法定主义原则，在行政法中规定相对应的行政责任条款，从而在承担责任方面来规避一般条款的不确定性。

第二节 商业秘密的法律保护

一、商业秘密的起源

“知识是一种资源，是生产诸要素中最重要的一种资源。知识是一种力量，是推动人类社会向前发展的最重要的力量。知识又是一种财富，是一种取之不尽用之不竭的财富。”[①]商业秘密保护最早可追溯到古罗马时期。古罗马繁荣的奴隶制经济客观上促进了技术的进步，当时奴隶被诱使出卖“雇主”商业秘密的现象十分普遍。但是，由于对奴隶的诉讼毫无意义，罗马私法遂发展了对抗诱骗商业秘密的第三人的诉讼请求制度[②]。这一时期的商业秘密保护仍是一种奴隶主自我意识的私权维护，它只是奴隶主为了维护自身的一些法外利益而已。

随着商品经济的发展，产生了近代意义上的商业秘密保护，第一次工业革命、第二次工业革命的促进与发展，技术信息、经营信息等各种商业信息在社会生产中的作用愈来愈重要。在对这些商业信息进行保护的过程中，其中一部分以专利权的形式来取得保护，另一部分以商业秘密的形式受到保护。这一时期的商业秘密保护，主要是为了促进资本主义经济发展，其最大的贡献就在于，商业秘密逐步地通过法律渠道来保护。例如，19 世纪中叶，法国和德国在刑法典中规定了对未经许可而泄漏工厂秘密的惩处，德国在 1909 年制定了《反不正当竞争法》，明确给予侵害商业秘密的行为以司法救济[③]。1820 年，英国衡平法院核准了一项使用与泄漏商业秘密的禁令[④]。在这一时期，随着西方各个国家的立法出台，各国对商业秘密的权利属性逐步从法外利益转入法权利益，其保护的范围也逐渐与专利权的保护范围区别开来。

从 20 世纪 50 年代开始，商业秘密保护逐步走向成熟。国家在对商业秘密进行国内法律保护的同时，也开始将视野转入商业秘密的国际保护。1986 年，美

---

① 陈美章：《大学在知识产权制度中的作用》，《知识产权》，1999 年第 4 期，第 3 页。

② 王铁梅、吴立建：《商业秘密权及其法律属性》，《山西大学学报(哲学社会科学版)》，2005 年第 28 卷第 1 期，第 36 页。

③ 朱永德：《商业秘密保护浅析》，《企业经济》，2006 年第 4 卷，第 177 页。

④ 彭学龙：《商业秘密国际保护探析》，《武汉理工大学学报(社会科学版)》，2003 年第 16 卷第 1 期，第 74 页。

国、欧共体、加拿大、北欧诸国、瑞士、澳大利亚等在关贸总协定的谈判中，提交了在关贸总协定中保护商业秘密的议案。尽管该议案遭到发展中国家的强烈反对，但由于发达国家的强硬立场，商业秘密的保护最终列入了《知识产权协议》之中[①]。同时，一些区域经济组织也开始统一知识产权的保护标准，其中也涉及商业秘密的保护标准问题，如《北美自由贸易协定》《安第斯条约》等协议，均规定了适用于本经济区域内各国的商业秘密保护标准。

二、商业秘密的构成

有关商业秘密的法律保护，既被纳入知识产权法律体系中，也出现在反不正当竞争法律体系之中。这是由商业秘密所涉及法益的特殊属性决定的，同时反映出有关商业秘密保护的理论基础尚存争议。理论界的几种主要观点有"信任关系说""契约义务说""财产权说""人格权说""企业权说"和"知识产权法保护之权利说"[②]等，而且商业秘密的概念也存在争议。

（一）商业秘密的概念

世界各国纷纷为商业秘密保护立法，但商业秘密概念却尚无统一定义。美国最有影响的定义主要有：一是《布莱克法律辞典》中对商业秘密的解释是指用于商业上的配方、模型、设计或信息的汇集，而能使人较其不知或不使用的竞争者更有机会获得利益；二是美国《侵权行为法》中的解释，认为商业秘密可以是任何公式、模型、设计或信息汇编，可以是一个化学配方，一道制作、处理或保存的工序，一个机器或其他设计的模型，或者是一个顾客名单；三是1979年8月批准的美国《统一商业秘密法》中的定义："商业秘密是指这样的信息，它包括配方、样式、汇编、程序、设计、方法、技术或工艺等。这种信息：第一，将独立导致实际的或潜在的经济价值；第二，持有人尽了合理的努力去维持它的秘密性。"[③]而日本的《不正当竞争防止法》中规定，商业秘密是指"对于商业活动有用的产品制造方法，市场营销策略或其他技术或企业信息，而这些信息必须以保密方式保守，并且不易为一般公众得知"。加拿大《统一商业秘密法》中，商业秘密被界定为符合下列条件的任何信息：①被用于或者可能用于贸易或者商业之中；②在贸易或商业中不是众所周知的；③因不为众所周知而具有经济价值；④为防止其成

① 肖洪艳、谭小莉：《商业秘密法法典化若干问题的研究——基于TRIPS协定的几点思考》，《湖南商学院学报》，2003年第10卷第1期，第109页。

② 孙山：《反思中前进——商业秘密保护理论基础的剖解与展望》，《知识产权》，2011年第8期，第61～63页。

③ 陈秀秀：《试论我国商业秘密保护的现状与完善》，《商场现代化》，2006年第30期，第260页。

为众所周知而采取了根据情况是合理的努力①。法国将商业秘密定义为："是制造的某种方法，具有实际的或商业的利益，被用于工业中，并被向公众保密，公众无法直接得知，但可获得传授的技术知识。"

我国台湾地区的"营业秘密法"中把商业秘密定义为："任何可以在生产、销售或经营中使用的方法、技术、工序、配方、程式、设计或其他可用于生产、销售或经营的信息。"②我国《反不正当竞争法》第10条规定："本法所称商业秘密，是指不为公众所知悉、能为权利人带来经济利益、具有实用性并经权利人采取保密措施的技术信息和经营信息。"

从上述各国对商业秘密的界定中，我们可以看出商业秘密的概念有狭义和广义两种。狭义的商业秘密，仅限用于工业生产的技术知识，如设计图纸、配方、工艺流程、生产程序等，如法国对商业秘密下的定义。广义的商业秘密，泛指存在于工业、商业及管理等方面的秘密信息，包括工业技术、商务诀窍、管理知识和经验等③。

（二）商业秘密的构成要件

作为商业秘密判定标准的构成要件，是我们判定某一信息是否属于商业秘密、是否受到法律保护的关键。商业秘密的构成要件，主要取决于对商业秘密概念的界定。从当前世界各国所规定的商业秘密的法律制度来看，各国对商业秘密构成要件的确定存在差异。关于商业秘密的构成要件，学界有"三要件说""四要件说"和"五要件说"之分。无论认为商业秘密有几个构成要件，有三个要件是学界较为普遍的共识，即秘密性、实用性和保密性。

(1)秘密性，即不为公众所知悉。商业秘密的秘密性，要求权利人取得该商业秘密的权利以不公开其内容为要件。但是就商业秘密的秘密性程度的要求来看，各国的规定不尽相同。例如，美国、日本要求商业秘密"必须是个秘密，只有它的所有人和经其授权的人才知晓它"④；德国、法国认为"几个人分享的秘密仍是秘密"⑤。秘密性的证明，是司法实践中的难点之一。2007年2月1日起实施的《最高人民法院关于审理不正当竞争民事案件应用法律若干问题的解释》(简称《解释》)第9条规定，有关信息不为其所属领域的相关人员普遍知悉和容易获得，可以认定为"不为公众所知悉"。同时，《解释》还列举了不构成"不为公众所

---

① 俞利平、尹显英：《侵犯商业秘密罪的认定及其防范》，《中国人民公安大学学报(社会科学版)》，2007年第1卷，第15页。

② 田宏杰、王立君：《侵犯商业秘密罪的对象研究》，《政法学刊》，2004年第21卷第2期，第31页。

③ 陈秀秀：《试论我国商业秘密保护的现状与完善》，《商场现代化》，2006年10月(下旬刊)，第260页。

④ 田宏杰、王立君：《侵犯商业秘密罪的对象研究》，《政法学刊》，2004年第21卷第2期，第32页。

⑤ 郭琳佳、沈陵：《刍议商业秘密的范围》，《内江科技》，2005年第2卷，第15页。

知悉”的六种情形：该信息为其所属技术或者经济领域的人的一般常识或者行业惯例；该信息仅涉及产品的尺寸、结构、材料、部件的简单组合等内容，进入市场后相关公众通过观察产品即可直接获得；该信息已经在公开出版物或者其他媒体上公开披露；该信息已通过公开的报告会、展览等方式公开；该信息从其他公开渠道可以获得；该信息无需付出一定的代价而容易获得。

(2)实用性，也被称为价值性，是指能为权利人带来经济利益。关于商业秘密的价值性，各国的立法不尽相同。其类型大致有两种：一是以美国《统一商业秘密法》(1985年修改文本)为代表，规定商业秘密的价值性应该具有实际的或潜在的独立经济价值，而不考虑是否能够在实际中应用。二是以日本的《不正当竞争防止法》为代表，规定商业秘密的价值性应该体现为该信息的现实实用性。就我国的商业秘密的价值性而言，大致上与美国法律规定的相似。我国《反不正当竞争法》第10条对价值性的定义为“能为权利人带来经济利益、具有实用性”，国家工商行政管理总局《关于禁止侵犯商业秘密行为的若干规定》第2条第3款进一步指出：“本规定所称能为权利人带来经济利益、具有实用性，是指该信息具有确定的可应用性，能为权利人带来现实的或者潜在的经济利益或者竞争优势。”《解释》第10条规定，有关信息具有现实的或者潜在的商业价值，能为权利人带来竞争优势的，可以认定为具有实用性。实用性的定性，是商业秘密三个构成要件中较容易被判断的。然而实用性的大小，也就是实用性的准确价值衡量，往往成为商业秘密法律纠纷中争议的焦点之一。

(3)保密性，即权利人采取了保密措施。商业秘密的保密性是指要求权利人在主观上对自己持有的某种商业秘密，在客观上采取了保密措施加以管理。商业秘密作为一种无形财产，只能通过采取保密措施，将其置于自己的控制之下，禁止他人不正当获知。权利人可以根据需要，对其所合法拥有的商业秘密采取相关的事实行为和法律行为来保护其安全的活动。它应该包含两项内容：其一，主观上的保密意识；其二，客观上的保密措施。例如，制定保密制度、与员工签订保密合同、限制无关人员进入特定区域、保密文件的特殊保管等。

《解释》第11条对“保密措施”如何认定作了较为详细的规定。首先，“权利人为防止信息泄漏所采取的与其商业价值等具体情况相适应的合理保护措施”，应当认定为“保密措施”。其次，该条规定了人民法院认定权利人是否采取保密措施，所依据的具体因素包括所涉信息载体的特性、权利人保密的意愿、保密措施的可识别程度、他人通过正当方式获得的难易程度等。例如，商业秘密权利人和相对人签订的合同中涉及商业秘密，但是并未明确约定相对人要保守商业秘密，不能因为该合同就认为权利人采取了保密措施，因为这样的合同不能清晰识别出权利人的保密意愿，保密措施也不明确。《最高人民法院知识产权案件年度报告(2012)》就指出，“派生于诚实信用原则的保守秘密的合同附随义务，无法体现商业秘密权利人对信息采取保密措施的主观愿望，不能构成作为积极行为的保密措施”。最后，该条列举了在正常情况下足以防止涉密信息泄漏，应当认定权利人采取了保密措施的若干情形，包括：①限定涉密信息的知悉范围，只对必须知悉的相关人员告知其内容；②对于涉密信息载体采取加锁等防范措施；③在涉密信息的载体上标有保密标志；④对于涉密信息采用密码或者代码等；⑤签订保密协议；⑥对于涉密的机器、厂房、车间等场所限制来访者或者提出保密要求；⑦确保信息秘密的其他合理措施。

（三）商业秘密的保护对象

由于各国对商业秘密的界定不相同，所以商业秘密的保护对象也不相同。但就当前各国的立法例来看，商业秘密的保护对象主要包括以下三个方面。

1. 技术秘密

技术秘密即狭义的商业秘密，是指应用于工业目的、没有得到专利保护的、仅为有限的人所掌握的技术和知识。根据原国家科学技术委员会《关于加强科技人员流动中技术秘密管理的若干意见》的解释，“本单位的技术秘密，是指由单位研制开发或者以其他合法方式掌握的、未公开的、能给单位带来经济利益或竞争优势，具有实用性且本单位采取了保密措施的技术信息，包括但不限于设计图纸（含草图）、试验结果和试验记录、工艺配方、样品、数据、计算机程序等。技术信息可以是有特定的完整的技术内容，构成一项产品、工艺、材料及其改进的技术方案，也可以是某一产品、工艺、材料等技术或产品中的部分技术要素”。由此可见，技术秘密一般包括工业生产中的制造技术、生产工艺、设计图纸、产品配方、模型、设备配置、材料选购等方面的知识和经验。

2. 经营秘密

经营秘密主要是指经营者所掌握的不为他人知所悉的各类经营信息或情报。根据我国《反不正当竞争法》的解释，经营信息主要包括：①新产品的市场占有情况及如何开辟新市场；②产品的社会购买力情况；③产品的区域性分布情况；④产品长期的、中期的、短期的发展方向和趋势；⑤经营战略；⑥流通渠道和机构等。在国家工商行政管理总局颁布的《关于禁止侵犯商业秘密行为的若干规定》中，经营信息是指“管理诀窍、客户名单、货源情报、产销策略、招投标中的标底及标书内容等信息”。因此，涉及企业经营活动，能够为企业带来经济利益的各种经营活动信息都构成企业的经营秘密，如营销策略、流通渠道、客户名单、产品分布区域、企业的资信情况等。

3. 管理秘密

管理秘密主要是指涉及企业生产经营管理的各种管理模式、方法、经验、内部组织机制等，能为企业带来隐形利益的各种活动。就现代企业的管理经营来看，管理已经不再单纯的是一些普通的行政管理活动，随着新的管理观念深入企业的管理，管理已经成为企业的生产力，是企业的一种资源。

商业秘密的保护对象主要包括以上三种，但是一些国家或地区认定的商业秘密却不仅仅局限于上述内容。例如，美国加利福尼亚州对商业秘密保护持扩张态度。他们认为，如果“宗教文稿”表现出经济价值，也可视为商业秘密进行保护；在阿拉斯加州，“石油探井的钻探数据”被认定为应包含在《统一商业秘密法》定义的商业秘密之列；华盛顿州认为已广为知悉的计算机软件的要素的新的组合，可以构成商业秘密。

三、我国商业秘密的立法规制

（一）经济法方面

经济法领域对商业秘密的法律保护，是其他各部门法保护商业秘密的基础。首先，《反不正当竞争法》给出了“商业秘密”的定义，明确了其构成要件，成为保护商业秘密的最基础、最核心条款。其次，规范劳动关系的法律法规对保护商业秘密作了规定。《中华人民共和国劳动法》（简称《劳动法》）第 22 条明确规定，劳动合同可以约定保守用人单位商业秘密的有关事项。《中华人民共和国劳动合同法》（简称《劳动合同法》）第 23 条进一步明确了劳动者的保密义务和竞业限制：“用人单位与劳动者可以在劳动合同中约定保守用人单位的商业秘密和与知识产权相关的保密事项。对负有保密义务的劳动者，用人单位可以在劳动合同或者保密协议中与劳动者约定竞业限制条款，并约定在解除或者终止劳动合同后，在竞业限制期限内按月给予劳动者经济补偿。劳动者违反竞业限制约定的，应当按照约定向用人单位支付违约金。”之所以约定劳动者在职期间的竞业禁止义务和离职后的竞业限制义务，是因为雇佣关系是引起商业秘密侵权的主要途径。详细约定雇佣者与劳动者的权利义务关系，能有效实现对雇主商业秘密权益的保护。

（二）民法方面

民法方面涉及商业秘密的法律较多。《中华人民共和国民法通则》（简称《民法通则》）由于订立时间较早，并未明确规定商业秘密相关权益的保护。但其第 118 条是有关侵犯知识产权民事责任的规定。“公民、法人的著作权（版权），专利权、商标专用权、发现权、发明权和其他科技成果权受到剽窃、篡改、假冒等侵害的，有权要求停止侵害，消除影响，赔偿损失。”商业秘密可以被归入“其他科技成果权”的范畴。

1999 年实施的《合同法》则在“合同的订立”一章中对一般合同中当事人的商业秘密保护义务作了规定：“当事人在订立合同过程中知悉的商业秘密，无论合同是否成立，不得泄露或者不正当地使用。泄露或者不正当地使用该商业秘密给对方造成损失的，应当承担损害赔偿责任。”《中华人民共和国商标法》（简称《商标法》)第 19 条也规定了商标代理机构对在代理过程中知悉的被代理人的商业秘密负有保密义务。

(三)刑法方面

刑法领域规定的是严重侵犯商业秘密的情形。《中华人民共和国刑法》(简称《刑法》)第 219 条对侵犯商业秘密罪的构成和量刑作出了如下规定:“有下列侵犯商业秘密行为之一,给商业秘密的权利人造成重大损失的,处三年以下有期徒刑或者拘役,并处或者单处罚金;造成特别严重后果的,处三年以上七年以下有期徒刑,并处罚金:(一)以盗窃、利诱、胁迫或者其他不正当手段获取权利人的商业秘密的;(二)披露、使用或者允许他人使用以前项手段获取的权利人的商业秘密的;(三)违反约定或者违反权利人有关保守商业秘密的要求,披露、使用或者允许他人使用其所掌握的商业秘密的。明知或者应知前款所列行为,获取、使用或者披露他人的商业秘密的,以侵犯商业秘密论。”在商业秘密的刑事法律保护中,实践的难点在于对“重大损失”具体数额的确认。

(四)行政法方面

商业秘密与公共利益之间存在密切关系。有些情形下,可以为了公共利益的需要,而限制对商业秘密的保护;而有些情形下,基于对商业秘密的保护,行政职权的行使范围受到限制。《中华人民共和国行政许可法》(简称《行政许可法》)第 5 条第 2 款规定:“有关行政许可的规定应当公布;未经公布的,不得作为实施行政许可的依据。行政许可的实施和结果,除涉及国家秘密、商业秘密或者个人隐私的外,应当公开。”该规定体现了公权力对商业秘密的保护。《中华人民共和国政府信息公开条例》(简称《政府信息公开条例》)中的内容更充分地体现了公共利益和商业秘密权益之间的制衡。其第 14 条第 4 款规定:“行政机关不得公开涉及国家秘密、商业秘密、个人隐私的政府信息。但是,经权利人同意公开或者行政机关认为不公开可能对公共利益造成重大影响的涉及商业秘密、个人隐私的政府信息,可以予以公开。”其第 23 条规定:“行政机关认为申请公开的政府信息涉及商业秘密、个人隐私,公开后可能损害第三方合法权益的,应当书面征求第三方的意见;第三方不同意公开的,不得公开。但是,行政机关认为不公开可能对公共利益造成重大影响的,应当予以公开,并将决定公开的政府信息内容和理由书面通知第三方。”对于承担公共服务职能的公用企业,其商业秘密的范围如何限定,如何实现公众知情权与企业商业秘密权之间的平衡,还需要更加完善的制度设计。

在《中华人民共和国海关法》(简称《海关法》)、《中华人民共和国进出口商品检验法》(简称《进出口商品检验法》)、《中华人民共和国证券法》(简称《证券法》)、《中华人民共和国证券投资基金法》(简称《证券投资基金法》)和《中华人民共和国旅游法》(简称《旅游法》)等法律规范中,都包含对因职权知悉商业秘密的工作人员保守商业秘密的规定。

(五)诉讼法方面

民事诉讼程序对商业秘密的保护,体现在《民事诉讼法》中对证据出示、是否公开审理和查阅案卷文书等方面的规定中。《民事诉讼法》第 68 条规定:"证据应当在法庭上出示,并由当事人互相质证。对涉及国家秘密、商业秘密和个人隐私的证据应当保密,需要在法庭出示的,不得在公开开庭时出示。"其第 134 条规定:"人民法院审理民事案件,除涉及国家秘密、个人隐私或者法律另有规定的以外,应当公开进行。离婚案件,涉及商业秘密的案件,当事人申请不公开审理的,可以不公开审理。"其第 156 条规定:"公众可以查阅发生法律效力的判决书、裁定书,但涉及国家秘密、商业秘密和个人隐私的内容除外。"

刑事诉讼程序对商业秘密的保护,体现在《中华人民共和国刑事诉讼法》(简称《刑事诉讼法》)中对证据使用、采取技术侦查措施和是否公开审理等方面的规定中。

四、国外商业秘密的法律保护

世界贸易组织在《与贸易有关的知识产权协定》(Agreement on Trade-Related Aspects of Intellectual Property Rights, TRIPS)中强调保护商业秘密,尽管没有使用"商业秘密"这一表述,而是使用"未披露过的信息(unclosed information)",但是二者的内涵是一致的。TRIPS 是这样定义"未披露过的信息"的:它们必须是秘密的,即作为一个整体或就其各部分的精确排列和组合而言,该信息尚不为通常处理所涉信息范围内的人所普遍知道,或不易被他们获得;它们必须因为属于秘密才具有商业上的价值;由该信息的合法控制人,在此种情况下采取合理的步骤以保持其秘密性质。

在商品经济发展较早的英美法系国家,商业秘密很早就受到了法律的保护,起初主要通过判例法予以保护,早期的关于商业秘密的判例产生于 1817 年的英国。后来随着两大法系的不断融合,到 20 世纪,开始通过制定成文法的方式来加强对商业秘密的保护。美国先后制定了《侵权行为法第一次重述》《统一商业秘密法》和美国《经济间谍法》等构建起商业秘密的法律保护制度。在美国,除了联邦的立法,各州也制定有自己的保护商业秘密成文法。

相对于英美法系国家,大陆法系国家的商业秘密法律保护制度起步较晚。大陆法系国家多基于维护市场竞争秩序的目的,形成了以反不正当竞争法为核心来保护商业秘密的法律制度体系。例如,德国主要以《反不正当竞争法》为中心,以民法、合同法、刑法等相关法律为辅助。日本主要依据《不正当竞争防止法》和《刑法》来构建商业秘密的法律保护制度体系。日本《不正当竞争防止法》第 2 条第

6款规定："本法所称商业秘密，指作为秘密管理的生产方法、销售方法以及其他对经营活动有用的技术上或者经营上未被公知的信息。"商业秘密构成要件被概括为非公知性、有用性和管理性，与我国学界概括的秘密性、实用性和保密性十分近似。韩国也将商业秘密纳入反不正当竞争法的轨道予以保护。墨西哥、巴西则是通过工业产权法来保护商业秘密。但也有些大陆法系国家和地区采取商业秘密单行法模式进行保护。例如，我国台湾地区对商业秘密主要采取"营业秘密法"进行专门保护。

五、商业秘密保护的实务难点

（一）劳动关系与商业秘密保护

在劳动关系的实践中，因员工离职、跳槽或在职期间的不法行为，造成的商业秘密泄露事件众多。核心商业秘密被侵害，造成企业经营陷入严重困顿甚至破产的后果。因此，在商业秘密保护的法律实务中，应特别注意竞业禁止与商业秘密保护的结合。《最高人民法院知识产权案件年度报告(2011)》指出："最高人民法院认为，符合反不正当竞争法第十条规定的保密措施应当表明权利人保密的主观愿望，明确作为商业秘密保护的信息的范围，使义务人能够知悉权利人的保密愿望及保密客体，并在正常情况下足以防止涉密信息泄漏；单纯的竞业限制约定，如果没有明确用人单位保密的主观愿望和作为商业秘密保护的信息的范围，不能构成反不正当竞争法第十条规定的保密措施。"所以，有关竞业限制的协议或合同条款，一定要明确表示用人单位的保密愿望、商业秘密所涉及的具体范围，尤其对需要在离职后进行竞业限制的，应约定对劳动者的补偿金。

（二）股东权益与商业秘密保护

由于在现代公司治理结构中，股东权与经营权分离，公司、股东和经营者形成三方相对独立的利益主体，因此需要注意股东行使其权利时，不要侵害到公司的权益。股东权可能与公司的商业秘密权益发生纠纷之处就在于，股东查阅权的行使不应泄露公司的商业秘密。股东查阅权设立的初衷是为了使股东更好地实现自身利益，但该权利的行使在一定程度上会与公司的商业秘密保护形成紧张关系，因为股东查阅权的行使对象直接指向公司财务等信息，包括利润、成本等大量商业秘密信息，股东经查阅而获得了这些信息并不能保证其不泄露公司的商业秘密，也就是说股东的查阅权不能过度扩张，否则可能导致公司商业秘密的泄露[①]。因此，公司保护商业秘密的法律实践中应注意，股东查阅权的行使以不泄

---

① 彭真明、方妙：《股东知情权的限制与保障——以股东查阅权为例》，《法商研究》，2010年第3期，第94页。

露公司商业秘密为限。

（三）云计算技术运用与商业秘密保护

随着云计算技术的发展和普及，越来越多的企业和个人会使用云服务，其中将不可避免地包含着商业秘密的有关数据。云计算技术的运用必将影响到商业秘密的认定、保护手段、司法管辖和法律适用等多个方面。

首先，在云计算环境下，秘密性和保密性两个要件的认定都会面临新的挑战。关于秘密性的认定，当权利人主张自己的信息属于商业秘密时，被控侵权人可以以该信息不符合“不为公众所知悉”的要件为由，否定其构成商业秘密，多个国家已有实际的案例发生。被控侵权人根据网络中可以公开获取的信息否定商业秘密“不为公众所知悉”的要件。关于保密性的认定，当用户将信息交给云计算服务商进行处理或存储时，用户一般通过接受服务商规定的条款达成服务协议。而该服务条款一般都是云计算服务商单方拟定的。在云计算服务商拟定的条款中，有时会免除服务商的保密责任。但是用户同意了服务商的相关条款，不能等同于用户没有采取保密措施①。因为云服务商拟定的免责条款，只是其免除保密责任的规定，并不能理解为一旦用户接受了这些条款就放弃了对有关信息的保密要求。认定用户是否采取了合理的保密措施，还要看用户有没有保密的意愿，有没有采取诸如设置登入密码等防止他人接触的保密措施。其次，云服务商可能对客户的商业秘密造成威胁。一方面，云存储环境中，云服务提供商可能与他人签订协议，将客户的信息转存到其他云存储服务商的服务器上。因此，虽然商业秘密的权利人只与一个云计算服务商达成了协议，但实际提供服务的可能是多个主体。而信息在哪个环节被泄露，对于商业秘密权利人来说不易查明。因此，为了保护商业秘密权利人的利益，应当在云计算服务合同中，要求服务商保存有关如何处置客户信息的相关证据。另一方面，在云计算服务合同终止后，服务商仍然可以实际掌控信息而权利人对这些信息无能为力。因此服务商的后合同义务非常重要，服务商应当及时、彻底地删除客户的储存信息。最后，在网络环境下，还存在第三人对商业秘密的威胁，主要是指黑客对客户商业秘密信息的盗取或破坏。

➢案例分析

案情简介：裴国良原为西安重型机械研究所（简称西重所）教授级高级工程师，在西重所研究二室从事板坯连铸专业设计工作。在职时与西重所签有《劳动合同书》，承诺保守单位商业秘密。2000 年 1 月 15 日，西重所与辽宁省凌源钢

① 闫文军、吴安骐：《云计算环境下商业秘密保护问题探讨》，《电子知识产权》，2013 年第 6 期，第 32～33 页。

铁有限公司签订了《凌钢二号 150×750mm 板坯连铸机工程技术转让合同》，承接了凌源二号板坯连铸机主体部分(包括结晶器、结晶器震动、零号段、扇形段设备)的设计。2001 年 10 月 26 日，西重所按合同约定，向凌源钢铁有限公司提供了凌源二号主体设计电子版图纸的光盘。在此期间，裴国良利用在研究室的工作便利，私自将西重所为凌钢二号设计的主体设备光盘拷贝到自用的东芝笔记本电脑中。2002 年 8 月，裴国良向西重所提出解除劳动合同申请，到武汉中冶连铸技术工程股份有限公司(简称中冶连铸公司)应聘并担任副总工程师，同年 12 月正式与西重所解除劳务合同。

2002 年 9 月 28 日，中冶连铸公司与四川省川威集团有限公司签订《135×750mm 二流板坯连铸机总合同》及附件，合同总价为人民币 7 296 万元。2002 年 10 月 19 日，中冶连铸公司与山东省泰山钢铁有限公司签订《135×800mm 二机二流板坯连铸机总合同》及附件，合同总价为人民币 7 560 万元。被告人裴国良担任两个项目的技术负责人，他利用当年国庆休假返回西安，将其存放的凌钢二号主体设备设计电子版图纸资料重新拷贝到随身携带的笔记本电脑中带回武汉，输入到中冶连铸公司局域网中，用于川威和泰山两个项目的设计。

2003 年 7 月，西重所在西安冶金制造有限公司发现中冶连铸公司委托加工的川威、泰山项目板坯连铸机设备图纸有西重所的标题和标号，遂向公安机关报案，称其商业秘密被侵犯。西安市公安局立案侦查，调取相关图纸送中国科学技术法学会华科知识产权司法鉴定中心鉴定，结论是：中冶连铸公司为四川川威公司、山东泰山公司设计的板坯连铸机图纸，从装配图和零件图所表现的结构功能看，与西重所设计的图纸无本质的区别；图纸的相同程度和等同程度很高。又经西安交通大学知识产权司法鉴定所对西重所凌钢二号 150×750mm 板坯连铸机技术是否具有不为公众所知悉的特征进行鉴定，结论是：西重所的凌钢连铸机技术具有不为公众知悉的特征，符合商业秘密中技术秘密的法定技术条件；被告人裴国良的犯罪行为给西重所至少造成 1 782 万元的经济损失。在诉讼过程中，附带民事诉讼原告人西重所提起附带民事诉讼。

(资料来源：西安交通大学知识产权司法鉴定所：《西交司鉴所(2005)知鉴字第 1 号司法鉴定书》；《裴国良侵犯商业秘密案刑事判决书》，《最高人民法院公报》，2006 年第 12 期)

争议焦点[①]：①行为人窃取他人技术秘密供自己所在公司使用从而给他人造成损害的，行为人所在公司是否应当承担民事赔偿责任；②商业秘密侵权损害赔偿数额的确定。

法理评析：该案在实务界和理论界引起了巨大反响，在中国商业秘密刑事保

---

① 陈子欣、张琳明、高伟：《商业秘密权利人有权提起刑事附带民事诉讼》，《人民司法》，2007 年第 16 期，第 52 页。

护历史上具有重要意义，曾被称为“中国侵犯商业秘密第一案”。其一，该案采用刑事责任的方式对侵犯商业秘密的行为进行最严厉的制裁；其二，该案开创了巨额赔偿的先例；其三，该案涉及了商业秘密认定、赔偿数额确定和司法鉴定结论的运用等商业秘密案件中的重点、难点问题。对该案两个焦点问题的分析如下：

第一，行为人是否承担民事责任的前置问题是，该案是否可以提起刑事附带民事诉讼。虽然《刑法》在侵犯商业秘密罪的刑罚中规定了财产刑，但是其和民事诉讼所依据的法益损害、所实现的法律功能都不同。根据《刑事诉讼法》第 99 条规定：被害人由于被告人的犯罪行为而遭受物质损失的，在刑事诉讼过程中，有权提起附带民事诉讼。该案中，由于行为人的窃取技术秘密行为，给被害人带来了巨大的经济损失，符合提起附带民事诉讼的条件。而且根据《最高人民法院关于执行〈中华人民共和国刑事诉讼法〉若干问题的解释》第 86 条第 5 项之规定，附带民事诉讼中依法负有赔偿责任的人，包括其他对刑事被告人的犯罪行为依法应当承担民事赔偿责任的单位和个人。该案中，中冶连铸公司凭借其员工裴国良上传到局域网中的图纸，承接了两个大型项目，获得巨额经济收益，是侵权行为的参与者和受益者，应当承担侵犯商业秘密的民事赔偿责任。

第二，确定赔偿数额的主要法律依据是：按照《最高人民法院关于刑事附带民事诉讼范围问题的规定》第 2 条的规定，“被害人因犯罪行为遭受的物质损失，包括被害人因犯罪行为已经遭受的实际损失和必然遭受的损失”。《反不正当竞争法》第 20 条规定，经营者违反本法规定，给被侵害的经营者造成损害的，应当承担损害赔偿责任，被侵害的经营者的损失难以计算的，赔偿额为侵权人在侵权期间因侵权所获得的利润；并应当承担被侵害的经营者因调查该经营者侵害其合法权益的不正当竞争行为所支付的合理费用。结合法律的有关规定，司法实践中计算商业秘密侵权损害赔偿数额的方法主要有四种：依据商业秘密权利人因侵权行为遭受的损失计算赔偿额；依据侵权人因侵权行为获得的利润计算赔偿额；依据不低于商业秘密许可使用合同的合理费用计算赔偿额；定额赔偿。该案在损失数额难以确定的情况下，应采用计算侵权所得利润的方法确定赔偿数额。

西安市中级人民法院经审理认为，西重所通过长期努力在板坯连铸技术方面研究、开发、创新，形成了独特的设计技术。凌钢二号板坯连铸机就是西重所在马鞍山无法达到凌钢公司设计要求时，才为凌钢重新设计的，该技术含有不对外公开、不为公众所知悉的技术信息，且该技术信息能够为权利人带来经济利益，西重所对此项技术采取了保密措施，同时又与单位职工签订了劳动合同，约定了职工的保密义务。据此，该技术属于商业秘密。被告人裴国良利用工作便利盗窃单位商业秘密，允许他人使用，后果特别严重，其行为构成侵犯商业秘密罪，应依法惩处。附带民事诉讼被告人中冶连铸公司在没有合法取得西重所商业秘密的情形下，大量地使用该秘密，与其他企业签订合同，是给西重所造成经济损失的直接责任人，也是侵权行为的直接受益人，应承担赔偿损失的民事责任。依据《刑法》第 219 条第 1 款第 1 项和第 3 项，第 3 款及《最高人民法院、最高人民检察院关于办理侵犯知识产权刑事案件具体应用法律若干问题的解释》第 7 条第 2 款；《民法通则》第 106 条第 1 款和第 2 款、第 130 条、第 134 条和《反不正当竞争法》第 20 条之规定，西安市中级人民法院于 2006 年 2 月 22 日作出(2005)西刑二初字第 93 号刑事附带民事判决：

(1)被告人裴国良犯侵犯商业秘密罪，判处有期徒刑三年，并处罚金人民币五万元；

(2)被告人裴国良及附带民事诉讼被告人中冶连铸技术工程股份有限公司停止侵权行为。

(3)被告人裴国良及附带民事诉讼被告人中冶连铸技术工程股份有限公司，共同赔偿负担民事诉讼原告人西安重型机械研究所经济损失 1 782 万元，二被告人承担连带赔偿责任。

一审宣判后，原审被告人裴国良及原审附带民事诉讼原告人西重所、原审附带民事诉讼被告人中冶连铸公司均不服，向陕西省高级人民法院提出上诉。陕西省高级人民法院受理后，认为事实清楚，决定不开庭审理。在审理过程中，上诉人西重所与上诉人中冶连铸公司及裴国良就附带民事诉讼达成调解协议。陕西省高级人民法院经审理认为，原审判决定罪准确，量刑适当，审判程序合法。唯原审判决适用刑事法律部分不当，应予纠正。依据《刑法》第 219 条第 1 款第 1 项和第 2 项、第 3 款、第 4 款，《最高人民法院、最高人民检察院关于办理侵犯知识产权刑事案件具体应用法律若干问题的解释》第 7 条第 2 款及《刑事诉讼法》第 189 条第 1 项之规定，于 2006 年 10 月 11 日作出终审裁定：驳回上诉，维持原判。

第三节　比较广告中不正当竞争的法律规制

一、比较广告的基本理论

(一)比较广告的概念

比较广告，又称竞争性广告、挑战性广告，目前学界对于比较广告的定义，大致分为三种类型。第一种：能识别出具有竞争关系之厂牌或企业名称，或虽为暗示但消费者能准确识别出。第二种：①就同一类型商品或服务的等级特别列举出名称，或为使消费者认知而提示出两个以上的品牌或企业名称予以比较；②就商品或服务一个以上的特定功能予以比较之广告。第三种：①就商品或服务之种类，特别举出名称或提示得以识别的两个以上品牌予以比较；②比较商品或服务一个以上功能、性质；③广告内容根据事实（系独立、客观所获之情报）予以陈述、暗示给消费者[①]。以上三种定义都要求以能识别具体竞争者为要件。

美国实务中采取第二种，1979 年的《比较广告政策声明》中将比较广告界定为"对可替代商品进行客观可测量的品质或价格的比较，并通过明示、暗示或其他显著信息提示此竞争商品"[②]。其理由为：只有在广告中能识别竞争者，才能协助消费者明确知道比较的具体对象，进而合理选择商品或服务；而不能识别具体竞争者的比较，即使广告中作了比较，称之为比较广告也无意义；再者，如果仅对特定竞争者作全面优越性的陈述，即使能识别竞争者，也未提供情报给消费者，因此所谓比较广告还应就商品之特定功能加以比较；而就所比较的事实收集相关数据并陈述、提示给消费者，只是一种说服技巧，是实证提供方面的问题，而非比较问题，故不是比较广告的要件。大陆法系国家对比较广告则较审慎，对其定义及合法性都有较大争议。欧盟于 1991 年提出《部长理事会有关比较广告指令和修订误导广告指令的建议》，将比较广告定义为"直接或间接将特定竞争对手或其同类之商品或服务表现出来的广告"。传统上对比较广告加以严格限制的德国未对比较广告加以定义，但要求在作比较广告时不得提及特定竞争者之企业名称，并有学者发展出"关联广告"概念，认为比较广告须针对特定竞争对手、具备比较效果及批评有贬损故意这三个要件[③]。

由此可见，比较广告的概念争议主要集中在两点：第一点，是否需要识别竞争者；第二点，是否必须就商品特性作具体的比较。美国的《比较广告政策声明》中要求必须能够识别竞争者才叫做比较广告，而欧盟对比较广告的概念界定则不要求识别竞争对手。

（二）比较广告合法性探析

关于比较广告的合法性问题，基本可以分为三种立法模式。

1. 肯定说

肯定立法模式以美国为代表，对比较广告没有直接进行限制，采取肯定的态度。该说认为：法律应当对比较广告的合法性予以确认，不宜限制与约束。其理由有三：第一，广告最基本的功能就是让消费者了解产品的具体情况及优势，比较广告恰恰能够做到这一点。它给消费者提供了最想了解的消费信息，为消费者判断、比较、选择商品创造了条件，任何限制和约束比较广告的做法都有损于社会的公共利益。第二，比较广告指出了同类产品不同品牌之间具有实用价值的不

① 朱钰洋：《虚伪不实广告与公平交易法——公平法与智产法系列三》，三民书局，1993 年，第 140～142 页。

② 范志国、何鹄志、白路：《中外广告监管比较研究》，中国社会科学出版社，2008 年，第 90～92 页。

③ 骆志豪：《邮局 VS. DHL——比较广告违法行为之探讨》，《月旦法学》，1992 年第 1 期。

同之处，增强了同类产品的相互竞争，有利于促进产品质量的提高和加速产品的升级换代，对社会财富的积累具有积极的作用。第三，比较广告是广义上的一种言论，依法享有言论自由权。若对比较广告加以限制与约束，即是对言论自由的限制和干预①。

2. 否定说

否定立法模式主要以法国、意大利、西班牙等欧盟国家为代表。这些国家通过制定法律确定比较广告的非法性，从而加以禁止。该说认为，比较广告不是单纯的产品宣传方式，它涉及被比较企业的名誉及产品声誉，若法律确认其合法性，可能导致比较广告的滥用而伤及他人。其理由是：第一，比较广告的固有性质决定了比较广告不可克服的自身缺陷，即往往以自身的优势比较对方的不足，比较的结果根本不可能客观公正。有的学者甚至认为“任何在广告中提起竞争对手名称的人都不怀有善意，都是想要以损害对方来达到抬高自己的目的”。第二，企业的商誉不容侵犯。被比较企业有拒绝被比较的权利。即使比较广告所做的陈述均为真实的陈述，也不能成为剥夺被比较企业拒绝比较权的理由。第三，比较广告负面影响大，易引发不良的社会效果。比较广告往往使消费者面对大量的相互冲突的信息而无所适从，长此以往易滋生消费者的困惑与反感，最终影响整个同类产品的销售市场②。

3. 限制说

限制立法模式主要以加拿大、德国、日本等国家为代表。限制立法模式采用的国家最为广泛，它一方面允许比较广告的存在，另一方面作严格限制。该说认为，尽管比较广告利弊共有，但俗话说“不怕不识货，就怕货比货”。比较广告可以通过比较使消费者增长消费知识，通过比较使生产者认识自己产品的不足，所以比较广告的运用应当说是利大弊小，法律应确立比较广告的合法性。但是考虑到比较广告可能存在的非客观公正的一面，因此在引导和管理上，应当有针对性地进行必要的法律规制，发挥其应有的作用。

(三)比较广告中合法行为的判定原则

1. 比较对象可比性原则

可比性是指被比较的产品与广告所宣传的产品属于同一种类或者同一类型，用以比较的部分必须是该类产品所具有的共同性特征。美国《广告代理协会对制作对比广告的政策方针》规定：“广告应就产品有关或类似的性能或成分进行比较，面对面，点对点。”加拿大《广告准则》规定：“在比较中指出的产品必须确实是相互竞争的”，比较广告“必须是在相关的或者相似的特点、性能、质量、成分

① 周旺生：《透视公平交易》，台湾大日出版社，1992年，第272页。

② 谭玲、夏蔚：《论比较广告的法律规制》，《法学评论》，2001年第2期，第130～136页。

之间的比较”。我国香港特别行政区《广告商会广告实施条例》规定：“比较广告所涉及的产品应当是相同的产品或可类比的产品，即属于同一竞争领域的产品。”我国《广告标准》第34条规定，比较广告“应当是相同的产品或可类比的产品，比较之处应当具有可比性”。可见，在可比性这一条件上，各国对可比性的要求是一致的。这里应当注意的是，被比较的产品必须是市场中现存的产品，美国规定比较广告在“指出所比较产品的名称时”，特别强调该产品必须是“市场上存在的、作为有效竞争的一种产品”①，否则就没有可比性。具有可比性是比较广告中合法竞争行为与不正当竞争行为的重要判定原则。

2. 比较内容客观真实原则

这是有关比较广告的合法性的判定中，最重要也是最根本的因素。合法的比较广告必须真实、明白，不得含有虚伪不实或引人误解的成分。这是比较广告合法性的前提和基础，否则就是不实的违法的广告，是竞争法坚决需要禁止的行为。《国际广告行为准则》规定：“所有广告必须合法、公平、诚实和真实。”我国《广告法》第4条也规定：“广告不得含有虚假的内容，不得欺骗和误导消费者。”

3. 比较方式科学、用语准确规范原则

比较广告中的用语必须是准确的、规范的。《国际商业广告从业准则》第1条第3款规定：“广告只应陈述真理，不应虚伪或利用双关语及略语的手法，以歪曲事实。”我国《广告审查标准》(试行)第35条规定：“比较广告使用的语言、文字的描述应当准确并且能使消费者理解，不得以直接或影射方式中伤、诽谤其他产品。”比较广告所采用的比较方式具体包括四个要点：第一，要求比较广告必须针对产品的具体部分进行比较，严禁空洞地、抽象地、毫无目的地比较。第二，要求比较广告必须针对产品的共同特征进行比较，必须基于同等条件地比较。第三，要求比较广告必须是对指导消费具有实际意义和实用价值的比较。第四，以个人行为方式所作的比较广告，要求只能以个人对产品的喜好与选择进行比较，不得有超过个人意见的暗示②。

在用语准确问题上，有必要讨论关于使用最高级形容词的问题，比较广告不得无根据地使用如“一”“最好”等主张优越性的词语。不正确地使用最高级形容词是不实广告的一个具体体现。因此一些国家和地区禁止在比较广告中使用最高级形容词。例如，《香港无线电广播广告实施标准条例》规定：对于有关产品所做的说明，不应使用它们是最好的、最安全的、最迅速的，或者涉及与有关产品的比较时，不应该无根据地使用类似形容词的比较级、最高级，歪曲事实。我国《广告审查标准》(试行)第4章关于比较广告的规定没有明确规定禁止使用最高级形

① 陈群峰、曾宏伟：《比较广告瑕疵的法律适用》，《法学杂志》，2003年第3期，第37页。

② 王宁、钱婷：《美国广告内幕》，中国经济出版社，1991年，第93页。

容词。但我国《广告法》第 7 条却明确规定广告不得使用最高级用语。但有的国家也允许广告中使用最高级形容词，但有限制。例如，加拿大《广告准则》规定：在广告中使用最高级形容词时，应当注意与比较广告遵循同样的准则，使用最高级形容词尽可能具体，能够提供足够的证据，如果使用最高级形容词无法证明，就不应该使用。《英国广告活动准则》在有关比较广告的条款中规定：使用“优秀”“最优秀”等字眼时，应真实反映该产品的质量，并能提供证据①。

4. 适用范围限制原则

比较广告不能适用于医药产品。医药作为一个综合的概念，泛指与疾病的预防和治疗有关的手段(医疗服务)和物质(药品和医疗器械，其中药品包括人用药品、兽药和农药)。医药广告就是传播医药信息的活动，即通过一定的媒介和形式直接或间接地介绍医药产品或医疗服务的活动。根据医药的分类，医药广告可分为药品广告(包括人用药品广告、农药广告和兽药广告)、医疗器械广告和医疗广告三大类。由于医药产品或医疗服务直接关系到人民的生命健康，从保护人民生命健康的角度出发，应禁止医药广告采用比较广告的形式。比较广告适用范围的例外除了医药产品外，是否还应当包括食品、烟草、酒类、化妆品等商品，是目前学术界的主要争论所在。实际上，食品、烟草、酒类、化妆品等虽然也直接作用于人体，关系到人的身体健康，但相较于医药产品而言，其专业性、特殊性、危险性都不如后者，且容易被一般消费者所认识和理解，因此没有作出特别规定的必要；其次，食品、烟草、酒类、化妆品这些商品的比较点多，且一般都有比较统一的标准，如加钙的食品和不加钙的食品对小孩发育的不同功效，含酒精的化妆品和不含酒精的化妆品对皮肤的刺激性程度的不同等。所以，这些产品与医药不同，是能够在同类产品之间进行比较的，故而可以采用。

二、比较广告构成不正当竞争的认定

(一)比较广告构成不正当竞争行为的一般法律要件

(1)不正当比较广告的行为主体应是广告主、广告经营者和广告发布者。我国《广告法》第 40 条和第 47 条第 3 款规定，广告主、广告经营者和广告发布者可以成为不正当比较广告行为的主体。如果不正当比较广告是由广告经营者、广告发布者在广告设计、制作、发布过程中单独造成的，或者是广告经营者、广告发布者明知或者应知广告违法仍予设计、制作、发布的，广告经营者、广告发布者也可成为不正当比较广告行为的主体②。

(2)广告主、广告经营者和广告发布者设计、制作、发布不正当比较广告时，

① 郭芳：《比较广告的合法性标准探析》，《税收与企业》，2002 年第 1 期，第 75 页。

② 曹康泰：《中华人民共和国广告法释义》，法律出版社，1995 年，第 191 页。

在主观上一般要具有故意。

(3)不正当比较广告行为侵犯的客体应是竞争者的商业信誉和商品声誉。我国《广告法》第12条明确规定，广告不得贬低其他生产经营者的商品或者服务。根据法学界的理解，利用广告贬低其他生产经营者的商品或者服务的行为，实质侵犯的是竞争者的商业信誉和商品声誉[①]，因此竞争对手的商业信誉和商品信誉构成这类广告侵犯的客体。如果含有贬低内容的广告不涉及竞争对手的商业信誉和商品声誉，则不能成为不正当比较广告。

(4)不正当比较广告行为的客体方面表现为对他人的商品或服务进行了贬低的评价。这是不正当比较广告最重要的特征。按照学术界的观点，贬低是指给予不公正的评价。含有贬低内容的广告既可以涉及具体的产品或服务，也可以涉及一般性同类产品或服务。在广告中是直接还是间接降低对他人产品或服务的评价，对不正当比较广告的构成并不产生影响[②]。

(二)比较广告构成误导行为的认定

1. 误导行为

误导行为也称引人误解之行为，包括虚假事实的误导和真实事实的误导，即通过宣传使消费者产生错误认识的行为[③]。亦即误导公众之宣传。

实践中，通常将引人误解之广告与虚假宣传行为混用，《巴黎公约》第10条之二将虚假宣传行为界定为："在经营过程中使用的使公众对商品的来源、制造方法、特点、用途或者数量易于产生误解的所有表示或者说法。"并规定："只要宣传可能产生误导后果，就足以构成误导行为。"美国《联邦贸易委员会法》第15条之"虚假广告"的规定亦是以"引人误解"加以界定的。我国台湾"公平交易法"也规定不得在广告上为"虚伪不实与引人错误之表示或表征"。

2. 比较广告构成误导行为的判断原则

(1)一般交易相对人观察原则。应根据交易相对人的认知，判断有无虚伪不实或引人错误。一般商品或服务以一般大众的普通注意力为准，专业性产品则以相关大众的普通注意力为准。

(2)合并观察(整体观察)原则。广告陈述隔离观察虽然真实，但合并观察的整体印象及效果，如足以引起相当数量之一般或相关大众的错误认知或决定，即为不实。

(3)特别显著观察原则。比较广告内容以对比或特别显著方式作出，其特别显著的部分，是消费者决定是否购买的主要因素，因此判断是否不实，应就该特

---

① 卞耀、武主：《中华人民共和国广告法释义及相关法律法规》，中国方正出版社，1995年，第4页。

② 虞蓉：《论比较广告与不正当竞争》，《学海》，2001年第2期，第178页。

③ 孔祥俊：《反不正当竞争法新论》，人民法院出版社，2001年，第529～664页。

别显著之主要部分单独加以观察。

(4)广告陈述有多重解释时，其中有一意义为不真实者，即为不实①。

三、域外比较广告的法律规制

(一)美国对比较广告的立法和实践

美国是世界上最早提倡比较广告的国家，同时也是全世界对比较广告态度最为宽松的国家，认为比较广告能够为消费者提供更多信息，有利于消费者理性选购，并且能够鼓励发明创新和促进市场竞争。根据经济合作与发展组织的调查，美国比较广告所占之比重是世界上任何一个国家所无法企及的。

美国联邦贸易委员会长期支持比较广告，准许广告主明确提及竞争对手的产品或者服务，以作为区别产品的一种手段，其更于1979年出台了《比较广告政策声明》，鼓励真实的比较广告。美国国际商会在《广告行为准则》中也承认了比较广告的合法性，但规定比较广告不得使用对比内容产生误导作用，含有对比内容的广告应遵循公平竞争的原则，对比的内容应以具体事实为基础，并且不得以不正当手段选择对比点。同时美国广告媒体业界的团体自律功能发达，对比较广告在市场上所发挥的管制功能也相当有效。例如，美国广告代理人协会所提出的自律准则以及三家电视台所采取的自律原则等，都适时地发挥着规范广告以维持市场公平竞争的效果。

在《美国广告代理商协会对制作比较广告的准则》中有如下规定：

(1)比较广告的目的和内容应是信息的告知，而不是怀疑或不正当地批评竞争对手。

(2)当指出所对比的商品的名字时，它应是市场上存在的作为有效竞争的一种商品。

(3)比较广告的内容应是公平的和被完全证明的，但不能以贬低竞争商品或服务的方式或语气进行。

(4)比较广告就竞争商品有关或类似的性能或成分进行比较，面对面，点对点。

(5)证明应是为了诚实的比较目的，而不是简单地为了通过联系来抬高自己。

(6)如果进行试验，供试验的原始资料应是客观的、中立的，以确保试验的准确性。

(7)无论如何，试验应可以支持所有建立在此基础上的广告中的陈述。

(8)广告不应使用局部的结果或强调无关紧要的差异，致使消费者得不出正

① 李振华：《比较广告中不正当竞争行为探讨》，《经济师》，2003年第1期，第76页。

确的结论。

(9)被比较的性质应在商品的价值或效用方面对消费者有意义，通过使用证明书的方式陈述的比较不应暗示，证明书表达了一个以上的个体的想法，除非这个人代表了大多数人的观点。

总体而言，美国法律对于比较广告的规制属于较为宽松的限制型，真实且不引人误解是美国比较广告的基本规则。当比较广告是欺骗性(即虚假广告)的，或者可能导致消费者对于广告主和竞争者之间的产品或服务产生混淆(即有误导性)的，则予以禁止；除此之外，只要广告主在比较广告中明确无误地区别了自己与竞争者之间的产品或服务，而且所作评论宣传又非常真实与诚信的话，那么该比较广告即是为法律所允许的。

(二)英国对比较广告的立法和实践

《英国电视广告业行为标准准则》第 26 条规定：第一，所有的比较广告都必须遵守公平竞争的原则并根据这一原则制作，无论是对于所宣传的商品或者服务，还是用做比较的对象，均不得使比较结果存在误导消费者的可能性。第二，广告主不得以虚夸自己优势的方式选择比较广告的内容。第三，所比较之点必须基于能够被证明的事实，并且不得以不公平的方式进行选择，尤其是：①对于所有被比较的商品或者服务，其比较的基础必须相同，并且必须在广告中清楚地予以证明，唯有如此才能做到同类比较；②不得用经过选择的部分进行比较并宣称具有整体优势①。

(三)欧盟对比较广告的立法和实践

在欧盟成立之前，广告指令由于各国政治体制和经济发展程度的不同并未有统一的规定。由于各成员国之间法规的差异严重阻碍了商品和服务在欧洲统一市场的流通。为实现商品服务的自由流通，经过 20 多年的努力，欧共体终于在 1997 年正式通过了第 55 号指令，即现行的欧盟广告指令。该指令在其前言中即开宗明义地指出“经过恰当管制的比较广告，是刺激竞争和改善消费者信息的特别有用的手段”，即其本质即是允许比较广告的使用。

根据欧盟《比较广告指令》第 3 条具体规定了比较广告被允许使用的条件：

(1)不存在误导消费者的信息。

(2)所比较的商品或者服务用途相同或功能相同。

(3)客观地比较商品或服务的一项或多项重要的、相关的、可核实的和典型的特征，可以包括价格。

(4)不在广告主和竞争者间，或在他们的商标、商号、其他识别性标志、商

① 安青虎译：《国外广告法规选译》，中国工商出版社，2003 年，第 140～141 页。

品或服务间制造混乱，扰乱市场秩序。

(5)不诋毁或贬低竞争者的商标、商号、其他识别性标志、商品、服务、行为或经济状况。

(6)对于有原产地标志的商品，只能就带有同样原产地标志的产品进行比较。

(7)不对竞争者的商标、商号或其他识别性标志或者竞争产品的声誉做不公平的利用。

(8)不以标有收到保护的注册商标或商号的仿制品或复印品的方式推介商品或服务[①]。

上述规定描述了比较广告应当具备的条件，使比较广告具备统一标准，便于实际操作。虽然其中第 7 项作为知识产权权利人防止假冒的第二道防线，但它可能成为商品生产者的绊脚石，其合理性需进一步斟酌，但仍起到激励提供有利于消费者理性选购的信息、鼓励发明创新和促进市场竞争的目的。

(四)日本对比较广告的立法和实践

日本对比较广告采取保守主义，在法律实务上属于管制较多的国家，仅在美日贸易摩擦及内需扩大等情况之下，对比较广告的态度才开始原则上倾向允许。日本法律对比较广告的管制，主要为《不当赠品与不当表示防止法》(简称《赠表法》)、《独占禁止法》《不正当竞争防止法》及《商标法》等，总体说来仅对不当比较广告、妨碍竞争及消费者选择之比较广告才予禁止。日本承认和美国在广告管制的基本内容有差异，但在实务上透过业界自律执行的方式和美国大致一样[②]。

日本公正交易委员会发布的《比较广告指针》中规定，比较广告的有效条件为：

(1)比较广告所主张的内容必须是被客观实证的。

(2)被实证的数据、事实必须正确地引用。

(3)用以比较的方法必须是公正的。

(五)我国台湾地区对比较广告的立法和实践

我国台湾地区主管机关对广告的管理，可分形式管制和实质管制两方面。所谓形式管理，是指广告刊登应具备哪些形式要件；所谓实质管理，是指广告内容不得有不实或引人误解之表示。

我国台湾地区“公平交易法”第 21 条规定：“即就其本身所提供之商品或服务之内容为虚伪不实或引人错误之表示，始加以禁止。”[③]但比较广告在广告中所提及的商品或服务，并非只局限于广告主自己的产品或服务，如果广告中对所比较

① 安青虎译：《国外广告法规选译》，中国工商出版社，2003 年，第 109～110 页。

② 陈樱琴：《比较广告理论与案例》，翰芦图书出版社，1999 年，第 108 页。

③ 黄茂荣：《公平交易法理论与实务》，植根法学丛书编辑室，1993 年，第 415 页。

之竞争商品或服务之表述亦有不实之误导，甚而影响竞争者之营销或商誉时，则已成为一种攻击性广告，其所侵害者不仅是消费大众之权益，更损及竞争厂商之利益，因此除依据具体广告内容是否有虚假或引人误解的情况之外，还要看其是否触犯公平法之其他相关条文，包括“公平交易法”第22条规定的禁止营业诽谤，第24条规定的禁止其他足以影响交易秩序的欺罔或显失公平的行为，和第19条第3款规定的禁止以胁迫、利诱或其他不正当之方法，使竞争者之交易相对人与自己交易之行为。

综合来看，英美法系国家对于比较广告所持的态度是：比较广告应被例外禁止，即原则上允许，特殊情况下才禁止。而大陆法系国家和地区对比较广告所持的共同态度是：比较广告应被例外允许，即原则上禁止，特殊情况下才被允许。但随着欧盟广告指令在欧洲地区的全面实施，承认真实的比较广告已经成为一种世界性的趋势，越来越多的国家允许合法的比较广告的使用。

第四节　商业混同法律问题研究

一、商业混同行为概述

（一）商业混同行为的概念

商业混同行为也被称为欺骗性市场交易行为、假冒仿冒行为、市场混淆行为或擅自使用他人商业标记行为，是指经营者采取假冒或仿冒等不正当手段，使其商品、营业或者服务与他人的商品、营业或者服务相互混同，从而导致或者足以导致购买者误认、误购的不正当竞争行为。

我国《反不正当竞争法》第5条规定，经营者不得采用下列不正当手段从事市场交易，损害竞争对手：①假冒他人的注册商标；②擅自使用知名商品特有的名称、包装、装潢，或者使用与知名商品近似的名称、包装、装潢，造成和他人的知名商品相混淆，使购买者误认为是该知名商品；③擅自使用他人的企业名称或者姓名，引人误认为是他人的商品；④在商品上伪造或者冒用认证标志、名优标志等质量标志，伪造产地，对商品质量作引人误解的虚假表示。

有的学者认为上述第四项的规定与前三项在法律属性上存在差异。前三项属于仿冒行为，存在着对两种商品作比较的问题，而第四项仅仅是对自己商品质量作引人误解的虚假表示行为，不存在对两种商品作比较的问题，也就不存在与他人商品相混淆的问题。因此，二者在性质上存在明显差异，而其在性质上与《反不正当竞争法》第9条规定的引人误解的虚假宣传的行为相同，“在商品上伪造或者冒用认证标志、名优标志等质量标志，伪造产地”是“对商品质量作引人误解的虚假表示”的具体形式，两者是种属关系。按照性质相同的行为作相同归纳和规定的逻辑规则将第5条第4项规定与第9条规定放在一起研究更为合适[①]。我们认为，这种观点有一定道理，但考虑到法律规范的整体性以及教材内容的连贯性，我们仍然主张将第5条的第4项规定放在第5条前三项一起来研究阐述。

(二)商业混同行为的特征

商业混同行为是通过假冒他人的注册商标、仿冒知名商品特有的名称、包装和装潢或者擅自使用他人的企业名称或姓名等不正当手段从事市场交易的，其结果必然会混淆自己的商品或服务与特定竞争对手的商品或服务之间的界限，必然会损害特定竞争对手的合法权益，而其他欺骗性的交易行为，如欺骗性宣传行为，尽管仍然属于欺骗购买者的不正当竞争行为，但是通常并不冒充特定竞争对手的商品和服务，并不损害特定竞争对手的利益。其法律特征为[②]：

(1)商业混同行为涉及三方当事人，即行为实施者、被混同的经营者和购买者。商业混同行为的实施者是从事不正当竞争行为的主体，而被混同的经营者大多是实施者的同业竞争者，此处的购买者可以是在具体混同行为中已经购买假冒仿冒商品或服务的特定消费者和用户，也可以是可能购买此类商品或服务的不特定的潜在消费者和用户。

(2)被混淆的客体是其他经营者商品或服务的特定标示。这里的商品或服务的特定标示，是指能够将不同的经营者加以区别的商品或服务的外在形式和表象。其范围相当广泛，依据法律的规定，具体包括商品或服务的商标、名称、包装、装潢、企业的名称和姓名等。

(3)行为的目的是造成与其他经营者的商品或服务的混淆，行为的后果是已经或者可能造成市场混淆。从行为的目的来看，市场混淆行为的实施者之所以煞费苦心地假冒、仿冒他人的商业标示，就是为了鱼目混珠，使购买者发生误认、误购。从行为的结果来看，商业混同行为客观上造成了商品之间或服务之间的混淆，或者可能造成商品之间或服务之间的混淆，而不要求实际发生了混淆，因为混淆的可能性足以成为主张不正当竞争行为的前提条件。

二、假冒他人注册商标的行为

根据《中华人民共和国商标法》(简称《商标法》)第52条规定，侵犯注册商标专用权的行为主要有以下几种情形：

(1)未经商标注册人的许可，在同一种商品或类似商品上使用与其注册商标相同或近似的商标的行为。

(2)销售侵犯注册商标专用权的商品的行为。

---

① 孔祥俊：《反不正当竞争法的适用与完善》，法律出版社，1998年，第127页。

② 种明钊主编：《竞争法学》，高等教育出版社，2002年，第100～101页。

(3)伪造、擅自制造他人注册商标标识或者销售伪造、擅自制造的注册商标标识的行为。

(4)未经商标注册人同意，更换其注册商标并将该更换商标的商品又投入市场的行为。

(5)给他人的注册商标专用权造成其他损害的行为。

《商标法》为保护注册商标专用权提供了基本的法律依据，但是假冒他人注册商标的行为，不仅侵犯了商标注册人的商标专用权，而且也是一种典型的违背诚实信用商业道德、危害社会经济秩序的不正当竞争行为。假冒注册商标行为是不正当竞争行为的一种手段，但是仅仅从“假冒”本身的含义和特征来说，《反不正当竞争法》规定的“假冒他人注册商标行为”，应仅指上述《商标法》第 52 条规定的第一种情形，即“未经商标注册人的许可，在同一种商品或类似商品上使用与其注册商标相同或近似的商标的行为”。在司法实践中，如果一项违法行为既构成假冒商标的不正当竞争行为，又违反了《商标法》对注册商标专用权的规定，应该根据特别法优先于普通法的原则，优先适用《商标法》。

我国《刑法》第 213 条规定：“未经注册商标所有人许可，在同一种商品上使用与其注册商标相同的商标，情节严重的，处 3 年以下有期徒刑或者拘役，并处或者单处罚金；情节特别严重的，处 3 年以上 7 年以下有期徒刑，并处罚金。”可见，这条规定是从最狭义的角度来理解假冒注册商标的，即仅指“未经许可，在同一种商品上使用与注册商标相同的商标”，而不包括在相同商品上使用近似商标、在类似商品上使用相同商标、在类似商品上使用近似商标等“仿冒”注册商标的情形。至于其他类型的侵犯注册商标专用权的犯罪行为，则不属于“假冒注册商标罪”的范畴，而是分别构成“销售假冒注册商标的商品罪”(《刑法》第 214 条)、“非法制造、销售非法制造的注册商标标识罪”(《刑法》第 215 条)。

三、仿冒知名商品特有名称、包装、装潢的行为

所谓仿冒知名商品特有名称、包装、装潢的不正当竞争行为，是指经营者擅自将他人知名商品特有的商品名称、包装、装潢作相同或者相似地使用，造成或者足以造成与他人的知名商品相混淆，使购买者误认为是该知名商品而购买的行为。

《最高人民法院关于审理不正当竞争民事案件应用法律若干问题的解释》第 1 条第 1 款规定：在中国境内具有一定的市场知名度，为相关公众所知悉的商品，应当认定为《反不正当竞争法》第 5 条第 2 项规定的“知名商品”。

该违法行为的构成要件是：

(1)商品必须是知名商品，即是指在市场上具有一定知名度，为相关公众所熟悉的商品。最高人民法院《关于审理商标民事纠纷案件适用法律若干问题的解释》(2002 年 10 月 12 日法释[2002]32 号)第 8 条规定，《商标法》所称相关公众，

是指与商标所标识的某类商品或服务有关的消费者和与前述商品或者服务的营销有密切关系的其他经营者。《最高人民法院关于审理不正当竞争民事案件应用法律若干问题的解释》第1条第1款规定：人民法院认定知名商品，应当考虑该商品的销售时间、销售区域、销售额和销售对象，进行任何宣传的持续时间、程度和地域范围，作为知名商品受保护的情况等因素，进行综合判断。

学理上知名商品的认定标准主要有：一是经国家主管部门按照严格程序认定的名优商品；二是在本地区或者国内外为用户、消费者所熟悉的商品；三是从维护合法经营者权益的角度说，可以制定较宽的标准，即擅自使用或者近似使用他人的商品名称、包装、装潢的，则认为他人的商品为知名商品。国家行政管理局制定的《关于禁止仿冒知名商品特有的名称、包装、装潢的不正当竞争行为的若干规定》第4条第1款规定：商品名称、包装、装潢被他人擅自做相同或近似使用，足以造成购买者误认的，该商品即可认定为知名商品。

(2)被仿冒的商品名称、包装、装潢必须是知名商品所特有的，即该名称、包装、装潢并非是相关商品所通用，并且具有显著的区别性特征。《最高人民法院关于审理不正当竞争民事案件应用法律若干问题的解释》第4条第2款规定：在相同商品上使用相同或者视觉上基本无差别的商品名称、包装、装潢，应当视为足以造成和他人知名商品相混淆。

(3)经营者必须是擅自使用，即经营者未经他人同意而使用他人知名商品特有的名称、包装、装潢。

(4)经营者的行为造成和他人的知名商品相混淆。《最高人民法院关于审理不正当竞争民事案件应用法律若干问题的解释》第4条第3款规定：认定与知名商品特有名称、包装、装潢相同或者近似，可以参照商标相同或者近似的判断原则和方法。但其第2条同时规定，有下列情形之一的，人民法院不认定为知名商品特有的名称、包装、装潢：①商品的通用名称、图形、型号；②仅仅直接表示商品的质量、主要原料、功能、用途、重量、数量及其他特点的商品名称；③仅由商品自身的性质产生的形状，为获得技术效果而需有的商品形状以及使商品具有实质性价值的形状；④其他缺乏显著特征的商品名称、包装、装潢。

但值得注意的是，我国《反不正当竞争法》只规定了“擅自使用”商品特有名称、包装、装潢的行为，并没有规定其他形式的侵权行为。在实践中大量存在着运输、销售仿冒商品标识的商品的行为，还有一些制造、销售、运输仿冒的商品包装、装潢的行为，这些行为在客观上为“擅自使用”创造了条件，故在性质上属于商业标识仿冒的范畴，应予以打击禁止。从另外一个角度来讲，仿冒行为往往是通过不同主体的一系列制造、运输、使用、销售等行为来实现的，仅仅打击仿冒行为是远远不够的，完全不足以从源头和流向上有效打击制止这些行为。所以，我国《反不正当竞争法》应当将与“使用”相关的行为纳入仿冒行为之列，并对其予以明确禁止。

四、擅自使用他人企业名称或姓名的行为

(一)企业名称或姓名

企业名称是一个企业区别于其他企业的文字符号，由企业所在地的行政区划、字号、行业或经营特点、组织形式四部分组成，其实就是企业的姓名，但我国法律规定姓名仅仅是指自然人的称呼，故企业的“姓名”只能称为“名称”。姓名是公民区别于其他公民的文字符号。我国《民法通则》规定，公民享有姓名权，有权决定、使用和依照规定改变自己的姓名，禁止他人干涉、盗用、假冒。企业名称经核准登记便在规定的范围内享有专有权，具有排他性。企业名称是企业的无形资产，它一旦在公众中树立了良好的商业信誉就能够给企业带来巨大的竞争优势和商业价值。所以擅自使用他人的企业名称，就是盗用他人的商业信誉的不正当竞争行为。《巴黎公约》明文规定其成员国应对厂商名称提供法律保护，采取有效措施制止使用他人厂商名称的违法行为。

企业名称是一个企业区别于其他企业的文字标志，企业对其核准注册的企业名称在特定地区的同行业中依法享有独占使用权。《最高人民法院关于审理不正当竞争民事案件应用法律若干问题的解释》第6条第1款规定：企业登记主管机关依法登记注册的企业名称，以及在中国境内进行商业使用的外国(地区)企业名称，应当认定为《反不正当竞争法》第5条第3项规定的“企业名称”。具有一定的市场知名度、为相关公众所知悉的企业名称中的字号，可以认定为《反不正当竞争法》第5条第3项规定的“企业名称”。

姓名是自然人姓与名的合称，是自然人之间相互区别的语言符号。《最高人民法院关于审理不正当竞争民事案件应用法律若干问题的解释》第6条第2款规定：在商品经营中使用的自然人的姓名，应当认定为《反不正当竞争法》第5条第3项规定的“姓名”。具有一定的市场知名度、为相关公众所知悉的自然人的笔名、艺名等，可以认定为《反不正当竞争法》第5条第3项规定的“姓名”。

(二)擅自使用他人企业名称或姓名行为的构成要件

擅自使用他人的企业名称或姓名的行为，是指经营者未经他人许可而在市场交易中使用他人的企业名称或姓名，引人误认为是他人商品或服务的行为。概括起来应具备以下构成要件[①]：

(1)被仿冒的对象是他人的企业名称或姓名。这里的企业名称或姓名包括法人名称、自然人的姓名，以及个体工商户、个人合伙的字号等，应作广义理解。

---

① 种明钊主编：《竞争法学》，高等教育出版社，2002年，第112页。

(2)主观上为擅自使用。即未经权利人的许可而使用的情形。如果经过依法许可或转让当然不构成不正当竞争的行为。

(3)产生的后果是引人误认为是他人的商品。由于此行为产生了市场混淆的后果，破坏了市场竞争的秩序，法律才予以制止，国家公权力才予以干涉。缺乏此要件的行为不构成不正当竞争行为，可通过其他法律予以规范。而“引人误认”要求购买者在一般的注意力条件下能够引起误认的可能性，并不要求已经造成误认或者误购的实际后果。

五、伪造或冒用质量标志和伪造产地的行为

(一)概述

伪造或冒用质量标志和伪造产地的行为是指，经营者在商品上伪造或冒用认证标志、名优标志或伪造产地，对商品质量作引人误解的虚假表示，破坏市场交易秩序，损害竞争对手的不正当竞争行为。

虽然伪造或冒用质量标志和伪造产地是对商品质量的虚假宣传或误导性宣传，但实质上也是一种擅自使用他人商业标识的行为。我国《反不正当竞争法》第5条第4项对此作出的规定，显然是将认证标志、名优标志等质量标志和产地标志作为商业标识来看待。从性质上来看，质量标志和产地确实具有商业标识的特征，二者都是能使自己的商品或服务区别于其他商品或服务的识别性标志，是特定经营者的商业信誉和商品或服务声誉的载体。经营者非法使用他人有权使用的质量标志，或在商品上伪造产地，目的就是为了做虚假宣传，使购买者发生混淆。在市场交易中伪造或冒用认证标志、名优标志等质量标志，对商品作引人误解的虚假表示，是我国市场经济发展和产品质量管理中存在的一个重大问题，也是商业混同的重要形式。

(二)伪造或冒用质量标志行为

质量标志，是指证明经营者的商品质量达到了一定水平的符号或标记。质量标志能向市场客观公正地反映产品的质量信息，从而引导购买者选购，因此也是一种重要的商业标识。质量标志主要包括：

(1)认证标志。认证标志是指认证机构证明商品符合认证标准和技术要求而由认证机构颁发并准许在商品上使用的专用质量标志，是根据一定的严格的法定程序产生的。根据《中华人民共和国产品质量法》(简称《产品质量法》)第14条第2款规定，企业可以根据自愿原则向国务院产品质量监督部门或其授权的部门认可的认证机构申请产品质量认证。经认证合格的产品，由认证机构颁发产品质量认证书，准许企业在产品、产品包装、产品使用说明书以及出厂合格证书上使用商品质量认证标志。只要经认证合格，就有权依法将认证标志使用在产品或产品

的包装上，所以同一个认证标志可以由众多经营者共同使用。

我国有五种产品质量认证标志：第一种是长城认证标志，它是电工产品专用认证标志；第二种是 PRC 认证标志，它是电子元器件的专用认证标志；第三种是方圆认证标志，它分为合格认证标志和安全认证标志；第四种是 3C 质量认证，所谓 3C 认证，就是中国强制性产品认证制度，英文为 China Compulsory Certification，英文缩写为 CCC；第五种就是 QS 质量认证，QS 是食品“质量安全”(quality safety)的英文缩写。我国对产品合格认证采用自愿认证和强制认证相结合的认证方式，安全认证实行强制认证制度。

(2)名优标志。名优标志是指经有关机构、团体评定为名优产品而授予其经营者使用的质量证明标志。国家优质产品按其质量水平分为两级：一是经国家质量奖审定委员会审定批准，获国家质量奖的产品，分为金质奖章和银质奖章两种；二是产品质量符合优质产品评选条件，但没有被评为国家质量奖而授予“优”字样质量标志的优质产品。我国目前已经暂停了国家优质产品的评选工作。上述三种荣誉标志是国家法定的名优产品标志，获得优质产品标志的产品，企业有权使用该标志。

(3)其他标志。在我国，其他标志主要是环境标志和绿色食品标志。环境标志作为一种证明商标，在性质上属于认证标志的范畴。产品获得环境标志，不仅表明该产品质量合格，而且在生产、使用和处置过程中符合特定的环境保护要求，与同类产品相比，具有低毒害、节约资源、保护环境的优势。绿色食品标志也是一种证明商标，由中国绿色食品发展中心在国家商标局注册。作为一种在经权威机构认证的绿色食品上使用，用以区别于其他普通食品的特定标志。该标志表明该产品绿色、环保、安全、无公害、无污染。

具体来讲，伪造或冒用质量标志的行为主要有以下几种表现形式：①产品未经合法认证机构认证或经认证不合格的，擅自使用认证标志；②认证标志被依法撤销后不及时停止使用的；③非法使用伪造的虚假不存在的认证标志；④擅自篡改、变造认证标志图案加以使用的。

(三)伪造产地的行为

产地名称是代表商品产地的地理名称。产地标志是表示产品由特定的国家、地区、地方或场所生产、制造、加工而使用的文字或标记。产地标志和产地名称的基本功能是指明商品的出产地域，标示产品的最初来源地。产地标志和产地名称分为原产地标志和原产地名称，二者都能产生信誉和市场竞争力的商业标志。它们作为智力成果，成为国际知识产权保护条约、竞争法的保护对象。产地标志的意义首先在于其可以鉴别商品的地理来源，购买者可以通过产地来识别特定商品的来源，类似于商标标识的功能。但是与商标标识的独占使用权不同，产地标志仅仅表明特定商品来源于某一地区，在该地区从事生产经营活动的经营者都有权在商品上使用该产地标识。其次，产地标识更是具有质量保证的意义。由于世界各国或全国各地自然环境和地理特征的差异以及经济发展水平的不同，商品的产地与商品的质量和声誉息息相关。尤其是那些商品质量很大程度上要受制于当地特定的气候、水文、土壤等自然条件，以及当地居民的传统工艺等因素影响的商品，其产地更是与质量有着密切的、直接的联系，从而导致商品的产地成为商品质量的代名词，如法国的香水、苏格兰的威士忌酒、瑞士的手表、德国的汽车、景德镇的瓷器、吐鲁番的葡萄干、贵州的茅台、青岛的啤酒等。《制裁商品来源的虚假或欺骗性标志协定》特别规定了八种酒类商品的著名产地名称不能视为商品通用名称①。因此，产地标识是影响购买者选购商品的重要因素之一，是经营者争夺市场的重要竞争手段。

➤案例分析

案情简介： 1995 年 4 月 24 日，利郎福建公司在泉州市工商行政管理局注册成立。该公司为香港利郎国际有限公司(简称香港利郎公司)的独资公司，注册资本 2 000 万港元，主要经营业务为生产服装、鞋、领带。2005 年 3 月 25 日，利郎中国公司在泉州市工商行政管理局注册成立。该公司亦为香港利郎公司的独资公司，注册资本为 1 亿港元，主要经营业务为生产服装、服饰、各种鞋、家私、五金、塑料制品。1999 年 1 月 28 日，利郎福建公司被核准受让了第 626989 号“利郎”、第 1172696 号“LILANG”、第 1183944 号“利郎”注册商标。2004 年 5 月 7 日，利郎福建公司被核准受让了第 1144625 号“利郎 LILANG”注册商标。利郎福建公司分别于 2000 年 6 月 7 日、2004 年 12 月 14 日注册取得了第 1405096 号“利郎 Lilang”、第 3433479 号“LILANG 利郎”商标。上述商标被核定使用的商品类别均为第 25 类。2005 年 3 月 25 日，利郎福建公司以普通许可的方式将上述 6 件商标许可给利郎中国公司使用，并授权利郎中国公司以自己的名义对侵犯上述商标权的行为提起诉讼。许可期限为自 2005 年 3 月 25 日起至上述商标全部转让给利郎中国公司时止。2008 年 5 月 7 日，经商标局核准，利郎福建公司将上述 6 件商标转让给了利郎中国公司。利郎福建公司和利郎中国公司都为该商标及其产品投入了几千万元的广告支出，同时该商标和其产品都已获得多项奖项、多种荣誉。北京利郎公司于 2006 年 3 月 9 日在北京市工商行政管理局丰台分局注册成立，注册资本 50 万元，经营范围为销售(不含零售)服装、鞋帽、针纺织品、工艺品、日用品。

[资料来源：(2009)朝民初字第 10011 号判决书：利郎(中国)有限公司诉北京利郎领带服

① 包括：香槟(酒)、科涅克(白兰地酒)、勃艮弟(葡萄酒)、莱茵河流域(白葡萄酒)、莫塞尔(酒)、雪利(酒)、马德拉岛(白葡萄酒)、葡萄牙(葡萄酒)。

饰有限公司侵犯商标权纠纷一案]

争议焦点：将他人的企业名称申请注册了，是否构成不正当竞争?

法理评析：我国《反不正当竞争法》第5规定，经营者不得擅自使用他人的企业名称，引人误认为是他人的商品。本案的被告就明显违法了诚实信用原则，不正当地使用和注册了他人的企业名称，使消费者混淆视听，误以为北京利郎就是利郎中国和利郎福建的产品。在反不正当竞争法保护中，所有的经营者都必须遵守诚实信用原则、在先权利原则和知名度原则。任何人都不得违反法律规定，以及公认的商业道德，将他人在先取得且具有一定市场知名度的企业名称或字号作为自己的企业名称或字号予以注册使用。这是反不正当竞争法保护的首要原则，也是一般商业活动诚实信用原则的道德要求。本案的被告和原告都为经营服装的同类企业，产品类似甚至一样，两者之间具有明显的竞争关系。利郎中国公司在中国注册成立的时间早于北京利郎公司，依据反不正当竞争法保护的在先权利原则，北京利郎使用“利郎”二字注册申请设立公司已经构成侵权。再者，北京利郎在其生产的产品上都以利郎作为标记，在实践中，已造成产品购买者的混淆，误以为购买了名牌产品利郎中国的产品。另外，原告及与原告有关联关系的另外两家公司，都为利郎投入了巨大的广告成本，而且利郎因此也取得了多项奖项和荣誉，在全国范围内具有了较高的市场知名度，因此利郎中国公司的字号也在全国范围内具有了较高的知名度。而在这种情况下，北京利郎公司的行为就有明显的侵权故意，是打算借助原告的品牌效应推销自己的产品，不仅使原告受损，同时也极大损害了消费者的利益。所以，综上所述，北京利郎不仅违反了权利在先原则、诚实信用原则、知名度原则，还损害了消费者的利益，至少是对消费者有欺骗的故意。虽然，被告仅仅只是申请注册了原告的企业名称，但是仍然构成了不正当竞争行为。即使已经合法注册，也不代表其行为合法。

第四章

消费者权益保护法理论与实务

第一节 消费者权益保护法概述

一、消费者的概念

从法律意义上讲，消费者通常是指为生活消费需要购买、使用商品或者接受服务的人。这一概念可以从三方面去理解：第一，主体上，消费者一般是自然人。1978年5月，国际标准化组织消费者政策委员会在其于日内瓦召开的第一届年会上，对消费者的解释即为“为个人目的购买或使用商品和服务的个体社会成员”。关于单位是否是消费者主体，存有不同观点。虽然不排除单位主体，但是单位并不是保护的重点对象。第二，目的上，应当是为了生活消费。《中华人民共和国消费者权益保护法》(简称《消费者权益保护法》)第2条规定：“消费者为生活消费需要购买、使用商品或者接受服务，其权益受本法保护”，显然消费者的行为目的应是为了生活消费，而不是生产经营，是非以营利为目的的。生活消费当然包括与生活相关的各类物质资料消费和精神消费。但是，最新修订的《消费者权益保护法》也有特殊情况下的例外规定，其第62条规定：“农民购买、使用直接用于农业生产的生产资料，参照本法执行”，这里的行为目的虽为用于农业生产，但仍可以看做消费行为。第三，行为上，应为购买、使用商品或接受服务。消费行为是特定的，即购买和使用商品的行为，以及接受服务的行为。购买是消费者通过有偿支出获得商品；使用是商品为消费者服务的过程；接受服务是消费者接纳服务的过程。

二、消费者权益保护法的概念、适用对象

（一）概念

消费者权益保护法是指调整在保护消费者合法权益过程中而产生的社会关系的法律规范的总称。狭义的消费者权益保护法通常是指我国于 1993 年 10 月 1 日第八届全国人大常委会第四次会议通过，并自 1994 年 1 月 1 日起施行的《消费者权益保护法》，该法于 2013 年 10 月 25 日第十二届全国人大常委会第五次会议通过了《全国人民代表大会常务委员会关于修改〈中华人民共和国消费者权益保护法〉的决定》，自 2014 年 3 月 15 日起施行。其立法宗旨是为保护消费者的合法权益，维护社会经济秩序，促进社会主义市场经济健康发展。广义上讲，消费者权益保护法是以保护消费者在购买、使用商品或者接受服务过程中的合法权益为内容的所有法律法规，涉及消费活动中的安全、质量、价格、计量、竞争、广告、商标等各个领域，除《消费者权益保护法》外，还包括诸如《产品质量法》《中华人民共和国农产品质量安全法》（简称《农产品质量安全法》）、《中华人民共和国食品卫生法》（简称《食品卫生法》）、《中华人民共和国药品管理法》（简称《药品管理法》）、《价格法》《中华人民共和国计量法》（简称《计量法》）、《反不正当竞争法》《广告法》《商标法》等。本章内容主要是围绕狭义的消费者权益保护法展开。

（二）适用对象

《消费者权益保护法》的适用对象是指《消费者权益保护法》对哪些人的哪些行为适用。根据新修订的《消费者权益保护法》的规定，其适用对象如下：

（1）消费者。新修订的《消费者权益保护法》第 2 条规定："消费者为生活消费需要购买、使用商品或者接受服务，其权益受本法保护。"由此可见，《消费者权益保护法》首先适用于消费者所为的为生活需要购买、使用商品或者接受服务的行为。消费者在与经营者的交易中往往处于弱势群体，为保护其合法权益，国家专门立法对消费者的权利、经营者的义务、争议的解决、法律责任的承担等作出规定。

（2）经营者。新修订的《消费者权益保护法》第 3 条规定："经营者为消费者提供其生产、销售的商品或者提供服务，应当遵守本法。"《消费者权益保护法》给消费者以特别保护，认为保护消费者的合法权益是全社会的共同责任，这里当然包括经营者的责任承担，经营者应遵守《消费者权益保护法》。

（3）农民。新修订的《消费者权益保护法》第 62 条规定："农民购买、使用直接用于农业生产的生产资料，参照本法执行。"虽然根据《消费者权益保护法》第 2 条的规定，消费的目的应为生活消费，生产消费本不属于保护范围，但是由于农民在购买、使用直接用于农业生产的生产资料时，往往处于弱势地位，合法权益难以得到保障和救济，因而专门将这种情况作出规定，可参照适用《消费者权益

保护法》。

三、消费者权益保护法的性质及立法体例

（一）性质

消费者权益保护法的性质与其调整对象密切相关。消费者权益保护法调整的是在保护消费者合法权益过程中而产生的社会关系，这种社会关系包括三个方面：其一，国家机关与经营者之间的关系，即国家机关在对经营者的销售、提供服务等经营活动进行监督管理时形成的关系；其二，国家机关与消费者之间的关系，即国家机关在对消费者进行指导、保护时形成的关系；其三，经营者与消费者之间的关系，即两者之间因经营行为和消费行为而产生的关系。

国家与经营者和国家与消费者之间的关系都属于国家进行市场秩序规制过程中发生的关系，是由国家公权力对市场交易活动依法进行适当的规制和引导时所发生的社会关系，遵循适度干预、公共利益和实质公平等原则，具有经济法的性质。

经营者与消费者之间的关系是建立在自愿、平等、公平、诚实信用的基础之上的，经营者提供商品和服务，消费者购买、使用或者接受，是平等主体之间产生的财产关系，具有民事法律关系的性质，但是由于消费者在与经营者的消费关系中往往处于弱势地位，为了改变消费者所处的不利地位，体现消费关系的平等和公平，消费者权益保护法更强调消费者的权利和经营者的义务，在立法的宗旨和价值取向上更侧重对消费者的保护，这与民法的中立形式不同。

因而，消费者权益保护法无论从其立法宗旨还是调整对象和调整方法上看，都具有经济法的性质。

（二）立法体例

消费者权益保护法的立法体例可以分为两大类：一类是专门立法；另一类是在其他的立法中加入有关消费者保护方面的法律措施。从总体上说，无论是英美法系还是大陆法系国家，消费者权益保护法都主要以制定法为主。例如，美国早在 1906 年就颁布了《联邦食品和药品法》；英国则在 1987 年制定了专门的《消费者利益保护法》；日本则于 1968 年公布实行了《消费者保护基本法》等。

消费者权益保护的涵盖面非常宽泛，从内容上看，产品质量、计量、价格、广告、竞争等都涉及对消费者权益的保护；从法律关系上看，民法、行政法甚至刑法等法律中也涉及对消费者权益保护的规范。因此，消费者权益保护法立法体例的选择应在慎重协调不同部门法之间关系的基础上进行，不但要整合不同法律部门的调整对象，更要突出消费者权益保护法自身的立法宗旨。

我国的消费者权益保护法采取的是专门立法的体例，由单行的消费者权益保

护法就消费活动而产生的社会关系进行规范，但不排除其他部门法从其所调整的法律关系出发所涉及的对消费者权益的保护性规定。我国保护消费者权益的专门立法即为新修订的《消费者权益保护法》。此外，在其他法律中也有保护消费者合法权益的规范，如在保障商品和服务质量方面的立法有《产品质量法》《中华人民共和国标准化法》(简称《标准化法》)、《进出口商品检验法》等；在保障消费者安全方面的立法有《中华人民共和国食品安全法》(简称《食品安全法》)、《农产品质量安全法》《药品管理法》等；在保障公平交易方面的立法有《反不正当竞争法》《计量法》《价格法》等；在规范商品和服务的商标、广告方面有《商标法》《广告法》等。

四、消费者权益保护的国际化

从历史渊源上看，消费者权益保护的出现与商品经济的发展密不可分。而现代市场经济的发展，使消费者在交易中处于更为弱势的地位，消费者权益的保护形势日益严峻。“在与损害消费者权益的行为相抗衡的过程中发展起来的消费者权利运动，逐渐形成为一股国际性的潮流，它使各国在消费者保护方面的专门立法得以应运而生。1898 年，美国成立了世界上第一个全国性的消费者组织——全国消费者同盟，拉开了消费者为维护自身权益而进行有组织斗争的序幕。从世界范围来看，消费者权利运动在第二次世界大战后蓬勃兴起。”①世界各国开始建立和发展起本国的消费者权益保护制度，并逐步形成全球趋势，越来越多的国际组织也相继制定保护消费者权益的国际公约。例如，1980 年联合国《控制限制性商业行为的多边协议的公平原则和规则》；国际消费者联盟组织于 1983 年确定每年 3 月 15 日为“国际消费者权益日”；1985 年欧共体《使成员国产品责任法相互接近的指令》；1985 年联合国《保护消费者准则》及欧洲理事会《消费者保护宪章》等。世界经济的一体化使消费者权益保护更加体现出国际化趋势。

第二节 消费者的权利与经营者的义务

一、消费者的权利

根据新修订的《消费者权益保护法》，消费者的权利包括安全权、知情权、选择权、公平交易权、求偿权、结社权、获得知识权、受尊重权、监督权、后悔权及信息权。鉴于后悔权及信息权是新增权利，本书将专门论述，下面就前九项权利先进行介绍。

---

① 漆多俊：《经济法学》，武汉大学出版社，1998 年，第 221～222 页。

（一）安全权

安全权是消费者最基本的权利。新修订的《消费者权益保护法》第 7 条规定："消费者在购买、使用商品和接受服务时享有人身、财产安全不受损害的权利。消费者有权要求经营者提供的商品和服务，符合保障人身、财产安全的要求。"消费者的安全权包括消费者的人身安全权和财产安全权，其源于宪法和民法通则中关于人身权和财产权的保障，但又有其侧重。从主体上看，民事权利中人身权和财产权主体为自然人、法人、其他组织等民事主体，而消费者人身、财产安全权的主体则是特定的主体——消费者。从内容上看，人身权是与人身不可分离的非财产权利，包括人格权与身份权两大类，具体涉及生命健康权、姓名权、肖像权、名誉权、荣誉权、监护权、著作权中的署名权、发表权等。财产权是以财产利益为内容，直接体现财产利益的民事权利，具体包括物权、债权、继承权、知识产权中的财产权利等。消费者人身安全权主要是指消费者在购买、使用商品和接受服务时其生命和身体健康不受损害的权利，即享有生命不受危害、身体器官完整、器官机能健全的权利。消费者财产安全权是指消费者在购买、使用商品和接受服务时财产不受到损害的权利。消费者安全权的保障是消费者享有其他权利的基础。

（二）知情权

知情权即消费者有了解商品和服务的权利。新修订的《消费者权益保护法》第 8 条规定："消费者享有知悉其购买、使用的商品或者接受的服务的真实情况的权利。消费者有权根据商品或者服务的不同情况，要求经营者提供商品的价格、产地、生产者、用途、性能、规格、等级、主要成分、生产日期、有效期限、检验合格证明、使用方法说明书、售后服务，或者服务的内容、规格、费用等有关情况。"作为消费者的法定权利之一，在进行消费之前，消费者有权知悉与其消费有关的商品和服务的相关信息，有充分的了解才有正确的判断，才能进行辨别和选择。消费者所了解的信息应与其购买、使用的商品和接受的服务相关，涉及商品的产地、生产者等基本情况，商品的用途、性能、规格、等级、主要成分、生产日期、有效期限、检验合格证明、使用方法说明书等商品的状况，以及商品和服务的价格、售后服务、服务的内容、规格、费用等销售和售后情况。消费者知情权的行使要求经营者不仅要提供商品和服务的相关信息，而且要提供真实可靠的信息，但是消费者无权要求经营者提供其受法律保护的商业秘密。

（三）选择权

选择权是消费者可以根据自己的喜好和判断自由决定、自主选择所购买、使用的商品和接受的服务。新修订的《消费者权益保护法》第 9 条规定："消费者享有自主选择商品或者服务的权利。消费者有权自主选择提供商品或者服务的经营者，自主选择商品品种或者服务方式，自主决定购买或者不购买任何一种商品、接受或者不接受任何一项服务。消费者在自主选择商品或者服务时，有权进行比较、鉴别和挑选。”消费者的选择权范围非常宽泛，包括以下几个方面：①对交易对象的选择，即消费者有权自主选择提供商品或者服务的经营者；②对商品和服务的选择，即消费者有权自主选择商品品种或者服务方式；③比较、鉴别和挑选的权利，即消费者在选择商品和服务时，有权对不同的交易对象和商品、服务进行比较、鉴别并进行挑选；④作出决定的权利，即消费者有权自主决定购买或者不购买任何一种商品、接受或者不接受任何一项服务。消费者在行使选择权时，进行比较、鉴别和挑选以及作出决定的标准完全由自己掌握，以消费者的意愿为决定因素，但是消费者行使选择权也必须符合法律规定，尊重社会公德，不得滥用选择权。

(四)公平交易权

公平交易权是消费者有权获得公平交易条件的权利。新修订的《消费者权益保护法》第 10 条规定：“消费者享有公平交易的权利。消费者在购买商品或者接受服务时，有权获得质量保障、价格合理、计量正确等公平交易条件，有权拒绝经营者的强制交易行为。”公平交易权是加强消费者自身经济权益保障的重要权利。公平交易权体现为：①消费者有权获得质量保障，要求经营者提供的商品和服务的质量是符合法律规定或者合同约定的，不存在质量瑕疵；②商品和服务的价格合理，经营者对商品和服务的定价应当符合国家规定，进行合理定价，不得牟取暴利，损害消费者利益；③经营者对所提供的商品和服务应当计量正确，即保证计量器具的使用符合法律、法规的规定，量值准确可靠，以维护消费者的权益；④消费者有权拒绝经营者的强制交易行为。

(五)求偿权

求偿权即消费者有权依法获得赔偿。新修订的《消费者权益保护法》第 11 条规定：“消费者因购买、使用商品或者接受服务受到人身、财产损害的，享有依法获得赔偿的权利。”求偿权是一种救济性权利，是消费者实现其他权利的保障性权利。消费者在行使求偿权时应满足以下几个条件：①消费者求偿权存在于消费活动中；②行使求偿权的主体应为消费者；③消费者在消费活动中人身权利或财产权利受损害；④求偿权指向的对象应为经营者。消费者行使求偿权的途径可以是自力救济或社会救济，如与经营者协商和解、寻求消费者协会帮助、提请仲裁机构仲裁等；也可以是公立救济，如向有关行政机关申诉、向人民法院提起诉讼等。

(六)结社权

结社权即消费者有权成立维护其合法权益的社会团体。新修订的《消费者权益保护法》第 12 条规定：“消费者享有依法成立维护自身合法权益的社会团体的权利。”消费者的结社权可以从以下几个方面加以理解：①结社权主体是消费者。结社自由是公民的基本权利，消费者的结社权是宪法规定的公民结社自由在消费活动领域中的具体表现。消费者可以通过行使结社权组织社会团体。②行使结社权的目的是维护消费者自身的合法权益。消费者通过行使结社权形成消费者组织，一方面可以将消费者联合起来，通过消费知识的提供，进行自我教育，逐步提高自身素质，实现自我救济，改善消费者处于弱势地位的局面，另一方面可以对经营者进行必要的社会监督，以维护消费者的合法权益。③消费者结社权的内容主要是消费者依法成立社会团体，其结果是消费者建立起自己的维权组织。在我国，依法成立的消费者协会和其他消费者组织是对商品和服务进行社会监督、保护消费者合法权益的社会团体。④消费者应合法行使结社权。一是要求消费者成立社会团体时，应依法定程序设立；二是合法社会团体成立后，应在法律规定范围内进行社团活动。

（七）获得知识权

获得知识权即消费者有获得消费教育的权利。新修订的《消费者权益保护法》第 13 条规定：“消费者享有获得有关消费和消费者权益保护方面的知识的权利。消费者应当努力掌握所需商品或者服务的知识和使用技能，正确使用商品，提高自我保护意识。”消费者有权获得的知识包括两个方面：一是消费知识，即有关商品和服务的基本知识、消费市场和经营者的信息、消费者的消费心理和市场的消费状况等；二是消费者权益保护的知识，即我国有关消费者权益保护方面的法律法规、消费者权益保护组织的情况、消费者自身的权利、经营者承担的义务以及消费纠纷的解决方式等。消费者可以通过媒体、培训班、宣传活动等各种途径获得相关知识。

（八）受尊重权

受尊重权是消费者在消费活动中有权受到尊重。新修订的《消费者权益保护法》第 14 条规定：“消费者在购买、使用商品和接受服务时，享有其人格尊严、民族风俗习惯得到尊重的权利。享有个人信息依法得到保护的权利。”

消费者受尊重权的内容包括消费者的人格尊严受到尊重和消费者的民族风俗习惯受到尊重。人格尊严权作为一般人格权的内容之一，是指民事主体作为人应有的社会地位和社会价值受到他人尊重，具体表现为姓名权、肖像权、名誉权、荣誉权、隐私权等。作为消费领域的法定权利，消费者在消费活动中，其人格尊严应当得到尊重。另外，消费者民族风俗习惯得到尊重是消费者受尊重权的另一应有之义。在消费活动中，民族风俗习惯受到尊重，既是对消费者本身的尊重，也是对消费者的民族生活方式和道德观念的尊重，是对消费者的民族心理和民族感情的尊重，是各民族平等的体现，有利于民族团结和发展。

(九)监督权

监督权即消费者的监察督导权。新修订的《消费者权益保护法》第 15 条规定："消费者享有对商品和服务以及保护消费者权利工作进行监督的权利。消费者有权检举、控告侵害消费者权益的行为和国家机关及其工作人员在保护消费者权益工作中的违法失职行为，有权对保护消费者权益工作提出批评、建议。"消费者作为购买、使用商品和接受服务的主体，有权对经营者的经营活动进行监督，也有权对保护消费者的工作进行监督，具体的监督形式是检举、控告、批评、建议等，消费者监督的内容包括：①对商品和服务的监督，有权检举和控告侵害消费者权益的行为；②对国家机关及其工作人员工作的监督，有权检举和控告国家机关及其工作人员在保护消费者权益工作中的违法失职行为；③有权对保护消费者权益的工作提出批评和建议，督促有关工作更好地开展。

二、经营者的义务

(一)履行法定或约定义务

新修订的《消费者权益保护法》第 16 条规定："经营者向消费者提供商品或者服务，应当依照《中华人民共和国产品质量法》和其他有关法律、法规的规定履行义务。经营者和消费者有约定的，应当按照约定履行义务，但双方的约定不得违背法律、法规的规定。"经营者履行的义务包括法定义务和约定义务两种。在法定义务方面，国家相关法律，如《产品质量法》《消费者权益保护法》《反不正当竞争法》《食品卫生法》《药品管理法》等对经营者的义务作出了种种规定，经营者进行经营活动时必须遵守这些法律，履行相关法定义务。在约定义务方面，对在经营活动中可以与消费者达成不违背法律、法规的约定，以及对双方约定中所涉及的经营者义务，因属合同内容，经营者应当履行。

(二)听取意见和接受监督

新修订的《消费者权益保护法》第 17 条规定："经营者应当听取消费者对其提供的商品或者服务的意见，接受消费者的监督。"本条规定的是经营者听取意见和接受监督的义务，与消费者权利中的监督权相呼应，消费者有实施监督的权利，经营者就有接受监督的义务。对于消费者基于监督权而提出的种种意见和建议，经营者应当认真对待，及时答复反馈，"有则改之，无则加勉"，不断提高商品质量和服务品质，改善经营形象，使消费者的监督权落到实处。

(三)保证商品和服务安全

新修订的《消费者权益保护法》第 18 条规定："经营者应当保证其提供的商品或者服务符合保障人身、财产安全的要求。对可能危及人身、财产安全的商品和服务，应当向消费者作出真实的说明和明确的警示，并说明和标明正确使用商品或者接受服务的方法以及防止危害发生的方法。宾馆、商场、餐馆、银行、机场、车站、港口、影剧院等经营场所的经营者，应当对消费者尽到安全保障义务。”消费者人身和财产安全的保障源于经营者提供的商品和服务的安全性，保证商品和服务安全是经营者义不容辞的责任。

值得注意的是，新修订的《消费者权益保护法》明确召回缺陷商品的义务。新修订的《消费者权益保护法》第 19 条规定，经营者发现其提供的商品或者服务存在缺陷，有危及人身、财产安全危险的，应当立即向有关行政部门报告和告知消费者，并采取停止销售、警示、召回、无害化处理、销毁、停止生产或者服务等措施。采取召回措施的，经营者应当承担消费者因商品被召回支出的必要费用。

（四）提供真实信息

新修订的《消费者权益保护法》第 20 条规定：“经营者向消费者提供有关商品或者服务的质量、性能、用途、有效期限等信息，应当真实、全面，不得作虚假或者引人误解的宣传。经营者对消费者就其提供的商品或者服务的质量和使用方法等问题提出的询问，应当作出真实、明确的答复。经营者提供商品或者服务应当明码标价。”作为商品和服务的提供方，经营者是掌握商品和服务信息的一方，而消费者则缺乏相关信息，因而经营者向消费者提供商品和服务的真实信息，不但是经营者的义务，更是对消费者知情权的保障，当然也是经营者职业道德的体现。

值得注意的是，新修订的《消费者权益保护法》第 28 条规定，“采用网络、电视、电话、邮购等方式提供商品或者服务的经营者，以及提供证券、保险、银行等金融服务的经营者，应当向消费者提供经营地址、联系方式、商品或者服务的数量和质量、价款或者费用、履行期限和方式、安全注意事项和风险警示、售后服务、民事责任等信息”，确实保护了网络环境下消费者的知情权。

（五）标明真实名称和标记

新修订的《消费者权益保护法》第 21 条规定：“经营者应当标明其真实名称和标记。租赁他人柜台或者场地的经营者，应当标明其真实名称和标记。”经营者的名称和标记是区分不同经营者的重要记号，消费者可以通过这些记号明确自己的交易对象，要求经营者标明真实名称和标记可以保障消费者明白消费，以免给消费者以误导。同时，《消费者权益保护法》规定租赁他人柜台或者场地的经营者应当标明真实名称和标记，亦是出于同样目的。

（六）出具凭证和单据

新修订的《消费者权益保护法》第 22 条规定：“经营者提供商品或者服务，应当按照国家有关规定或者商业惯例向消费者出具发票等购货凭证或者服务单据；

消费者索要发票等购货凭证或者服务单据的，经营者必须出具。”购货凭证和服务单据是经营者向消费者出具的，记载经营者的名称、交易时间、所提供商品名称或服务项目、数量、价格等信息的各种书面凭证，如发票、保修单、购货证、服务卡等。一方面，购货凭证和服务单据是经营者和消费者之间进行交易的证据，可以证明双方存在合同关系，如果日后出现纠纷，这些证据有利于消费者维权。另一方面，购货凭证和服务单据往往是税务部门确定经营者税负额的凭证，可以防止经营者偷税漏税。

（七）保证品质

新修订的《消费者权益保护法》第 23 条规定：“经营者应当保证在正常使用商品或者接受服务的情况下其提供的商品或者服务应当具有的质量、性能、用途和有效期限；但消费者在购买该商品或者接受该服务前已经知道其存在瑕疵，且存在该瑕疵不违反法律强制性规定的除外。经营者以广告、产品说明、实物样品或者其他方式表明商品或者服务的质量状况的，应当保证其提供的商品或者服务的实际质量与表明的质量状况相符。经营者提供的机动车、计算机、电视机、电冰箱、空调器、洗衣机等耐用商品或者装饰装修等服务，消费者自接受商品或者服务之日起六个月内发现瑕疵，发生争议的，由经营者承担有关瑕疵的举证责任。”品质的保证是消费者进行交易的基本要求，经营者有义务保证其提供的商品和服务的品质符合法律规定或者与消费者的约定，具有相当的质量、性能、用途和有效期限。而且机动车、微型计算机、电视机、电冰箱等耐用商品或者装饰装修等服务，发生纠纷时实行责任倒置原则，由经营者承担相关举证责任。

（八）承担售后服务

新修订的《消费者权益保护法》第 24 条规定：“经营者提供的商品或者服务不符合质量要求的，消费者可以依照国家规定、当事人约定退货，或者要求经营者履行更换、修理等义务。没有国家规定和当事人约定的，消费者可以自收到商品之日起七日内退货；七日后符合法定解除合同条件的，消费者可以及时退货，不符合法定解除合同条件的，可以要求经营者履行更换、修理等义务。依照前款规定进行退货、更换、修理的，经营者应当承担运输等必要费用。”包修、包换、包退即常说的“三包”，经营者应当按照国家规定或与消费者的约定承担法定的“三包”责任和约定的“三包”责任，以及其他责任。1995 年 8 月 25 日，国家经济贸易委员会、国家技术监督局、国家工商总局、财政部联合印发《部分商品修理、更换、退货责任规定》，其中所称的“部分商品”是指《实施三包的部分商品目录》中所列产品，列入目录的产品实行谁经销谁负责“三包”的原则，这部分商品经营者应承担法定“三包”责任。经营者也可以与消费者约定“三包”责任，但是《实施三包的部分商品目录》中规定的指标是履行“三包”规定的最基本要求，经营者不得以任何形式约定低于法定的“三包”基本要求的标准，即使约定也属无效。

(九)不得从事不公平、不合理交易

新修订的《消费者权益保护法》第 26 条规定：“经营者在经营活动中使用格式条款的，应当以显著方式提请消费者注意商品或者服务的数量和质量、价款或者费用、履行期限和方式、安全注意事项和风险警示、售后服务、民事责任等与消费者有重大利害关系的内容，并按照消费者的要求予以说明。经营者不得以格式条款、通知、声明、店堂告示等方式，作出排除或者限制消费者权利、减轻或者免除经营者责任、加重消费者责任等对消费者不公平、不合理的规定，不得利用格式条款并借助技术手段强制交易。格式条款、通知、声明、店堂告示等含有前款所列内容的，其内容无效。”

经营者出具的格式合同、通知、声明、店堂告示等往往是经营者单方拟就，多体现经营者利益，减轻或免除其责任承担，同时又限制消费者权利，将不平等的消费内容强加给消费者，而消费者又很难更改其内容，容易造成经营者和消费者双方的不平等，形成不公平、不合理交易。因而，经营者不得以格式合同、通知、声明、店堂告示等方式从事不公平、不合理的交易，否则相关内容无效。

(十)尊重消费者

新修订的《消费者权益保护法》第 27 条规定：“经营者不得对消费者进行侮辱、诽谤，不得搜查消费者的身体及其携带的物品，不得侵犯消费者的人身自由。”消费者的人格尊严、人身自由不得受侵犯，这是对消费者人身权的保障。尊重消费者要求经营者首先不得对消费者进行侮辱、诽谤，这也是实现消费者受尊重权的需要。其次，经营者不得搜查消费者的身体及其携带的物品。搜查是法定的权利，只有有搜查权的主体才能依法进行搜查行为，经营者不是法定的搜查主体，当然无权对消费者进行搜查。最后，经营者不得侵犯消费者的人身自由。人身自由是消费者身体不受非法侵害和限制的自由，是消费者进行交易活动和享受其他权利的前提，经营者应当尊重消费者的人身自由权。

第三节 消费者后悔权研究

一、消费者后悔权概述

所谓消费者后悔权，又被称为撤回权、撤销权、取消权等，通常是指消费者在购买商品后的一段时间内，可以把商品无条件地退回给经营者而不需要说明任何理由，并且不需要承担任何费用。消费者后悔权制度在美国又被称为“冷静期制度”或“冷却期制度”。消费者后悔权实质上属于形成权中的一种，是一种法定的实体权[1]。至于消费者后悔权属于何种形成权，学界尚存在争议，一种观点认为，消费者后悔权是一种合同撤销权；还有一种观点认为，消费者后悔权是一种合同解除权，笔者比较赞同后一种观点。

消费者后悔权是消费者单方享有的一种权利，由于在通常情况下，消费者和经营者之间信息不对称，消费者购买商品可能是源自于商家的诱导行为，因此消费者后悔权制度的建立是为了体现对作为弱势群体的消费者的保护，进而最大限度地实现实质上的公平正义。另外，消费者后悔权明显不同于"三包"制度，"三包"制度的适用是有条件的，通常只有在商品非因用户使用、保管不当，而因产品质量问题发生故障时，才能适用。而消费者后悔权的适用通常是无条件的，即使商品完好无损，只要消费者在购买商品后一定期限内，后悔这次消费行为或者发现自己对这件商品并不是那么喜欢等，总之不管什么原因，都可以退货。同样，消费者后悔权也不同于合同撤销权，根据《合同法》的规定，合同撤销权的行使通常受到严格的条件限制，当事人只能因显失公平、恶意欺诈或者胁迫、重大误解才可以单方面撤销合同，并且当事人负有举证责任。可见，合同撤销权的行使也是有一定条件的。所以，笔者更倾向于认为消费者后悔权是一种消费者无条件的合同解除权，而非合同撤销权。

二、消费者后悔权制度建立的理论依据

消费者后悔权制度的建立是《消费者权益保护法》立法宗旨和价值取向的必然要求。从理论角度来说，消费者后悔权制度的建立是基于一定的理性思考，有其一定的理论依据的。

首先，从公平原则的角度来说，建立消费者后悔权制度是消费者权益保护法对处于弱势地位的消费者倾斜保护的必然结果。公平原则作为民法的基本原则，在市场交易中则表现为公平交易原则，具体要求交易双方地位平等、契约自由、信息对称、诚实信用等。然而，消费者在与经营者进行交易时，实际上是处于不平等地位的，经营者对其所经营的产品或服务具有深厚的专业知识，而消费者作为一般人员，一般对相关信息知之甚少，因此经营者与消费者占有的信息不对称，相比之下，消费者明显处于弱势地位。可见，经营者与消费者之间的买卖合同通常是建立在这种不平等地位和不对称信息的基础之上的，此时已经很难保证真正的契约自由了。而且多数商家基本上都会为了推销自己的产品或服务而作出过度宣传、甚至虚假宣传，以欺骗和诱导消费者购买其商品或服务，消费者有时虽意思表示真实自由，但在本质上确是违背其真实意思的，这对于消费者来说是不公平的。而且从表面上看，这种行为符合契约自由，实际上却违背了契约自由

① 顾芳芳：《论消费者后悔权》，《青海社会科学》，2010年第3期，第189页。

原则的精神实质，其结果只体现了形式正义，而并非真正的实质正义。

《消费者权益保护法》的立法宗旨在于保护消费者的合法权益、维护市场经济秩序，要实现这一立法宗旨，必然要以追求实质正义为目标，因此在信息不对称的情形下，为保证经营者与处于相对弱势地位的消费者之间建立的契约，是真正地符合契约自由原则并体现实质公平与正义的，那么法律必然要倾斜保护相对弱势地位的消费者。消费者后悔权制度是基于对特定弱势群体即消费者的倾斜保护的立法宗旨和理念而建立的，也是这一立法宗旨和理念所产生的必然结果。

其次，根据消费者主权理论，建立消费者后悔权制度是实现消费者与经营者双赢的重要途径。所谓消费者主权理论，又称顾客主导型经济模式，与生产者主权或企业主导型运作模式相对，是诠释市场上消费者和生产者关系的一个概念，其含义是指消费者根据自己的意愿和偏好到市场上选购所需的商品，这样就把消费者的意愿和偏好通过市场传达给生产者，于是所有生产者听从消费者的意见安排生产，提供消费者所需的商品。消费者主权理论最早出现在西方经济学之父亚当·斯密的《国富论》一书中，最终由哈耶克系统提出。该理论认为，消费者的偏好和意愿可以决定生产者生产什么、生产多少。生产者、市场和消费者三者间的关系是：消费者借助于消费品市场上生产者之间的竞争行使主权，向生产者“发布命令”。也就是说，生产经营活动的决策要以消费者的需求及其变化为依据[①]。

因此，根据消费者主权理论，建立消费者后悔权制度，可以促进消费者、生产者以及经营者之间信息反馈机制的顺利建立，更好地体现消费者在主导市场经济模式、影响生产经营活动中的积极作用。具体来说，如果很多消费者都不愿购买某种商品或服务，或者购买后都去退货，则说明该商品或服务缺乏市场需求，或者该商品或服务本身有问题、质量不高等；但如果消费者很乐意购买某种商品或服务，在购买之后也几乎没人去退货，则说明该商品有市场需求，或者该商品或服务本身质量非常好等。消费者后悔权制度为这一完整的信息反馈机制的建立发挥了桥梁性的链接作用。从表面上和短期来看，消费者享有后悔权，会对生产者、经营者很不利；但从根本上和长远来看，消费者的意愿和偏好通过这一机制反馈给生产者、经营者，恰恰能够促进生产者、经营者反思，激励其提高产品质量，调整经营决策，以满足消费者的需求。如此一来，生产者、经营者不仅可以获得长远利益，同时还能造福于消费者，实现二者的双赢。

我国新修订的《消费者权益保护法》第25条规定：“经营者采用网络、电视、电话、邮购等方式销售商品，消费者有权自收到商品之日起七日内退货，且无需说明理由，但下列商品除外：(一)消费者定作的；(二)鲜活易腐的；(三)在线下载或者消费者拆封的音像制品、计算机软件等数字化商品；(四)交付的报纸、期

① 彭梓玲：《建立消费者后悔权制度的理论分析》，《中国工商管理研究》，2013年第6期，第54页。

刊。除前款所列商品外，其他根据商品性质并经消费者在购买时确认不宜退货的商品，不适用无理由退货。消费者退货的商品应当完好。经营者应当自收到退回商品之日起七日内返还消费者支付的商品价款。退回商品的运费由消费者承担；经营者和消费者另有约定的，按照约定。”这是备受社会各界关注的消费者“后悔权”制度的建立。

从立法历程来看，我国首次赋予消费者“后悔权”是在2013年4月24日进行审议的《消费者权益保护法修正案(草案)》，该草案第9条规定，增加一条，作为第28条：“经营者采用网络、电视、电话、邮购等方式销售商品，消费者有权自收到商品之日起七日内退货，但根据商品性质不宜退货的除外。经营者应当自收到退回货物之日起七日内返还消费者支付的价款。”即消费者有权自收到商品之日起七日内退货。而且该草案中指出，消费者后悔权只适用于采用网络、电视、电话、邮购等方式销售商品的情形。这一规定受到了舆论各界的普遍关注与肯定，但与此同时，也由于我国网购环境尚不成熟、消费者素质不高等原因出现了一系列后悔权制度被消费者滥用的现象。例如，书一两天读完后，就利用“七日内无理由退货”的规则反复退换；结婚要用红色手包，婚礼一用完就来退货；退回来的衣服明显穿过，不予退货便以“给差评”威胁等[①]。于是，2013年8月26日进行二次审议的《消费者权益保护法修正案(草案)》在一审稿的基础上又进一步细化和完善了消费者“后悔权”制度，明确规定了几类不适用无理由退货的商品，具体包括：消费者定做的；鲜活易腐；消费者拆封的音像制品、计算机软件；交付的报纸、期刊以及其他根据商品性质不宜退货的。同时明确退货运费由消费者承担。

三、国外消费者后悔权制度立法

目前欧美等先进国家早已确立了消费者后悔权制度，并逐渐趋于完善。冷静期制度最早起源于美国，美国联邦贸易委员会制定的《冷静期规定》，给了消费者三天的“冷静期”。美国《消费信贷保护法》规定，如果求售和销售发生在消费者住宅内，消费者可以在72小时内撤销交易，消费者不需要说出改变主意的任何理由。英国《消费信贷保护法案》规定，合同签订后7天之内放贷人必须在第二份合同副本里通知消费者他有撤销权，收到第二份合同副本5天内消费者可以用书面形式撤回合同，信贷合同因而被撤销。瑞典《远距离合同法》规定，在网上购物、电视购物等远距离购物过程中，消费者享有14天的后悔权，在这期间，消费者可以任意换货或退款，并且商家必须在30天内执行完退款。德国在《门到门买卖

① 崔清新：《消费者“后悔权”能否任意用——规范“后悔权”等消法五大修改引关注》，《新华每日电讯》，2013年8月27日，第6版。

撤销条例》中规定，对于上门推销的交易，消费者享有撤销权，以抵制直接市场的风险。日本1968年制定的《消费者保护基本法》规定，在日本购买的正常商品基本都能实现“无理由退货”。

从这些国家的立法情况来看，目前消费者后悔权的适用范围，按不同的交易类型分主要有：①上门推销的交易；②远程交易，如网购、邮购、电视购物、电话购物等；③消费者信贷交易，主要是购房、购车等交易额较大、涉及信贷的交易。至于具体适用条件、最长的反悔期限等，则因各国具体规定以及交易类型的不同而有所不同。总之，国外许多国家已经形成比较成熟的消费者后悔权制度，对于消费者后悔权的适用范围、使用条件、适用期限等都有比较具体的规定。

第四节　消费者信息权研究

一、消费者信息权概述

（一）消费者信息权的概念

广义上的个人信息，是指专属于个人，与个人人身、财产或尊严等相关的有价值的信息。具体来说，其包括个人的姓名、性别、年龄、血型、健康状况、身高、人种、声音、地址、头衔、职业、学位、生日、特征等各类可以直接或间接识别个人的信息。这一定义所包含的个人信息是涵盖了能帮助确认个人身份的相关的生理的、心理的、个体的、社会的、经济的、文化的、家庭的各个方面的内容。

然而，并不是所有上述广义上的个人信息都会受到法律保护，个人信息的法律概念主要限定在所有可识别特定个人的信息。受法律保护的个人信息，是指自然人的姓名、出生年月日、身份证号码、户籍、遗传特征、指纹、婚姻、家庭、教育、职业、健康、病历、财务情况、社会活动及其他可以识别该个人的信息①。并且，法律还对不同的个人信息进行不同程度的保护。根据这些个人信息与个人密切程度的不同，个人信息可以分为敏感个人信息和一般个人信息。敏感个人信息主要涉及个人隐私的信息，具有较强的隐秘性，通常是本人所不愿意公开的或者公开会给本人造成损害的个人信息，法律对敏感个人信息给予特殊的保护，采取特殊的保护措施。而一般个人信息是指不具有隐秘性，但具有识别性，一旦泄漏或被非法利用会给本人的生活安宁或财产利益造成损害的个人信息。

消费者个人信息权并不是一个法律概念，而是从学理角度提出的一种概念。

---

① 齐爱民：《中华人民共和国个人信息保护法示范法草案学者建议稿》，《河北法学》，2005年第6期，第1～5页。

我国《消费者权益保护法》将消费者定义为"为生活消费需要购买、使用商品或者接受服务的自然人"，因此消费者个人信息权是指为个人生活消费需要购买、使用商品和接受服务的自然人所享有的对其与公共利益无关的个人信息自由支配的权利。消费者的个人信息也应包括消费者的姓名、性别、职业、学历、联系方式(家庭地址、电话、e-mail)、婚姻状况、收入和财产状况、指纹、血型、病史等可以识别消费者个人的所有信息。

（二）消费者信息权的性质

我国现行立法并未明确个人信息的法律属性，并没有从整体上涉及是否承认个人信息权的权利属性。而在我国学术界，关于个人信息的性质，也一直存在争议，主要有认为个人信息是财产权①和人格权②两种说法。这是由于个人信息确实具有财产的因素，蕴含着一定的商业价值，其本身也可以作为财产加以利用，尤其是在网络环境下的消费者信息，其财产价值更为突出。但是本书观点认为，个人信息权直接体现的利益是人格利益，个人信息权虽然具有财产权的特征，但并不能掩盖其作为人格权的基本属性。消费者的个人信息是具有可识别性的，都是可以直接或间接地表明个人身份的个人信息，体现了人格特征。法律保护消费者个人信息权，虽然是以限制收集利用和禁止披露个人信息为表现形式，但其根源在于对消费者个人控制其个人信息的充分尊重。因此，消费者个人信息权的基础是个人自主决定其事务的权利。消费者是否同意经营者收集、利用或采取何种方式利用其个人信息，了解收集这些信息的用途、所收集的信息是否客观全面，消费者是否同意经营者对信息是否有自我利用或允许其他经营者利用，都是这种决定权的具体表现。因此，消费者信息权是一种体现一定财产利益的人格权。

二、消费者信息权的内容

我国新修订的《消费者权益保护法》第 29 条规定："经营者收集、使用消费者个人信息，应当遵循合法、正当、必要的原则，明示收集、使用信息的目的、方式和范围，并经消费者同意。经营者收集、使用消费者个人信息，应当公开其收集、使用规则，不得违反法律、法规的规定和双方的约定收集、使用信息。经营者及其工作人员对收集的消费者个人信息必须严格保密，不得泄露、出售或者非法向他人提供。经营者应当采取技术措施和其他必要措施，确保信息安全，防止消费者个人信息泄露、丢失。在发生或者可能发生信息泄露、丢失的情况时，应当立即采取补救措施。经营者未经消费者同意或者请求，或者消费者明确表示拒绝的，不得向其发送商业性信息。"可见，消费者个人信息权的内容应当包括以下

① 刘德良：《论个人信息的财产权保护》，《法学研究》，2007 年第 3 期，第 68～75 页。

② 王利明：《论个人信息权在人格权法中的地位》，《苏州大学学报》，2012 年第 6 期，第 80～91 页。

四个主要方面：

第一，消费者在购买、使用商品和接受服务时，享有姓名权、肖像权、隐私权等个人信息得到保护的权利。

第二，经营者收集、使用消费者个人信息，必须遵循合法、正当、必要的原则，明示收集、使用信息的目的、方式和范围，并且经过被收集者的同意，不得违反法律、法规的规定和双方的约定收集、使用信息，同时做到规则公开。

第三，经营者及其工作人员对收集的消费者个人信息必须严格保密，不得泄露、篡改、毁损，不得出售或者非法向他人提供，并且应当采取技术措施和其他必要措施，确保信息安全，防止消费者受到损害。

第四，经营者向消费者发送商业性信息，必须经过消费者的同意或者请求，未经同意或者请求，或者明确表示拒绝的，不得向其固定电话、移动电话或者个人电子信箱发送商业性电子信息。

具体来说，消费者信息权包括以下几项权能：

(1)信息决定权：是指消费者有权自主决定个人信息是否被收集与处理。

(2)信息保密权：是指消费者有请求经营者保持其个人信息秘密性的权利。

(3)信息查询权：是指消费者有请求经营者告知对其个人信息进行收集处理的相关情况的权利。信息查询权是消费者信息权得以实现的关键，消费者要实现对信息的支配和控制，必须首先了解哪些个人信息被收集，这些信息又是如何被处理和利用的。

(4)信息更正权：是指消费者在发现其个人信息错误、不完整或者过时，可以请求经营者更正和补充的权利。

(5)信息封锁权：经营者未经消费者同意或者请求，或者消费者明确表示拒绝的，不得向其发送商业性电子信息。

(6)信息删除权：又称信息决断权，是指在法定或者约定的事由出现时，消费者有请求经营者以一定方式暂时停止信息处理或彻底删除信息的权利。

(7)报酬请求权：是指消费者在因其个人信息被收集、处理与利用的情况下而有向经营者请求支付相应对价的权利。

值得注意的是，2013 年 4 月 28 日第十二届全国人大常委会第二次会议初次审议了《消费者权益保护法修正案(草案)》，曾从四个方面对信息权作了规定：第一，消费者在购买、使用商品和接受服务时，享有姓名权、肖像权、隐私权等个人信息得到保护的权利。第二，经营者收集、使用消费者个人信息，应当遵循合法、正当、必要的原则，明示收集、使用信息的目的、方式和范围，并经被收集者同意。第三，经营者及其工作人员对收集的消费者个人信息必须严格保密，并应当采取技术措施和其他必要措施，确保信息安全。第四，经营者未经消费者同意或者请求，或者消费者明确表示拒绝的，不得向其发送商业性电子信息(详见

《消费者权益保护法修正案(草案)》第2条、第10条)。对信息权的具体外延进行了列举，包括姓名权、肖像权、隐私权等。但在最新修订时并未列举，而是采用概括的方式，为司法实务留有很大的自由裁量权。

三、消费者信息权法律保护的原则

1. 目的明确原则

经营者收集消费者个人信息，应当遵循合法、正当、必要的原则。个人信息在收集时必须有明确的特定目的，禁止超出目的范围收集、处理和利用个人信息。"特定目的"对经营者来说就是在符合法律法规的规定下，根据业务的需要处理和利用个人信息所具有的正当目的。此外，为了最大限度地保护消费者信息权，经营者在采集个人信息时应尽量减少次数、缩小范围。

2. 知情同意原则

经营者收集、使用消费者个人信息，应当明示收集、使用信息的目的、方式和范围，并经消费者明确同意，不得违反法律、法规的规定和双方的约定收集、使用消费者个人信息。个人信息原则上应该直接向本人收集。只有个人信息所有者本人才有权决定是否提供其个人信息。

3. 限制利用原则

限制利用原则是指个人信息在利用时应该严格限定在收集的目的范围内，不应作收集目的之外使用。经营者个人信息在采集时，以此来最大限度地保护当事人的权益。

4. 完整正确原则

完整正确原则是指经营者及其工作人员在收集、处理和利用个人信息时，应该遵从其特定目的，在特定目的范围内必须保持完整、正确、及时更新。

5. 安全保护原则

安全保护原则是指消费者的个人信息应该处于安全的保护中，避免可能发生的消费者个人信息的泄漏、意外灭失和不当使用。经营者及其工作人员对收集的消费者个人信息必须严格保密，并应当采取技术措施和其他必要措施，确保信息安全。

四、国外消费者信息权相关立法

(一)美国

美国对个人信息的法律保护采取分散立法而不制定统一的个人信息保护法的模式，将个人信息作为隐私的一项重要内容，强调个人信息的私人性质，因此美国法所界定的个人信息范围较广泛，不排除纯私人的信息。这种分离的立法模式，针对公共部门和非公共部门的个人信息处理适用不同的个人信息保护的法律规则、准则，而不制定统一的个人信息保护法律。

美国的隐私权保护注重于限制政府权力的滥用，而不太关注来自私人组织的干涉，因此美国在1974年制定了联邦《隐私法》，该法就是仅针对联邦行政机构的行为而制定的，规范了政府机构对个人信息的收集、使用、传输和处理，同时，还针对电信、儿童在线行为等相继制定了专门性规定，该法以隐私权保护为基础，通过隐私权对个人信息加以保护。对于此法律未涉及的非公共部门、行业，其认为由于各行业存在不同的特点，故很难运用综合立法加以普遍性规范，因此主要以行业自律的模式加以规范。

在消费者信息权保护方面，美国立法的态度是以促进信息的自由流通而创造更大的经济利益为原则，并不向保护消费者信息权倾斜，规定了所有的隐私权保护均建立在消费者切实履行了排除义务的前提下，即除非消费者明确要求排除经营者对其个人信息的使用，否则经营者使用其个人信息的行为并不触犯隐私权保护的法律规范。因此，经营者可以通过商业文字来迷惑消费者，利用法律制度上的缺陷实现其不当使用消费者个人信息的目的。

(二)欧盟

与美国不同，欧盟对于个人信息采取了总括性立法保护的模式，即以一系列统一法律对公共部门和非公共部门的个人信息处理活动进行规范，在消费者个人信息保护方面，欧盟立法强调国家在保护消费者个人信息中的作用，针对政府部门和非政府部门制定有统一且较为严格的法律规范。

欧盟的个人信息保护法源自于人权文献和宪章，因此欧盟的个人信息保护法根植于个人对个人信息的控制权和自主权(当事人过问处理其个人信息的权利)，它是法律尊重公民的人格权和财产权的重要体现，其对于个人信息范围的界定较之美国略为狭窄，局限于纯粹的个人私生活方面的信息、宗教、政治及哲学信仰被排除在外，对个人信息的保护更多地考虑了人格尊严。

个人信息保护权获得了欧盟层面的人权文献、宪章以及各成员国宪法的认同。《欧盟数据保护法》是当今世界上第一个给个人数据提供全面和综合保护的法律制度，其个人数据保护法律主要由指令、决定、决议等构成，涵盖了公共和私营部门对所有类型个人数据的处理行为，它们共同构筑了有效的数据保护框架。欧盟各成员国通过国内立法的形式转化欧盟发布的指令，企业和个人都应该遵守各自成员国法律，从而实现法律的适用。欧盟个人信息保护法的主体内容主要由三个指令构成，即1995年个人数据保护一般指令(简称95指令)、2002年隐私和电子通信保护指令、2006年数据存留指令。95指令是欧盟个人数据保护史上的里程碑。它的基本宗旨在于，在确保有效地保护当事人关于个人数据的基本权利的同时，实现数据在欧盟范围内的自由流动，从而增进欧盟内部统一市场的形成和发展，该原则目前依然有效。在对待数据的跨境流动方面，欧盟数据保护法规定，个人数据不得流通至欧盟外国家，但该国“充分和完备的数据保护”或具备其他条件的除外。数据保护机构包括欧盟委员会、欧盟理事会、欧洲议会、29条工作委员会、欧盟数据保护署、数据保护专员等。各成员国都建立了独立的全国性的数据保护机构。通过实践中的执行和运作，欧盟法律体系旨在平衡个人数据权利的充分保护与数据在欧盟乃至世界范围内的自由流动之间的紧张关系。

欧盟将个人信息控制权视为消费者的一项基本权利，经营者在交易过程中有告知义务，需要将其收集和使用消费者个人信息的初始意图告知消费者，消费者在此基础上选择是否将个人信息交由经营者使用，从而真正对其个人信息实施控制权。

值得注意的是面向大数据和云计算的个人信息保护法律发展趋势，欧盟委员会目前正在致力于构建新的法律框架以更好地面对和回应信息技术的发展和全球化进程所带来的新挑战。

1. 欧盟个人信息保护法律改革的原因

虽然95指令为欧盟成员国立法保护个人数据设立了最低的标准，但是由于它们之间具体实施该指令的方式和执法的不同，因此个人数据在不同的成员国享有不同的保护水平。欧盟成员国之间不够协调一致的规则已经严重影响到数据保护的实际效果和数据在欧盟内的流动和转移。此外，95指令是在互联网还处于早期阶段时制定的，它的有关规则也需要与时俱进。快速的技术发展和全球化给个人数据的保护带来了新的挑战。随着社交网站、云计算、基于地理位置的应用服务以及各种智能的移动终端的出现和推广，现代人的每一个举动都会留下数字痕迹。近几年以来，新的通信方式(如在线的社交)已经极大地改变了自然人分享个人信息的方式和行为，而云计算的出现则意味着更多的数据将会存储在远方的服务器而不是个人当地的电脑。在欧盟，每天有2.5亿人使用互联网，此过程中会产生大量的个人数据。在这个快速变化的环境里，自然人已经很难对自己的数据保持有效的控制。面对全新的数据世界，欧盟委员会认为需要一系列新的规则。而针对数据保护进行的一系列法律改革将会确保欧盟规则具有前瞻性并更加适应数字时代。

在欧盟，个人数据权属于人权，是一项基本权利，欧盟基本权利宪章规定人人都有权保护生活中各方面的个人数据。只要是与个人有关联的信息都属于个人数据，不管它涉及的是私人的、职业的抑或公共的生活。数字时代，个人数据的表现形式更加多样化，它可能是一个名字、照片、e-mail地址、银行账号、社交网站的账户、医疗信息或者计算机IP地址甚至浏览网页的记录。欧盟数据保护规则适用于对可以直接或者间接识别个人的个人数据的保护。74％的欧盟人认为个人数据的披露越来越成为现代生活的一部分，但同时72％的网络用户对他们所产生的过多个人数据感到担忧，他们感觉不能完全控制这些数据。这些担忧妨害了用户对互联网本身及其应用服务的信任，并阻碍了数字经济的发展。

2. 欧盟个人信息保护法律改革的主要措施

2012年1月25日，欧盟议会和欧盟理事会批准公布关于个人数据处理以及数据自由流动的条例的提案，又称一般数据保护条例。该条例旨在对1995年一般数据保护指令的全面修改和替代，是对于一般性的数据处理行为进行规制的数据保护领域的基本法律。因为采用条例的立法形式，因此该条例直接适用于所有成员国，不需要转化为成员国法律，提高了法律适用的一致性和数据保护在欧盟范围内的连贯性。

欧盟的数据保护法律改革需要重构新的数据保护法律框架，拟议的新法律框架主要包含两项立法建议：一项是关于规定欧洲议会和欧盟理事会保护个人数据处理和数据自由流动的提案(一般数据保护条例)；另一项是关于欧洲议会和欧盟理事会，针对主管当局为预防、调查、侦查和起诉刑事犯罪或执行刑事处罚的目的而进行的个人数据处理进行保护以及强化该数据的自由流动的指令的提案。

欧盟委员会提议更新以95指令为核心的欧盟数据保护规则。这些规则主要集中于：强化个人数据权利；加强欧盟内部市场；确保各领域高水平的数据保护，包括警察和刑事司法合作；确保数据保护规则得到恰当的执行；推广数据保护的全球标准。

一般数据保护条例将会成为未来欧盟个人数据保护法的核心和主要规则，它是有关个人数据处理和个人数据自由流动的一般性的保护规则，除了法定的例外情况，具有普遍的适用性。较之于以前的数据保护规定，该条例的主要变化在于以下方面：①欧盟规则适用于非设立在欧盟的公司，只要它们在欧盟提供商品或者服务，或者监控公民的网络行为。②当数据处理要求当事人同意时，必须由当事人明确地给出，而不能由数据控制者推定。③处理个人数据的原则，在95/46/EC指令(个人数据保护一般指令)第6条的规定的基础上，增加了透明度原则和数据说明的最小化原则，设立了控制者综合性的权利义务。④规定了“数据主体同意”有效的法律条件。⑤被遗忘权(right to be forgotten)会帮助人们更好地控制网络上个人数据保护的风险。该权利用以保护自然人，而不是擦除过去的事实或者限制出版自由。⑥更容易访问个人数据，确保自由 、便捷地访问个人数据，使数据主体更容易知道和获取私人公司和公共机构所持有的个人数据。⑦携带个人数据的权利，将更容易实现从一个服务提供者向另一个服务提供者的个人数据的转移，这就是所谓的“数据可携带性”原则。⑧关于数据处理的信息要更加公开透明、易于理解，特别是针对儿童的数据的处理行为，当数据被处理时，新的规则将会确保数据主体收到明确的和可以理解的信息。⑨如果数据被错误或者非法地破坏、丢失、改变，或者被未授权人员访问或者披露，私人公司和公共组织必须在24小时内无延迟地向数据保护主管机构通知严重的数据违反行为，并向数据主体发出通信通知。⑩建立欧盟范围内有效的、统一的个人数据保护规则。⑪数据处理者将仅仅需要与一个全国性的数据保护机构打交道——跨国企业数据处理行为的“一站式”监管。⑫强化个人数据处理行为的责任，加强对违法处理数据行为的行政和司法救济。⑬通过数据保护风险评估、数据保护专员、行为和认证规范以及“设计保护”和“默认保护”规则等来增加数据处理行为的当责性和保护强度，这意味着数据保护的方式将会建立在产品或者服务的生产初期阶段，社交网站也会默认进行隐私保护设置。⑭免除不必要的行政负担，如公司处理个人数据的通知要求就被免除。⑮加强全国性数据保护机构职权，使得它们在成员国能更好地执行欧盟规则。

3. 欧盟个人信息保护改革的影响

(1)改革对个人的影响：加强数据主体对自身数据的控制和保护。当个人数据被处理时，新的规则将会确保数据主体收到明确的和可以理解的有关通知信息，提高数据主体的保护意识和对数据处理的理解程度。无论何时需要数据主体作出同意的决定，它必须是以明确的方式进行。此外，欧盟委员会也强化了当事人的被遗忘权，这意味着如果数据主体不需要其信息被处理，同时私人公司也没有合法的理由来保留它们时，数据将会被删除。欧盟委员会同时也想确保自由、便捷地访问个人数据，使数据主体更容易知道公司和公共机构持有的个人信息，这使他们更容易在不同服务提供者之间转移个人数据。新的规则的变化会让数据主体对个人数据有更多的控制和保护，无论它们所储存和处理的地点在哪里。自然人将会对网络生活的安全性更加有信心，并充分利用新技术的优势，以便在线购物和分享信息。这种强化的信任会帮助商业发展，欧盟范围内的消费者可以享受更低的价格和更好的服务。同时，改革还有利于刺激内部市场，促进发展，增加就业和推动新技术革新。总之，新规则的适用会在实践中强化当事人权利，并提高自然人对这些权利本身以及如何有效利用它们的认识。

(2)改革对企业的影响：降低企业的运营成本。以一个总店在法国的连锁商店为例，假如该店在其他的欧盟国家有 14 个分店，每个店都要收集与客户相关的数据并传输给法国的总店予以进一步处理。根据当下的规则，法国的数据保护机构负责执法予以监管。但是各个分店同时也要被要求符合它们所在的国家的数据处理规则——这些规则可能与总店所在的法国的规则不同。该例说明跨国的企业必须对不同国家的数据保护规则以及数据主管机构所发布的指南和决定予以遵守和关注。而新的提案将会对跨国企业数据处理行为实行“一站式”监管，即跨国企业将会只与其母公司所在国的数据保护主管机构打交道，从而大大降低企业开展业务的成本。新规则下欧盟范围内统一的法律规则的应用也会给企业打造公平、和谐的商业运行环境，打破成员国之间内部的障碍和不必要的掣肘，预估这方面将会给欧洲商业每年节省 23 亿欧元。此外，通过免除不必要的行政负担，欧洲企业也节约了大量的成本，如私人公司处理个人数据的通知要求就被免除；一个强大的、简单的、明确的数据保护框架将会鼓励公司从单一的数字市场中获取更多利益，促进经济增长、科技创新以及增加就业。这对于中小企业特别有帮助。新的制度同时为欧盟公司参与全球竞争提供了优势，因为依赖强大的规则，它们可以给予客户充分的保证：有价值的个人数据将会被勤勉负责地对待。对于公司提供云服务——远程存储和处理计算机服务器上的数据时，对欧盟统一制度的信赖将会成为客户选择欧盟公司的关键吸引点。

(3)改革对内部市场的影响：促进内部统一市场的形成。目前，欧盟 28 个成员国内的数据保护规则是分散的、不一致的。公司可能会面临处理 28 种不同的数据保护规则的尴尬境地。这样的结果是增进了法律环境的不确定性，并且对个人数据的保护也是不公平的，同时也会给商业带来不确定的成本和显著的行政负担。这一复杂的状况对于企业在欧盟范围内拓展运行是不利的，设置了经济发展的障碍。欧盟委员会提议新的规则删除内部市场的障碍，这会在欧盟范围内创造数据保护的公平运行标准。欧盟委员会将会在欧盟层面促成数据保护规则的协调，增进单一的法律在整个欧盟的应用。国家数据保护机构将会在具有欧盟影响层面的事务进行合作，这会确保所有欧盟人相信他们的权利受到了很好的保护，不论他们生活在哪个具体国家。这些都有利于欧盟内部统一市场的形成。

第五节　消费纠纷的解决途径与法律责任

一、消费纠纷的解决

(一)消费纠纷的解决途径

消费纠纷是指在消费领域中消费者与经营者之间因权利义务关系产生的争议，又叫消费争议或消费者权益争议。消费者和经营者发生消费者权益争议的，可以通过下列途径解决。

1. 与经营者协商和解

协商和解是消费者与经营者在自愿平等的基础上，就发生的争议进行协商，双方相互妥协和让步，从而达成和解协议，以解决纠纷的方式。它属于自力救济范畴。协商和解必须基于双方的自愿，具有省时、简便、经济的特点，但是协议的终局性较差，一旦消费者或经营者一方反悔就会推翻协议。

2. 请求消费者协会调解

调解是在中立第三方的劝解和协调下，双方当事人互谅互让，形成合意，从而消除争端，解决纠纷的方式。《消费者权益保护法》规定消费者与经营者发生纠纷后，可以请求消费者协会调解。消费者协会是依法成立的对商品和服务进行社会监督的保护消费者合法权益的社会团体，请求消费者协会帮助解决纠纷是很多消费者采取的有效办法。2009 年 7 月 24 日最高人民法院发布的《关于建立健全诉讼与非诉讼相衔接的矛盾纠纷解决机制的若干意见》，鼓励和支持消费者协会的调解工作，并进一步增强其效力。

值得注意的是，新修订的《消费者权益保护法》第 37 条增加规定消费者协会的职能，其第 1 款第 1 项修改为："向消费者提供消费信息和咨询服务，引导节约资源和保护环境的合理消费，提高消费者维护自身权益的能力。"增加一项，作为第 2 项："参与制定有关消费者权益的法律、法规和强制性标准。"第 3 项改为第 4 项，修改为："就有关消费者合法权益的问题，向有关部门反映、查询，提出建议。"第 6 项改为第 7 项，修改为："就损害消费者合法权益的行为，支持受损害的消费者提起诉讼或者依照本法提起诉讼。"同时其第 47 条规定："对侵害众多消费者合法权益的行为，中国消费者协会以及在省、自治区、直辖市设立的消费者协会，可以向人民法院提起诉讼。"直接赋予消费者协会公益诉讼的权利，与新修订的《民事诉讼法》相互对接。

3. 向有关行政部门申诉

申诉是指消费者向行政机关提出申请，要求处理与经营者之间纠纷的方式。新修订的《消费者权益保护法》第 32 条规定："各级人民政府工商行政管理部门和其他有关行政部门应当依照法律、法规的规定，在各自的职责范围内，采取措施，保护消费者的合法权益。有关行政部门应当听取消费者及其社会团体对经营者交易行为、商品和服务质量问题的意见，及时调查处理。"这里的行政部门包括工商行政管理部门、物价管理部门、质量技术监督部门、检验检疫部门以及食品、药品管理部门等。行政部门接到申诉后，可在自己的职责范围内采取解决的措施，如调解、依法作出处理决定，对违法的经营者还可以进行行政处罚。向有关行政部门申诉这种纠纷解决方式相对快捷、高效。

值得注意的是，新法第 46 条规定："消费者向有关行政部门申诉的，该部门应当自收到申诉书之日起七日内，作出处理。"

4. 根据与经营者达成的仲裁协议提请仲裁机构仲裁

仲裁是指消费者与经营者发生纠纷后，根据有关协议，将其纠纷提交仲裁机构，由仲裁机构在调查清楚纠纷事实的基础上，对双方的争议进行裁决的方式。仲裁是解决合同纠纷和其他财产权益的途径之一。仲裁相对简便，解决纠纷灵活及时，且收费低廉。消费纠纷仲裁的程序适用《仲裁法》的规定，实行一裁终局的制度。

5. 向人民法院提起诉讼

诉讼是由人民法院对消费者和经营者之间的纠纷行使审判权，处理其消费纠纷的方式。这种方式最规范，最具权威性，也最有效，属于公权力救济方式。消费纠纷大多属于民事纠纷，消费者可以行使诉权，通过民事诉讼程序寻求审判机关的公正审理和判决。

（二）最终承担赔偿责任的主体

准确认定消费纠纷的责任承担者直接关系到争议的认定，并能够及时、公正地解决纠纷，保障消费者的权益。根据新修订的《消费者权益保护法》第 40～45 条之规定，认定消费纠纷责任者的主要情形有：

(1)消费者在购买、使用商品时，其合法权益受到损害的，可以向销售者要求赔偿。销售者赔偿后，属于生产者的责任或者属于向销售者提供商品的其他销售者的责任的，销售者有权向生产者或者其他销售者追偿。

(2)消费者或者其他受害人因商品缺陷造成人身、财产损害的，可以向销售者要求赔偿，也可以向生产者要求赔偿。属于生产者责任的，销售者赔偿后，有权向生产者追偿。属于销售者责任的，生产者赔偿后，有权向销售者追偿。

(3)消费者在接受服务时，其合法权益受到损害的，可以向服务者要求赔偿。

(4)消费者在购买、使用商品或者接受服务时，其合法权益受到损害，因原企业分立、合并的，可以向变更后承受其权利义务的企业要求赔偿。

(5)使用他人营业执照的违法经营者提供商品或者服务，损害消费者合法权益的，消费者可以向其要求赔偿，也可以向营业执照的持有人要求赔偿。

(6)消费者在展销会、租赁柜台购买商品或者接受服务，其合法权益受到损害的，可以向销售者或者服务者要求赔偿。展销会结束或者柜台租赁期满后，也可以向展销会的举办者、柜台的出租者要求赔偿。展销会的举办者、柜台的出租者赔偿后，有权向销售者或者服务者追偿。

值得注意的是，新修订的《消费者权益保护法》第 44 条规定，“消费者通过网络交易平台购买商品或者接受服务，其合法权益受到损害的，可以向销售者或者服务者要求赔偿。网络交易平台提供者不能提供销售者或者服务者的真实名称、地址和有效联系方式的，消费者也可以向网络交易平台提供者要求赔偿；网络交易平台提供者作出更有利于消费者的承诺的，应当履行承诺。网络交易平台提供者赔偿后，有权向销售者或者服务者追偿。网络交易平台提供者明知或者应知销售者或者服务者利用其平台侵害消费者合法权益，未采取必要措施的，依法与该销售者或者服务者承担连带责任”，直接增加了网络交易平台提供者这一责任主体。

(7)消费者因经营者利用虚假广告提供商品或者服务，其合法权益受到损害的，可以向经营者要求赔偿。广告的经营者发布虚假广告的，消费者可以请求行政主管部门予以惩处。广告的经营者不能提供经营者的真实名称、地址的，应当承担赔偿责任。广告经营者、发布者设计、制作、发布关系消费者生命健康的商品或者服务的虚假广告，造成消费者损害的，应当与提供该商品或者服务的经营者承担连带责任。社会团体或者其他组织、个人在关系消费者生命健康的商品或者服务的虚假广告或者其他虚假宣传中向消费者推荐商品或者服务，造成消费者损害的，应当与提供该商品或者服务的经营者承担连带责任。新修订的《消费者权益保护法》将原来的“广告的经营者”修改为“广告经营者、发布者”，并首次对荐证广告进行了规范，增加了责任主体的范围。

二、经营者的法律责任

经营者的法律责任是经营者在交易活动中，由于违法或违约而应当承担的法定强制的不利后果。经营者侵犯消费者合法权益，所应承担的法律责任有民事责任、行政责任和刑事责任。

1. 经营者的民事责任

(1)经营者违反《产品质量法》和其他有关法律法规应承担的民事责任。根据新修订的《消费者权益保护法》第 48 条的规定，经营者提供商品或者服务有下列情形之一的，除《消费者权益保护法》另有规定外，应当承担民事责任：①商品或者服务存在缺陷的；②不具备商品应当具备的使用性能而出售时未作说明的；③不符合在商品或者其包装上注明采用的商品标准的；④不符合商品说明、实物样品等方式表明的质量状况的；⑤生产国家明令淘汰的商品或者销售失效、变质的商品的；⑥销售的商品数量不足的；⑦服务的内容和费用违反约定的；⑧对消费者提出的修理、重作、更换、退货、补足商品数量、退还货款和服务费用或者赔偿损失的要求，故意拖延或者无理拒绝的；⑨法律、法规规定的其他损害消费者权益的情形。

(2)经营者致人伤害应承担的民事责任。经营者提供商品或者服务，造成消费者或者其他受害人人身伤害的，应当赔偿医疗费、护理费、交通费等为治疗和康复支出的合理费用，以及因误工减少的收入。造成残疾的，还应当赔偿残疾生活辅助具费和残疾赔偿金。

(3)经营者致人死亡应承担的民事责任。经营者提供商品或者服务，造成消费者或者其他受害人死亡的，还应当支付丧葬费、死亡赔偿金以及由死者生前扶养的人所必需的生活费等费用。

(4)侵犯消费者人格尊严或人身自由应承担的民事责任。经营者不得对消费者进行侮辱、诽谤，不得搜查消费者的身体及其携带的物品，不得侵犯消费者的人身自由，如果侵害消费者的人格尊严或者侵犯消费者人身自由的，应当停止侵害、恢复名誉、消除影响、赔礼道歉，并赔偿损失。

值得注意的是，新修订的《消费者权益保护法》第 51 条规定：“经营者有侮辱诽谤、搜查身体、侵犯人身自由等侵害消费者或者其他受害人人身权益的行为，造成严重精神损害的，受害人可以要求精神损害赔偿。”

(5)造成消费者财产损害应承担的民事责任。经营者提供商品或者服务，造成消费者财产损害的，应当按照消费者的要求，以修理、重作、更换、退货、补足商品数量、退还货款和服务费用或者赔偿损失等方式承担民事责任。消费者与经营者另有约定的，按照约定履行。

(6)经营者应承担的"三包"民事责任。对国家规定或者经营者与消费者约定包修、包换、包退的商品，经营者应当负责修理、更换或者退货。在保修期内两次修理仍不能正常使用的，经营者应当负责更换或者退货。对包修、包换、包退的大件商品，消费者要求经营者修理、更换、退货的，经营者应当承担运输等合理费用。

值得注意的是，新修订的《消费者权益保护法》第 24 条规定："经营者提供的商品或者服务不符合质量要求的，消费者可以依照国家规定、当事人约定退货，或者要求经营者履行更换、修理等义务。没有国家规定和当事人约定的，消费者可以自收到商品之日起七日内退货；七日后符合法定解除合同条件的，消费者可以及时退货，不符合法定解除合同条件的，可以要求经营者履行更换、修理等义务。依照前款规定进行退货、更换、修理的，经营者应当承担运输等必要费用。"

(7)经营者违反邮购或以预收款方式提供商品和服务的约定应当承担的民事责任。经营者以邮购方式提供商品的，应当按照约定提供。未按照约定提供的，应当按照消费者的要求履行约定或者退回货款；并应当承担消费者必须支付的合理费用。经营者以预收款方式提供商品或者服务的，应当按照约定提供。未按照约定提供的，应当按照消费者的要求履行约定或者退回预付款，并应当承担预付款的利息、消费者必须支付的合理费用。

(8)经营者提供不合格商品应承担的民事责任。依法经有关行政部门认定为不合格的商品，消费者要求退货的，经营者应当负责退货。

(9)经营者对其欺诈行为应承担的民事责任。新修订的《消费者权益保护法》第 55 条规定："经营者提供商品或者服务有欺诈行为的，应当按照消费者的要求增加赔偿其受到的损失，增加赔偿的金额为消费者购买商品的价款或者接受服务的费用的三倍；增加赔偿的金额不足五百元的，为五百元。法律另有规定的，依照其规定。"

经营者明知商品或者服务存在缺陷，仍然向消费者提供，造成消费者或者其他受害人死亡或者健康严重损害的，受害人有权要求经营者依照新修订的《消费者权益保护法》第 49 条、第 51 条等法律规定赔偿损失，并有权要求所受损失两倍以下的惩罚性赔偿。

此次修改明显加强了惩罚性赔偿的力度，经营者有欺诈的，由原来《消费者权益保护法》第 49 条的商品的价款或者接受服务费用的"一倍"提高到现在的"三倍"；经营者明知商品或服务存在缺陷，造成消费者或者其他受害人死亡或者健康严重损害的，受害人有权要求所受损失两倍以下的惩罚性赔偿，计算依据由原来的“商品的价款或者服务费用”修改为“所受损失”，实现了侵权责任法在消费者领域的具体化。

2. 经营者的行政责任

经营者有下列情形之一，《产品质量法》和其他有关法律、法规对处罚机关和处罚方式有规定的，依照法律、法规的规定执行；法律、法规未作规定的，由工商行政管理部门或者其他有关行政部门责令改正，可以根据情节单处或者并处警告、没收违法所得、处以违法所得1倍以上10倍以下的罚款，没有违法所得的处以50万元以下的罚款；情节严重的，责令停业整顿、吊销营业执照。

(1)提供的商品或者服务不符合保障人身、财产安全要求的。

(2)在商品中掺杂、掺假，以假充真，以次充好，或者以不合格商品冒充合格商品的。

(3)生产国家明令淘汰的商品或者销售失效、变质的商品的。

(4)伪造商品的产地，伪造或者冒用他人的厂名、厂址，篡改生产日期，伪造或者冒用认证标志等质量标志的。

(5)销售的商品应当检验、检疫而未检验、检疫或者伪造检验、检疫结果的。

(6)对商品或者服务作虚假或者引人误解的宣传的。

(7)拒绝或者拖延有关行政部门责令对缺陷商品或者服务采取停止销售、警示、召回、无害化处理、销毁、停止生产或者服务等措施的。

(8)对消费者提出的修理、重作、更换、退货、补足商品数量、退还货款和服务费用或者赔偿损失的要求，故意拖延或者无理拒绝的。

(9)侵害消费者人格尊严、侵犯消费者人身自由或者侵害消费者个人信息依法得到保护的权利的，经营者有前款规定情形的，除依照法律、法规规定予以处罚外，处罚机关应当记入信用档案，向社会公布。

经营者对行政处罚决定不服的，可以自收到处罚决定之日起15日内向上一级机关申请复议，对复议决定不服的，可以自收到复议决定书之日起15日内向人民法院提起诉讼；也可以直接向人民法院提起诉讼。经营者拒绝、阻碍有关行政部门工作人员依法执行职务，未使用暴力、威胁方法的，由公安机关依照《中华人民共和国治安管理处罚条例》(简称《治安管理处罚条例》)的规定处罚。

值得注意的是，新修订的《消费者权益保护法》相应加大了对损害消费者权益行为的行政处罚力度，将原来第50条改为第56条，其中的“经营者有下列情形之一”修改为“经营者有下列情形之一，除承担相应的民事责任外”，“工商行政管理部门”修改为“工商行政管理部门或者其他有关行政部门”，“处以违法所得一倍以上五倍以下的罚款”修改为“处以违法所得一倍以上十倍以下的罚款”，“处以一万元以下的罚款”修改为“处以五十万元以下的罚款”。其第1项修改为“提供的商品或者服务不符合保障人身、财产安全要求的”。第 6 项修改为“对商品或者服务作虚假或者引人误解的宣传的”。

增加一项，作为第 7 项，即“拒绝或者拖延对缺陷商品采取停止生产、停止销售、警示、召回等消除危险措施的”。

其第 8 项改为第 9 项，修改为“侵害消费者人格尊严、侵犯消费者人身自由或者侵害消费者姓名权、肖像权、隐私权等个人信息得到保护的权利的”。

3. 经营者的刑事责任

经营者侵犯消费者或其他受害人合法权益，构成犯罪的，应当承担刑事责任，其主要情形如下：

(1)经营者提供商品或者服务，造成消费者或者其他受害人人身伤害，构成犯罪的，依法追究刑事责任。

(2)经营者提供商品或者服务，造成消费者或者其他受害人死亡，构成犯罪的，依法追究刑事责任。

(3)经营者以暴力、威胁等方法阻碍有关行政部门工作人员依法执行职务的，依法追究刑事责任。

➤案例分析

案情简介：新华网北京 2008 年 9 月 13 日电，甘肃等地陆续报告多起婴幼儿泌尿系统结石病例，并已初步查明导致这些婴幼儿患病的主要原因是患儿服用的三鹿牌婴幼儿奶粉中含有三聚氰胺。三鹿牌部分批次婴幼儿奶粉中含有三聚氰胺，是为增加原料奶或奶粉的蛋白含量而人为加入的。卫生部专家指出，三聚氰胺是一种化工原料，可导致人体泌尿系统产生结石。

（资料来源：新华网：《解读三鹿案中奶粉生产潜规则》，http://news.sina.com.cn/c/2009-01-04/084916973100.shtml，2009 年 1 月 4 日）

争议焦点：三鹿集团生产销售伪劣产品侵害了消费者的什么权利？

法理评析：新修订的《消费者权益保护法》第 7 条规定：“消费者在购买、使用商品和接受服务时享有人身、财产安全不受损害的权利。消费者有权要求经营者提供的商品和服务，符合保障人身、财产安全的要求。”本案中，三鹿集团在其生产的奶粉中添加对人体有害的物质三聚氰胺，导致消费者身体健康受损害，甚至危及生命，严重地侵害了消费者安全权。

这起案件被称为“2008 年中国奶制品污染事件”。2008 年 9 月 13 日，中国国务院启动国家安全事故Ⅰ级特别重大食品安全事故响应机制处置三鹿奶粉污染事件。石家庄官方初步认定，三鹿“问题奶粉”为不法分子在原奶收购中添加三聚氰胺所致。河北省政府决定对三鹿集团立即停产整顿，并将对有关责任人作出处理。根据我国《食品卫生法》和《产品质量法》，三鹿集团最高将被罚两亿元人民币。

2009年1月22日，河北省石家庄市中级人民法院一审宣判，三鹿前董事长田文华被判处无期徒刑，三鹿集团高层管理人员王玉良、杭志奇、吴聚生则分别被判有期徒刑15年、8年及5年。三鹿集团作为单位被告，犯了生产、销售伪劣产品罪，被判处罚金人民币4 937余万元。涉嫌制造和销售含三聚氰胺的奶农张玉军、高俊杰及耿金平三人被判处死刑，薛建忠被判处无期徒刑，张彦军被判处有期徒刑15年，耿金珠被判处有期徒刑8年，萧玉被判处有期徒刑5年。2009年3月26日，高俊杰二审被改判死刑缓期两年执行。2009年11月24日，“三鹿”刑事犯罪案犯张玉军、耿金平被执行死刑①。

专题研究：自然垄断行业侵犯消费者权益的法律规制

我国的自然垄断行业具有浓重的行政化色彩。由于其行业的垄断特征，导致经营者之间没有竞争压力，因而使得其产品和服务的价格持续升高，导致消费者合法权益受到损害。另外，我国《反不正当竞争法》《反垄断法》以及各类自然垄断行业特别法，也都只是在个别条款中提及对消费者权益的保护，且这些规定较为原则化。所以，针对日益增多的自然垄断行业侵犯消费者合法权益的问题，进行深入的专题研究尤为必要。

一、自然垄断行业侵犯消费者权益法律规制存在的问题

1. 自然垄断行业法律规范与消费者权益保护法律规范不衔接

在我国，与自然垄断行业侵犯消费者权益法律规制相关的法律法规主要是《反不正当竞争法》《反垄断法》《消费者权益保护法》等，然而这些法律有的制定已久，不仅具有滞后性，不能适应现代市场经济发展的需求，而且各法规之间相对独立，内容上衔接很少，没有形成统一的自然垄断行业消费者权益保护法律体系，这些问题已经严重影响行政部门的执法、影响消费者合法权益的救济等，使法律的实施大打折扣，因此这些法律法规亟待修订。

2. 自然垄断行业的法律规制没有充分考虑消费者利益

对消费者权益进行保护，其实根源在于对自然垄断行业进行规制。因为只有自然垄断行业自身的法律规制完备了，才能增强企业的社会责任感，从而在行业内部形成有效的竞争机制和完善的治理机制，才能不断提升行业产品或服务的质量，从而更好地服务于消费者，使自然垄断行业的侵权行为逐步得到遏制。目前

① 关艳霞：《“三鹿”刑事犯罪案犯张玉军、耿金平被执行死刑》，http://www.chinanews.com.cn/gn/news/2009/11-24/1981693.shtml，2009年11月24日。

我国自然垄断行业的法律规制存在的主要问题表现为：第一，自然垄断行业价格垄断行为的法律规制没有充分考虑到消费者的利益；第二，自然垄断行业可竞争领域的法律规制仍然存在漏洞，导致消费者权益受损。

3. 自然垄断行业侵犯消费者权益的法律救济不完善

消费者权益受到自然垄断行业的侵害，出于对时间、诉讼成本等问题的考虑，很少有消费者愿意在此类案件上投入精力，即便有个别消费者愿意为争取个人合法权益作出努力，但大部分还是以败诉收尾，这更加挫伤了消费者维权的积极性和主动性。由此可见，公益诉讼制度的不完善是自然垄断行业侵犯消费者权益法律规制中的一个漏洞。另外，对消费者合法权益保护的法律救济，除了诉讼，还有赔偿问题。自然垄断企业与消费者之间的力量对比悬殊，对自然垄断行业侵权行为的处罚如果仅停留于形式上的平等就无法平衡这两大主体之间的利益。所以，目前对自然垄断行业侵权行为惩罚性赔偿制度的缺失，不利于消费者权益的保护。

二、国外自然垄断行业消费者权益法律保护制度的比较与借鉴

1. 美国自然垄断行业消费者权益保护制度

美国对自然垄断行业的规制经历了“放松规制—严格管制—放松规制”的一个过程。在20世纪70年代，美国进行了以放松管制为特征的改革，放松了对市场价格的限定和对市场准入的限制，其具体做法主要是：①放松对定价权的管制，放宽或取消最低限价或最高限价，重新定义倾销价格，允许企业根据实际情况制定季节差价等；②逐步减少价格管制的范围；③放宽或取消进入市场的管制[①]。通过这次改革，美国的通信、自来水、铁路、航空、天然气等自然垄断行业已经建立起卓有成效的竞争制度，这些竞争制度不仅使美国自然垄断行业朝着良性竞争的方向发展，而且在竞争的环境下也为消费者的切身利益谋取到了尽可能多的福利。其中电力改革对消费者权益的影响尤为明显。

美国的电力改革始于20世纪90年代，将集发电、输电、配电、售电为一体的自然垄断企业进行拆分，将其拆分成为独立的发电商、售电商和输电商，形成充分的市场竞争。由于政府放松管制，美国绝大多数电网公司是私营的，收费标准不统一，这严重影响了消费者的用电。美国加利福尼亚州“8·14大停电”后，美国联邦能源管制委员会提出“标准电力市场设计”[②]（Standard Market Design,

---

① 林木西、曹艳秋：《自然垄断行业管制的国际比较》，《经济学动态》，2002年第4期，第38页。

② “标准电力市场设计”的主要原则是：电网或输电公司必须把调度权移交给独立输电提供者（independent transmission provider，ITP），但所有权不变；独立输电提供者负责现货批发市场、平衡市场的运行及辅助服务和阻塞管理，并确定价格上限；大部分交易通过买卖双方的长期和短期合同来实现。

SMD)的改进方案。这种新的改进方案，避免了电网公司滥用市场地位操纵电价，提高了电力市场资源配置的效率。电力企业良性的市场竞争提高了其服务效率和质量，消费者最终获益。

美国自然垄断行业消费者权益保护的程序法律制度主要是通过消费者权益保护公益诉讼制度来实现的。现代公益诉讼制度最早就产生于美国。在美国，对消费者权益保护的诉讼机制为消费者集团诉讼制度，而对垄断行业消费者权益的保护主要通过一系列反托拉斯法的实施来实现。美国《谢尔曼法》第 7 条明确规定，对于违反反托拉斯法案的公司、司法部门、联邦政府、团体乃至个人都可以提出诉讼。《克莱顿法》第 4 条也规定，对托拉斯的行为除受害人有权起诉外，检察官也可以提起诉讼。美国反托拉斯法的实施主要由两个政府部门负责：司法部反托拉斯司和联邦贸易委员会。一个多世纪以来，为维护消费者的合法权益，美国对严重违反反托拉斯相关法案的公司实施了强制拆分或者解散，这其中就包括了标准石油公司(1911 年)、AT&T 公司(1984 年)。美国实行消费者集团诉讼制度，充分重视个人力量在维护公共利益中的作用。当某一侵权行为的受害人为多数时，受害者就可提起集团诉讼。

2. 英国自然垄断行业消费者权益保护制度

英国对自然垄断行业的规制大致经历了两个重要时期：第一个时期主要是从第二次世界大战之后到 20 世纪 70 年代末期，尤其是在 20 世纪 40～50 年代，英国的自然垄断行业经历了大规模国有化的时期，国家全权控制自然垄断行业的生产与经营。但 20 世纪 70 年代末期，政府以对电信行业的改革为契机，先后对供气、供水、电力、铁路、航空等自然垄断行业实行了民营化改革。民营化采取了三种形式：一是出售国有资产；二是放松进入规制，允许私人资本进入这些行业；三是通过特许投标、合同承包、鼓励私人部门提供可市场化的产品和服务等方式，在不转移资产所有权的条件下改变经营方式①。为了确保自然垄断行业民营化能够顺利进行，英国政府制定了相关的法律法规，如《电信法》(1984 年)、《煤气法》(1986 年)、《自来水法》(1989 年)等，也形成了以垄断与兼并委员会、公平交易办公室以及 12 家行业管制机构为一体的独立的监管机构。其中电信改革对消费者权益的影响尤为明显。

英国 1984 年制定了《电信法》，这标志着英国邮政行业与电信行业的正式分离。随后，在同年英国政府批准成立了 Mercury 公司，这也结束了由 BT 公司一直垄断英国电信行业的历史，从而使英国电信行业进入了“双寡头垄断”的时期。由于英国政府致力于推进自然垄断行业经营的私有化，因此在 1984 年对 BT 公

---

① 谢地、景玉琴：《论自然垄断与国有经济的关系——国际比较及中国视角》，《社会科学战线》，2003 年第 1 期，第 40 页。

司进行了私有化，将 50.2%的股权向公众抛售，也正是如此，政府逐渐从电信经营者的角色退出，这一举措也避免了今后政府对自然垄断行业监管的尴尬。后来，英国在移动通信业务领域也逐步引入了竞争，主要包括价格管制政策、互联互通政策、普遍服务政策。价格管制使英国建立了著名的最高限价管制模型，普遍服务使得任何消费者在任何时间、任何地点都能够以可以负担的价格享受电信服务，而且服务质量和价格一视同仁。英国电信改革的成功，为消费者谋取了很大的福利。

同时英国也实行消费者权益保护公益诉讼机制。而公益诉讼最主要的特点是检察长诉讼制度。私人要维护公共利益原则上必须通过检察长的同意，如果检察长不同意私人提起告发人诉讼的请求，法院无权调查检察长拒绝个人请求的理由，也无权撤销他的决定。但在 Gburiet V. Union of Post Office Workers 案①之后，私人被允许在请求检察长遭拒或不合理的拖延给予许可的情况下，为公共利益提起诉讼。另外，针对垄断侵害消费者利益的案件，公平交易总局局长(director general of fair)会负责限制性协议的登记，并送交限制性法院审查，由法院宣告限制性协议是否违反公共利益。公平交易总局局长有权申请法院命令商人停止损害消费者利益的行为，也有权把垄断或公司合并案送交“垄断和公司合并委员会”(MonoPolies and Mergers Commission)处理②，从而达到反对垄断，反对不正当竞争，保护消费者合法权益的目的。

3. 德国自然垄断行业消费者权益保护制度

德国是大陆法系国家，其对自然垄断行业规制的立法虽然比较单一，但它的规制制度却是十分完善的。德国于 1957 年制定了《反限制竞争法》(即卡特尔法)，旨在“尽可能地保护有效竞争，排除阻碍市场竞争的一切因素”。从 1957 年制定该法到 1999 年，德国对《反限制竞争法》一共修订了 6 次，其中德国《反限制竞争法》的第 6 次修订是以对传统的自然垄断行业，即政府的公用事业如电信、邮政以及其他经济领域大力推进以市场化为导向的股份化的进程，取消管制和引入竞争机制为主要内容的③。希望通过立法的规制，降低自然垄断行业市场进入的壁垒，从而保持甚至是增加市场上竞争者的数量。其中铁路改革对消费者权益的影响尤为明显。

德国铁路改革可以分为三阶段：首先，两德铁路合并，成立德国铁路股份公

---

① 英国上诉法院院长 Denning 在该案的判决上主张，社会成员可担任私人检察长那样的角色，申请法院对侵犯公共权利的人发出禁令，其条件为检察长曾拒绝给予个人起诉的权力或不合理地拖延给予许可的决定。

② 史随心：《论消费者权益公益诉讼》，山东大学硕士学位论文，2009 年，第 10 页。

③ 国家工商总局赴德国培训团：《德国管制公用企业限制竞争行为的立法与执法》，《工商行政管理》，2002 年第 9 期，第 26 页。

司，使政府退出对铁路行业的经营；其次，在德国铁路股份公司内组建路网公司、长途客运公司、短途客运公司、货运公司、车站服务五个完全独立的子公司；最后，撤销德国铁路股份公司，五个子公司分别上市，实现私有化[①]。在铁路行业打破国有垄断、引入竞争为国家省去了很大一部分财政投入，从而降低了社会总成本。这一系列私有化的改革，也很大程度上改善了德国的铁路行业。

德国对消费者权益保护的程序法律制度主要是通过团体诉讼制度来实现的。所谓团体诉讼，在德国法中是指有权利能力的公益团体，基于团体法人自己的实体权利，依照法律规定，可以就他人违反特定禁止性规定的行为或无效行为请求法院命令该他人终止或撤回其行为的特别诉讼制度[②]。德国团体诉讼的性质属于诉讼信托，它将诉讼"信托"给法律上具有权利能力的公益性质的社会团体，从而为具有共同利益的法律主体提起诉讼。德国《反不正当竞争法》(1908 年)赋予业主对不正当竞争行为的起诉权，该法案在 1965 年修正后，法律将此项权利赋予了消费者团体。德国消费者团体诉讼制度，减轻了消费者的诉讼成本，提高了司法效率，阻止了经营者的不法行为，促进了市场经济的良性发展，充分发挥了消费者权益保护组织的重要性。

4. 日本自然垄断行业消费者权益保护制度

日本从 20 世纪 80 年代开始，对各自然垄断行业进行了一系列的拆分、放松规制，甚至是取消规制。为了对当时垄断性极强的日本电信电报公社、日本专卖公社、日本国有铁道进行改革，引入民营资本，日本制定了《民营化法》，为自然垄断行业私有化改革奠定了法律基础。日本对自然垄断行业的管制方式主要有四种：第一，实行最高价格限制管制(price cap regulation)。政府规定价格上限，企业产品价格只能在政府规定的价格上限之下进行浮动。第二，实行区域间竞争(yardstick competition)。就是将原本垄断面积覆盖全国范围的自然垄断行业按地域划分为不同的区域企业，各区域企业之间互相比较，以激励各企业共同进步。第三，实行社会契约制(social contract)。就是管制者与被管制者之间就各行业的收费标准签订合约，如果能取得比合同更好的成绩则予以奖励，否则惩罚。第四，实行特许投标制度(franchise bidding)。就是政府将给予企业的事业特许权限制在一定的时期内，在特许期结束后再通过竞争投标制来重新确定企业特许权[③]。其中以民营化经营的铁路改革对消费者权益的影响尤为明显。

日本的消费者权益保护公益诉讼在消费者权益保护的程序法律制度中也占有

---

① 闫恩晓：《我国铁路产业引入竞争机制法律问题研究》，西南政法大学硕士学位论文，2007 年，第 19 页。

② 陈荣宗：《美国群众诉讼与西德团体诉讼(上)》，《法学丛刊(台湾)》，1985 年第 118 期，第 22～23 页。

③ 林木西、曹艳秋：《自然垄断行业管制的国际比较》，《经济学动态》，2002 年第 4 期，第 39 页。

很重要的地位。日本的公益诉讼包括检察机关诉讼和民众诉讼，但以民众诉讼为主导，它是指“请求纠正国家或公共团体机关的不符合法规的行为的诉讼，并且是以作为选举人的资格或者其他与自己的法律上的利益无关的资格提起的诉讼”①。日本的公益诉讼类似于德国的诉讼信托，当具有共同利益的一群人的权益受到不法侵害时，该群体的全体人员可以推选出其中一人或者数人作为诉讼当事人参与诉讼，该诉讼的判决名义上是针对诉讼当事人，但是其效力及于全体人员。这样独特的诉讼制度就是日本特有的“选定当事人制度”。日本也有学者认为，选定当事人制度对消费者权益保护的作用并不十分明显，他们认为，诉讼当事人制度“即把本来可以直接个别进行的诉讼并且彼此没有关系的案件，有时带进同一诉讼程序而已”②。

三、我国自然垄断行业侵犯消费者权益法律规制的建议

(一)修改自然垄断行业和消费者权益保护的法律规定，使之相衔接

1. 完善消费者权益保护法对自然垄断行业侵权行为的规制

首先，对经营者的类型需要细分，将供水、供电、供气、邮政、电信、铁路、航空等自然垄断企业、事业单位纳入经营者的范围。我国现行的《消费者权益保护法》中只规定了经营者的义务及其法律责任，但是对经营者的概念及其范围并未详细列出，经营者的概念只在《反垄断法》中有所提及：“它是指从事商品生产、经营或者提供服务的自然人、法人和其他组织。”目前就我国自然垄断行业而言，其经营主体既有政府也有法人，因此自然垄断企业应该属于消费者权益保护法中的经营者的范围。笔者认为，再次修订《消费者权益保护法》的第一章“总则”部分时，应该进一步明确经营者的定义，并且将经营者的行业范围以列举的方式明确规定，将自然垄断行业的经营者列入消费者权益保护法中经营者的范围，这样也便于在以后的章节中对自然垄断行业经营者的行为及其法律责任作出规定。

其次，针对自然垄断企业的经营行为，消费者权益保护法有必要对其进行专门的规范。因此，笔者认为，再次修订《消费者权益保护法》时，规定经营者义务的章节应当专门增加一条用于规定自然垄断企业经营者的义务。具体建议为“供水、供电、供气、邮政、电信、铁路、航空等自然垄断企业的经营者，应当保证商品和服务的质量。因提供的商品和服务质量不符合国家规定的标准或者约定，造成消费者人身、财产损害的，应当承担民事责任。”另外，还应加入：“经营者不得擅自提高收费标准或者增加收费项目(包括押金、保证金等)；因消费者要求

① 白绿铉编译：《日本新民事诉讼法》，中国法制出版社，2000年，第41页。

② 〔日〕兼子一、竹下守夫：《民事诉讼法(新版)》，白绿铉译，法律出版社，1995年，第41页。

暂停服务的，不得收取暂停手续费。收取费用时应当按照规定详列计价单位的明细项目。经营者未按规定出具明细项目收费清单的，消费者有权拒付费用，经营者不得因此停止提供服务。”①

再次，我国消费者权益保护法中对消费者因自然垄断行业侵权行为造成的损害赔偿问题并无专门的规定，针对损害赔偿问题只是在新修订的《消费者权益保护法》第 55 条中笼统规定：“增加赔偿的金额为消费者购买商品的价款或者接受服务的费用的三倍，经营者明知商品或者服务存在缺陷，仍然向消费者提供，造成消费者或者其他受害人死亡或者健康严重损害的，受害人有权要求经营者依照本法第四十九条、第五十一条等法律规定赔偿损失，并有权要求所受损失二倍以下的惩罚性赔偿。”笔者认为，针对自然垄断行业侵权行为的损害赔偿问题，消费者权益保护法应与反垄断法、反不正当竞争法等法律法规相互呼应，必须要设立更高的惩罚性损害赔偿机制。因为自然垄断行业缺乏竞争，在市场上有独占地位，其滥用市场支配地位的违法行为危害性大，我国现有损失二倍以下的惩罚性赔偿规定不足以起到惩戒作用，所以就应加大其赔偿数额，这样才能保证公平。美国在其反垄断相关法律中就规定，针对自然垄断行业的侵权行为，原告可以获得相当于损失数额三倍的赔偿金额，建议我们在以后的消费者权益保护法修订中予以借鉴。

最后，新修订的《消费者权益保护法》关于争议的解决中虽然增添消费者权益保护公益诉讼的方式，但具体细则仍然空白。自然垄断行业侵犯消费者合法权益有一些很明显的特征，例如，其侵害对象通常是不特定的多数消费者群体，而这些消费者群体有着共同的利益基础，虽然就单个消费者而言可能损失不大，但究其总数，结果难以评估。这很符合公益诉讼是“以社会的整体利益对单个人或单个公司的诉讼”②这一概念。因此笔者认为，自然垄断行业消费者权益保护可以运用消费者权益保护公益诉讼的形式解决消费争议，这种代表不特定多数消费者的诉讼制度，是保护消费者集体利益的重要制度设计，这样可以明显提高消费者权益保护效率。但是公益诉讼是一个新事物，新《民事诉讼法》和新《消费者权益保护法》先后对此只作了原则性规定，目前尚无一套程序规则，建议最高人民法院抓紧研究制定相关起诉的条件、诉讼费用的承担、胜诉后消费者如何受偿、裁判的执行等新规则。

---

① 陈伟：《关于〈中华人民共和国消费者权益保护法〉修订的初步意见》，http://www.66law.cn/domainblog/12611.aspx，2009 年 4 月 26 日。

② Jacobs D S . The role of the federal government in defending public interest litigation. Santa Clara L. Rev.，2004，(44)：1.

2. 修改自然垄断行业相关法律规定使之与消费者权益保护法相衔接

首先，要不断弥补《反不正当竞争法》与《反垄断法》中自然垄断行业侵犯消费者权益法律规制的缺失。《反不正当竞争法》第 1 条就将消费权益保护归为该法的立法目的之一，但紧接着在第 2 条中就显现出了其保护对象范围的缩小，只将经营者相互损害对方利益的行为认定为不正当竞争行为，这就明显忽视了经营者损害消费者利益的不正当竞争行为，因此笔者认为应当扩大反不正当竞争法中对“不正当竞争行为”的定义。另外，无论是《反不正当竞争法》还是《反垄断法》，对于经营者侵犯消费者合法权益的法律责任规定都很不明确。《反垄断法》第 50 条规定了经营者实施垄断行为给他人造成损害应承担的民事责任，但对于消费者而言，有时不止需要经营者承担相应的民事责任，根据违法程度的不同，甚至可能需要经营者承担一定的刑事责任，但法律对此处的规定却是空白。《反不正当竞争法》第 20 条规定：“经营者违反本法规定，给被侵害的经营者造成损害的，应当承担损害赔偿责任。”法律对经营者侵犯消费者合法权益法律责任的条款的规定，还是存在很大漏洞。因此，在经营者侵犯消费者合法权益的法律责任设计的方面还应该更加完善。应该以民事责任为主，重视司法救济，充分发挥消费者权益保护团体机构和私人的作用。

其次，各自然垄断行业特别法的设置也需要完善。在我国自然垄断行业中，已设有特别法的主要有电力、铁路、航空等行业，这些行业法规的制定较早，有一定的滞后性，而且这些法规主要针对各行业的建设、生产与管理，很少有与消费者权益保护相关的内容。笔者认为，在已有的自然垄断行业特别法中应当加入对消费者权益保护的相关内容，对于自然垄断行业的“赔偿责任”的规定应该更加细化，而不只是笼统地作出规定。另外，在对已经存在的行业的法律规范进行修改的同时，对那些没有颁布单行法规的自然垄断行业也要及时制定相关法律进行规制，以更好地维护社会主义市场经济秩序的良性运行，更全面地保护消费者合法权益，不断促进社会经济的和谐发展。

(二)完善自然垄断行业法律制度，体现对消费者利益的保护

首先，要完善自然垄断行业价格垄断行为的法律规制。对自然垄断行业价格垄断行为的法律规制最好从两个方面进行：其一是对自然垄断行业价格制定的方式进行规制；其二是对自然垄断行业价格制定的过程进行规制。对自然垄断行业价格制定方式的法律规制，是要改善“成本加利润”定价法，重新划定“成本”和“利润”的范围。为了弥补我国自然垄断行业定价时使用的“成本加利润”方法的缺陷，我们应着重从以下两个方面解决：第一，确定自然垄断行业生产成本的合理范围。第二，确定自然垄断行业合理的利润标准。对自然垄断行业价格制定程序的法律规制，应当重点改进价格听证制度。而完善价格听证制度需要从以下四个方面作出努力：其一，公开自然垄断企业经营信息，确保政府有效规制以及消费

公众对企业经营成本相关信息的知情权。其二，更新价格听证目录，扩大价格听证范围。其三，健全听证代表制度，充分体现听证参加人的广泛性、代表性、独立性与专业性。其四，保证价格听证过程和结果公开，明确听证笔录的法律效力。

其次，要完善自然垄断行业可竞争领域的法律规制。世界上大多数国家对自然垄断行业的改革均经历了“严格管制—放松管制—引入竞争”这样一段时期。在对自然垄断行业放松管制、引入竞争的潮流下，各国不断改进反垄断法对自然垄断行业的豁免，使自然垄断行业成为一个可以引入竞争的行业。而我国目前还处于从垄断到竞争的探索阶段。因此笔者认为，完善自然垄断行业可竞争领域的法律规制，应从以下四个方面着手：第一，放宽市场准入标准，这是完善自然垄断行业可竞争领域的法律规制的前提。第二，将自然垄断行业业务分离，在可竞争领域引入竞争制度。第三，改善自然垄断行业政企不分的现状，为自然垄断行业公平竞争提供良好的市场环境。第四，完善自然垄断行业可竞争领域的竞争规则，确保竞争的有效性。

（三）建立和完善自然垄断行业侵犯消费者权益的法律救济

首先，完善自然垄断行业侵犯消费者权益的公益诉讼制度。当消费者合法权益受到具有垄断地位的自然垄断行业侵犯时，普通的诉讼方式不能满足自然垄断行业消费者权益保护的诉讼目的，“传统的把一个诉讼案仅放在两个当事人之间进行考虑的框架越发显得不甚完备”①，因此，完善自然垄断行业侵犯消费者权益的公益诉讼制度显得尤为必要。完善自然垄断行业侵犯消费者权益的公益诉讼制度需要考虑以下几个方面的问题：第一，需要健全自然垄断行业消费者权益保护公益诉讼原告资格制度。第二，需要优化自然垄断行业消费者权益保护公益诉讼程序。第三，需要完善自然垄断行业消费者权益保护公益诉讼举证责任规则。第四，需要改革自然垄断行业消费者权益保护公益诉讼费用制度。第五，需要建立自然垄断行业消费者权益保护公益诉讼激励机制。

其次，完善自然垄断行业侵犯消费者权益的民事赔偿制度。笔者认为，对自然垄断行业的惩罚首先要考虑消费者的利益，要把消费者的损失得到相应的补偿作为对违法自然垄断行业惩罚的底线。所以，处罚的方式要包括停止违法行为、退还不合理收取的费用、做出惩罚性赔偿。惩罚性损害赔偿“可以促使行为人采取较为安全的措施以防止损害的发生或者将事故发生的危险降低到最低的程

---

① Cappeletti M, Garth B. Access to Justice: Emerging Issue and Perspectives. Milan: Alphen aan den rijn, 1979: 519.

度"[①]，从而达到保护消费者合法权益的目的。笔者认为，我们可以适用比例计算法确定惩罚性损害赔偿金额。对于自然垄断行业而言，其违法行为给消费者造成损害的，"法院应当以受害人所受损害或侵权行为人所获利益中数额较大的额度作为计算的基础"[②]，计算出补偿性赔偿金的数额，再依据 1∶5 的比例，确定惩罚性赔偿金额。

---

① Cooter R D. Punitive Damages for Damages for Deterrence: When and How Much. ALA. L. Rew., 1989: 1143.

② 张诺诺:《惩罚性赔偿制度研究》，吉林大学硕士学位论文，2010 年，第 142 页。

产品责任法理论与实务

第一节　产品概念的国际比较

一、国外产品概念

产品是产品责任的逻辑起点，通常意义上，产品是指通过人们的劳动创造出来具有使用价值、能够满足人们生产和生活需要的物品。法学上对于产品含义的界定要远远小于通常意义上产品的范围，而且基于不同的立法政策和现实国情，各个国家、国际组织的定义不一致。

1973 年关于产品责任法律适用的《海牙公约》第 2 条规定："'产品'一词应包括天然产品和工业产品，而不论是未加工还是加工过的，是动产还是不动产。"

1977 年欧洲理事会关于人身伤害与死亡的产品责任《斯特拉斯堡公约》第 2 条规定："'产品'一词指所有动产，包括天然动产或工业动产，无论是未加工的还是加工过的，即使是组装在另外的动产内或不动产内。"

1979 年美国《统一产品责任示范法》第 102 条 C 款规定："指具有真正价值的、为进入市场而生产的，能够作为组装整件或者作为部件、零售交付的物品。但人体组织、器官、血液组成成分除外。"

1985 年欧共体《产品责任指令》第 2 条规定："产品指除初级农产品和狩猎产品以外的所有动产，即使已被组合在另一动产或不动产之内。初级农产品是指种植业、畜牧业、渔业产品，不包括经过加工的这类产品。产品亦包括电。"

1989 年德国《产品责任法》第 2 条将产品规定为：任何动产，即使其已被装配在另一动产或不动产之内，但未经初步加工的农业初级产品除外。

1994 年日本《制造物责任法》第 2 条第 1 款规定："本法所称制造物，指经制造或加工的动产。土地、建筑物之类的不动产，未经加工的农产品等除外。”

根据以上各国法律及有关国际条约可见，产品一般指经过加工的动产，不动产不包括在内。而且产品一般指有形物品，无形产品一般不包括在内。至于电、天然气、人体组织、血液制品、智力产品是否属于产品，各国规定不一。

二、我国产品概念

我国《产品质量法》第 2 条规定，“本法所称产品是指经过加工、制作，用于销售的产品。建设工程不适用本法规定。但是，建设工程使用的建筑材料、建筑构配件和设备，属于前款规定的产品范围的，适用本法。”与其他国家立法相比，我国产品质量法对于产品范围的规定与德国和日本类似，但范围较窄[①]。对于我国《产品质量法》规定的产品的含义可以从以下几个方面理解：第一，产品必须是经过加工制作的物品，包括工业产品、手工业产品和农产品，而未经加工制作天然形成的物品如矿产品、初级农产品、初级畜禽产品、水产品等不属于产品；第二，产品必须是用于销售的物品，未投入流通的、赠与的、试用的、加工承揽的物品即使经过加工制造，也不属于产品；第三，建筑工程、核产品都不属于产品。

可见，我国产品界定与国际规定基本一致，产品必须是经过加工、制作，并必须用于销售的物品。但该界定存在以下问题：①以产品定产品，属于循环定义，与形式逻辑不符。②产品必须经过加工、制作，但何为加工、制作未作进一步的解释，理解和适用时容易产生歧义。③产品范围过窄，不利于保护消费者。对于第一点以后再次修改时稍加注意，将第二个产品改为物品即可。对于第二点可以借鉴意大利的做法，意大利产品责任法认为加工是指对产品所作的改变其性质或添加物质的处理活动。包装或任何其他处理，只要具有工业性质并且妨碍了消费者对产品的检查或创造了对安全性的期待，即可视为加工。这样提炼、采掘、提取均可以看做加工。对于第三点，主张总体上应作扩大解释，具体则应分别对待。

对于电、天然气等无形工业产品，应列入产品范畴。欧共体《产品责任指令》，法国、英国、丹麦、联邦德国的责任法都明确规定产品包括电。美国产品责任法中虽没有明确规定，但司法中有的法院则把电作为产品，如“兰赛姆诉威斯康星电力公司(Ransome v. Wisconsin Elec. Power Co.)”案。而我国《产品质量法》对此未作规定。从其性质来看，电作为一种人类制造并能生产、控制、运输和在商业中销售、使用的能源，尽管无形，但与其他工业产品并无本质的不同，完全可以列入产品范畴。关于电力致人损害，我国《民法通则》第 123 条规定：

---

① 王卫国、李东方：《经济法》，中国政法大学出版社，2008 年，第 350 页。

“从事高空、高压等对周围环境有高度危险的作业造成他人损害的，应当承担民事责任，如果能够证明损害是由受害人故意造成的不承担民事责任。”电力作业为高度危险作业，因此造成他人损害的，受害人无须证明作业方有过错就可获得赔偿，属于严格责任。而《中华人民共和国电力法》（简称《电力法》）第 60 条规定：“因电力运行事故给用户或第三人造成的损害，电力企业应依法承担责任。”可见同样是严格责任。所以实践中电力致损案件如无法适用《电力法》，则可考虑适用《产品责任法》。与之相同，如天然气、煤气、石油等无形产品都可被视为产品责任法中的产品，因为它们同样是经过加工并用于销售的物品，在没有特别法的情况下，应依据《产品质量法》追究生产经营者的产品责任。例如，1997 年年底发生于安徽省芜湖市的管道煤气中毒案件，对这种远低于国家质量标准的产品（煤气），应当认定为缺陷产品，依据严格责任原则令提供者承担产品责任。

对于人体组织及血液、血液制品，本书认为不应包括在产品内。对人体组织各国法律都排在产品之外，我国也应禁止。关于血液及血液制品各国做法则不同。在美国，尽管《统一产品责任示范法》将其排除在外，但司法实践中仍有法院认为其是一种产品而应受产品责任法的管辖。但由于担心此举可能对医疗机构的服务质量产生不良影响，后来绝大多数州通过立法将制造或供应血液及血液制品视为提供服务，要求提供者承担过错责任。《中华人民共和国献血法》（简称《献血法》）规定了无偿献血制度，取消了以前的有偿采血的政策，同时规定公民临床用血时只交付用于血液的采集、储存、分离、检验等费用。从血液及血液制品就其检测、采集、存贮、供应的过程来看，虽然与加工、制作有相似之处但是实质不同，血液的供给在我国是一种公益行为，不得以营利为目的，不符合我国产品责任法中的“用于销售”的产品构成要件。

对于智力产品，本书认为应列入产品范围内。这里的智力产品主要是指图书、电影、电视作品以及计算机软件等人类智力活动的产物。目前各个国家尚未将其明确列入产品之中，但事实上一些国家已通过判例予以认可。在美国弗路尔公司诉杰伯逊公司案中，某一机场仪表线路图未标出一座在本地区内最高点的小山而引发事故。美国法院则裁定该线路图是产品应适用严格责任，其依据是该线路图是大规模生产的，不同于依据个人设计的服务。法国巴黎法院 1986 年审理了一起因书籍引起的产品责任案件，该案被告是此书的作者和出版商，作者在书中介绍了野生胡萝卜的价值，但是对其外观没有详细描述，仅附了张照片。读者读了此书后误把毒芹当野胡萝卜，吃后受到伤害。法院判决作者和出版商赔偿。在我国，《中华人民共和国著作权法》）（简称《著作权法》）主要保障著作权人的权利，对智力产品致人损害并无规定。本书认为，图书、电影、计算机软件等如同一般工业品一样都是经加工、制作并用于销售的物品，符合《产品质量法》“产品”的构成要件，在无特别法时应适用产品责任法。

对于商品房不动产，本书认为也应列入产品范围。我国产品责任法只规定建筑工程不适用该法，对商品房不动产则没有明确规定，对此各国做法不一，英国、德国等欧盟国家的产品责任法都明确将所有不动产排除在外。而美国则认为产品包括动产和不动产，为了保护消费者，美国大多数法院把房屋和出租公寓视为产品。我国台湾学者朱柏松认为，产品应包括动产和不动产，凡是以机器或科技加以制造，生产并以市场流通方式供他人使用的物，不论是动产还是不动产，都应作为产品。关于商品制造人对不动产承担责任的问题，日本曾有判例予以肯定，东京高院曾明确指出，分层出售的公寓本身即应被理解为已担当制造物责任的对象。而且我国司法实践也对此表示认可。随着我国房地产市场的不断完善，商品房交易越来越多，而且在我国现阶段商品房欺诈比较多，房屋存在隐患致人伤亡也司空见惯，而房地产管理法是一部行政管理法，缺乏相关民事责任的规定。因此建议把商品房视为产品纳入产品责任法中予以规范，以保护广大消费者的合法权益。

第二节　产品缺陷认定的国际比较

一、国外产品缺陷的认定比较

产品缺陷是产品责任的理论前提，正确界定产品缺陷具有十分重要的理论意义和实践价值。然而，正是在这个问题上我国的法律规定有所欠缺。

美国在产品责任的判例中，针对如何定义缺陷，发展出了一套标准，即直觉标准和经济分析标准，直觉标准即消费者期望标准，经济分析标准即成本收益标准。美国《侵权行为法重述》第 402A 条将缺陷定义为“对使用者或消费者或者其财产有不合理危险的缺陷状态”，即是一种“在产品离开卖方时，直接消费者无法预期的不合理的危险”，在其注释(i)中将其解释为“产品之危险程度超出购买该产品的普通消费者以对该产品的特性的人所共知的常识所能够预见的范围”。这就是著名的消费者期望标准(consumer expectation test)。美国《统一产品责任示范法》规定得比较明确、具体，规定产品缺陷是指：①产品制造上存在不合理的不安全；②产品设计上存在不合理的不安全；③未给予警告或指示，致使产品存在不合理的不安全；④产品不符合产品销售者的明示担保，致使产品存在不合理的不安全。所以在美国法律中，缺陷即是指产品的不合理危险，包括了制造缺陷、设计缺陷、指示(警示)缺陷以及违反明示担保的缺陷。

《欧洲共同体理事会产品责任指令》(85/374/EEC)[又称《欧洲经济共同体产品责任指令》(E. E. C. Directive on Product Liability)]指出，为确保消费者身体健康与财产安全，缺陷的认定不是以产品的适用性判断，而是以一般大众(public at large)期待产品安全性的权利为着眼点。该指令第6条规定，考虑到下列所有情况，如果产品不能提供给人们有权期待的安全性，即属于缺陷产品：①产品的使用说明；②能够投入合理期待的使用；③投入流通的时间(产品置于市场销售的时间)，但不得仅以后来投入流通的产品更好为理由认为以前的产品有缺陷。

德国《产品责任法》是为协调欧共体的法律而制订的。在产品缺陷的定义上，它非常忠实地将1985年《欧洲经济共同体产品责任指令》上的规定搬到了其国内法中①。联邦德国《产品责任法》(1989年12月通过)第3条规定，考虑到下列所有情况，产品不能提供人们有权期待的安全性，就是存在缺陷的产品(defective product)：①产品的说明；②能够投入合理期待的使用；③投入流通的时间。但不得仅以后来投入流通的产品更好为理由，认为以前的产品有缺陷。

英国《1987年消费者保护法》第3条(1)规定："依本条下述规定，为本章之目的，如果产品不具有人们有权期待的安全性，该产品即存在缺陷；对产品而言，安全性包括组合到另一产品之中的产品安全性以及在造成人身伤害、死亡危险方面的安全性。"(2)为上述(1)款之目的，在确定人们有权期待某项产品应当具有何种安全性时，应当考虑与产品有关的所有情况，包括：①该产品被出售的方式和目的，产品的样式，与产品有关的任何标识的使用，关于允许或不允许使用该产品以进行任何事项的警告与指示；②可合理期待的产品的用途或可合理期待的与产品有关的用途；③制造者向他人提供产品的时间。按本条规定，不得以后来提供的产品比以前的产品更安全的事实推定以前的产品存在缺陷。

日本《制造物法》第2条规定："本法所称缺陷是指考虑该制造物之特性……以及其他与该制造物有关之情事，该制造物欠缺通常应有之安全性。"

澳大利亚《1992年交易行为法改正法》第75条规定，在本章之意旨上，动产未具备一般人通常可期待之安全性者，为具有缺陷。

可见尽管世界各国对于缺陷有不同规定，但都明确地将产品的缺陷和瑕疵区分开来，国外立法及相关国际公约对于产品缺陷的定义都与产品的"不安全性"或者"危险性"有关，基本都将产品缺陷的含义建立在产品欠缺安全性的基础之上。

二、我国产品缺陷的认定

我国《产品质量法》第46条规定，产品缺陷是指产品存在危及人身、他人财产安全的不合理的危险；产品有保障人体健康和人身、财产安全的国家标准、行业标准的，是指不符合该标准。由此可见，我国产品质量法对产品缺陷的认定设定了两个标准：一是不合理危险标准；二是国家标准和行业标准。但在实践中，

---

① 国家技术监督局政策法规司编：《国外产品质量与产品责任法规选编》，中国计量出版社，1992年，第30页。

有时会出现即使某项产品的各项性能都符合该产品的国家标准或者行业标准，但也不能绝对排除该产品不存在缺陷，因为该产品的国家或行业强制性标准可能并未涵盖该产品的全部安全性能指标(特别对某些新产品更是如此)[①]。而其他国家立法在产品缺陷的认定上只有一个标准，即"不合理危险"标准，因此认定产品缺陷应当对符合国家或行业标准的产品同时适用不合理危险标准。不合理危险属于产品缺陷的内涵，而国家强制性标准只是判定缺陷的一种方法，将二者混同在一起是不科学的，而且这种规定的弊端是显而易见的。

首先，在理论上将产品责任与产品质量责任混为一谈，将产品的缺陷和瑕疵相互混淆。在我国，关于产品责任的认识上，有许多人认为产品责任就是产品质量责任，即产品质量不符合国家有关的法律、法规、质量标准要求，给消费者造成损失所承担的责任；也有人认为产品责任是产品瑕疵责任却因产品瑕疵/不合格造成他人人身或财产损失所应承担的赔偿责任。上述观点的共同之处是以质量为核心，以产品是否"合格"作为承担产品责任的基本条件，而这同国际上以"安全"为首要因素的做法相左。其实"缺陷"和"瑕疵"是两个不同的概念，正如我国学者王利明先生所说，瑕疵指的是瑕疵担保责任中的瑕疵概念，即意味着买卖标的物本身存在有物质性的缺陷，原则上造成产品在贸易中的价值低落。而缺陷则意味着物质存在危险性，产品缺乏通常所应具备的安全性，可能对身体、生命造成主动性的侵害。产品缺陷与产品瑕疵虽都表明产品存在质量问题，但产品瑕疵一般仅指比较轻微的质量问题，如汽车的空调不制冷或车灯不亮等产品的外观或使用性能方面的问题。而产品存在缺陷则表明产品存在较大的质量问题，如汽车刹车失灵等在设计、制造或销售环节存在危及人身、财产安全的不合理危险。我国台湾学者朱柏松也认为：就效果而言，学说上对瑕疵的概念是指"买卖标的物有物质上的缺点"，而缺陷是指对人的生命、身体健康以及财产加害的因素。我们认为，"瑕疵"与"缺陷"最大的区别在于瑕疵是指不满足规定的要求，欠缺商品"可期待的属性"，也就是仅指产品质量不符合法定或约定的标准；而缺陷是指未满足预期的使用要求，欠缺商品的"可期待的安全"，也就是指它具有对人身或财产安全的危害性或危险性。因瑕疵而产生的产品质量责任属于合同责任，因缺陷而产生的产品责任则属于侵权责任。

其次，这种双重标准在实践中造成对缺陷产品认定的困难。"产品存在危及人身、财产安全的不合理的危险"之一般标准与"产品不符合保障人体健康，人身、财产安全的国家标准、行业标准"之强制标准，作为判断产品缺陷的双重标准在有些情况下是冲突的。例如，新产品的开发与相应的产品标准的制定存在时间差时会出现这种情形。而且随着新产品的大量出现，国家也不可能对所有的新

---

① 王胜明：《中华人民共和国侵权责任法释义》，法律出版社，2010年，第225页。

产品均制定相应的标准。曾经发生的消费者状告白酒生产厂家案就是一例。对于久饮会形成药物性依赖的白酒，我国大陆的法律并没有像我国台湾地区那样要求厂家必须在商品包装上注明警示标志，从而使得消费者要求赔偿的法律依据不足。此外这种冲突在对外贸易中也时常发生，如我国出口到美国的猴头菇罐头，因其含菌量符合有关强制性标准但不符合美国关于认定产品缺陷的标准，美方认定其有“不合理危险”而引起索赔纠纷。这是因为产品质量标准是国家根据现代科技水平、产品设计和工艺等多种因素制定的而不以产品无危险性或具有安全性为唯一标准，它不可能涵盖产品的全部安全性能指标。又如，2002 年发生的“果冻咽死人”案。

产品责任作为一种特殊的侵权行为，其立法精神和立法目的在于最大限度地保护消费者的合法权益。因而对产品缺陷的判断应以产品是否存在不合理的危险及是否有可能致人损害为标准，而不是去鉴定产品是否符合质量标准。但鉴于我国修改前及修改后均采用双重标准的现状，我们认为在理解和适用《产品质量法》第 46 条时应把“不合理的危险”作为首要标准，而把“不符合国家标准、行业标准”作为一个次要标准或辅助标准，把强制性标准作为产品安全的最低标准，在满足强制性标准时也要满足一般标准。

第三节　产品责任归责原则的国际比较

一、归责与归责原则的概述

（一）归责与归责原则的概念

归责是对于法律责任的认定和归结，它是指国家机关或其他社会组织依据法律规定、依照法律程序判断、认定、归结和执行法律责任的过程①。王利明教授认为归责是指在行为人因其行为和物件致他人损害的事实发生以后，应依何种根据使之负责，此种根据体现了法律的价值判断，即法律应以行为人的过错还是应以发生的损害结果为价值判断标准，抑或以公平等作为价值判断标准，而使行为人承担侵权责任②。国外学者也对归责的概念进行了定义。拉伦茨将归责定义为负担行为之结果，对受害人而言，即填补其所受之损害③。学者多伊则认为归责

---

① 张文显：《法理学》，高等教育出版社，2003 年，第 151 页。

② 王泽鉴：《民法学说与判例研究》，北京大学出版社，2003 年，第 272 页。转引自王利明：《侵权行为法研究（上卷）》，中国人民大学出版社，2004 年，第 194 页。

③ 转引自王利明：《侵权行为法研究（上卷）》，中国人民大学出版社，2004 年，第 193 页。

是决定何人，对于某种法律现象，在法律价值判断上应负担其责任而言[①]。归责是研究归责原则的基础，归责概念的定义还有许多种，但是从国内外学者对于归责的定义来看，我们可以将归责定义为行为人依据某种法律价值判断标准对民事责任进行承担。

归责原则是进行归责时所依据的基本标准，它对行为人承担民事责任的事由、标准进行规定，具有高度的概括性和普适性，体现了立法者的价值取向，平衡了当事人之间的利益，实现了社会的公平和正义。我们只有对归责原则进行了深入研究，才能对各类侵权行为进行区分，确认责任的归属，提出解决纠纷的途径和方法；司法工作人员也才能在没有相关法律规定的情形下依据归责原则所体现的价值对责任进行判断，确定责任的性质及归属，实现惩恶扬善的价值追求。

（二）归责一般必须遵守的原则

我国法律在吸收和借鉴国外法律归责原则的基础上提出适合我国的原则，主要有以下几种。

（1）责任法定原则。责任法定原则是指法律责任必须由法律预先规定，对于任何违法行为的追究都必须依照法律的规定进行，做到法无明文规定不为罪，法无明文规定不处罚。具体来说，就是在追究违法者的责任时，必须按照法律规定的范围、程度、期限和方式进行，排除任何没有法律依据的责任，并且严格限制类推的适用。

（2）因果联系原则。因果联系原则是指在认定法律责任时要考虑违法行为与损害结果之间有内在的、直接的、逻辑的联系。具体来说，就是在确定行为人违法责任时应当确认该行为与危害或损害结果之间的因果联系，确认行为人在实施该行为时意志、思想等主观方面因素与外部行为之间的因果联系，明确界定这种因果联系是必然的还是偶然的，是直接的还是间接的。

（3）责任相称原则。责任相称原则又称责任均衡原则，它是公平观念在法律原则中的体现。其主要包括：法律责任的性质与违法行为性质相适应；法律责任的轻重和种类应当与违法行为的危害或者损害相适应；法律责任的轻重和种类还应当与行为人主观恶性相适应。

（4）责任自负原则。责任自负原则是指实施了违法行为的人必须对自己的行为独立承担法律责任，不能让没有违法或违约行为的人承担责任，反对株连或变相株连，并且保证责任人受到法律追究。

二、产品责任归责原则的历史发展

目前世界各国的产品责任大部分经历了从合同责任到侵权责任再到特殊侵权

---

① 转引自王利明：《侵权行为法研究（上卷）》，中国人民大学出版社，2004年，第193页。

责任的转变，而产品责任的归责原则也经历了从合同责任、过错责任到严格责任的演变过程。

（一）合同责任时期

现代意义上的产品责任法最早诞生于英国，随后在西方各个国家均产生了深远的影响。而其产生于英国并不是偶然的，这是由英国先进的工业化程度所决定的。作为一个商品经济迅速发展的社会，在商品种类繁多、工艺日渐复杂的情形下，产品的缺陷所造成的损害如何究责逐渐被社会所关注；而且新兴的资产阶级主张经济环境应该更加的宽松自由。在这种情况下，“契约自由”就成为占统治地位的理论。随着资本主义生产方式的转变，旧的判例法也不能满足资本主义发展的需要，为了保护新的生产力发展，为新兴资产阶级提供充分宽松的经济环境，契约关系理论就顺理成章地成为了解决产品责任问题最有力的理论支撑。

“温特博姆诉赖特”案是英国关于产品责任问题最早的判例，是英国产品责任法同时也是国际产品责任法历史上一个极为重要的判例，它由英国最高法院受理，基本案情如下：原告温特博姆是当时英国一位驿站长雇佣的马车夫，该驿站长事前与被告赖特订有一份由赖特提供合格安全的马车并用于运送邮件的契约。赖特在约定的时间内将马车交给了驿站长。可当马车夫温特博姆驾驶该车运送邮件时，马车的一只轮子突然塌陷，车子破裂致其受伤。为此，温特博姆向赖特提起了索赔之诉，被告赖特以原告不是提供车的契约的当事人为由而提出抗辩。最后，法院认可了该理由，判决被告胜诉[①]。该案的法官 Abinger 在判决理由中特别强调：“如果责任要扩展到没有契约关系的人，那就会出现最荒谬和最可悲的后果，面对此后果尚看不到任何限制可能。”[②]Abinger 法官在此案中阐述的理论首次提出了“无合同无责任”的理论，随后，“无契约无责任”成为了产品责任领域里的首要原则，并且以契约为基础，对产品事故承担责任在英美法中得以确认并被奉行近一个世纪。

产品责任法中的“无合同无责任”在一定程度上促进了资本主义工业的发展，有其进步意义，美国的法院也认为如果制造商面向全社会承担其产品有缺陷的义务，那么衡量这种责任的程度是比较困难的，而且也将会没有人来从事这种生产。然而，“无合同无责任”的局限性也是显而易见的。首先，请求赔偿的主体有限，仅限于直接买受人，如果使用者与买受者不同，则使用者是没有此项权利的。其次，承受义务的主体有限，仅限于与买受者有直接契约关系的销售者或者

---

① 转引自冯四海：《产品责任归责原则研究》，郑州大学硕士学位论文，2005 年，第 10 页。《英国判例报告》，1842 年第 152 期，第 402 页。

② 〔英〕L. 蒲若瑟，W. 维德，E. 斯瓦茨：《侵权案例与资料》，1988 年，第 444 页。转引自冯四海：《产品责任归责原则研究》，郑州大学硕士学位论文，2005 年，第 10 页。

生产者，否则是无需承担责任的。最后，滥用免责条款。由于在不违背公序良俗情况下的契约签订都是由双方自由约定，生产者和销售者便有机会制定有利于自己的规定和免责条款来逃避产品损害赔偿责任，导致诉讼中的不公平。

（二）过错责任时期

随着社会的发展，合同关系的理论已经不能满足消费者以及受害者对其权益维护的需要，一种新的理论就孕育而生。

“麦克弗森诉别克汽车制造公司”案标志着过错责任原则的产生。其案情如下：原告麦克弗森从零售商处购买了一辆由被告别克汽车公司生产的汽车。当原告驾驶该汽车行驶时，因一车轮破裂，汽车突然翻覆，原告被抛出汽车而受伤。肇事的原因是汽车车轮存在缺陷。于是原告提起诉讼，要求被告赔偿损失。在该案中，卡多佐法官提出了过失产品责任原则，他在判决中指出：“具有近迫危险性的产品概念并不局限于毒药、爆炸物或其他同类物品，而应扩大到对人身有危险性的一切物品。如果一件物品制造上有过失，依其本质，可合理确定将使生命和躯体处于危险之中，足以危害人的生命健康者，均属危险物品。除此项危险因素之外，制造商若知悉该物品将由购买者之外的第三人会不经检验而使用该物品时，则不论当事人间有无契约关系，该危险品的制造者都负有仔细加以制造的注意义务和责任。”[①]最后本案以制造商负有的注意义务不受合同关系的约束，受害人可不以与制造商有直接关系而获得赔偿，判决被告负过失责任，赔偿原告的损失。

“麦克弗森诉别克汽车制造公司”案突破了合同责任的限制，在一定程度上结束了合同关系责任的要求，所保护的消费者权益的范围扩大，而且将产品责任纳入了侵权法的框架，确立了产品责任的过错责任原则，该案的判决开创了美国产品责任法的新时代，标志着现代产品责任法的正式形成，具有划时代的意义。然而，由于在实际的诉讼中原告的举证极其困难，该原则在实行中也是困难重重。

（三）严格责任时期

由于科学技术的迅猛发展、产品设计和生产工艺的复杂化，一般的消费者根本无法了解这些产品产生缺陷的原因，对其进行举证也更加困难。如果要求消费者仍然按照传统民法侵权责任的归责原则进行举证，显然是不合理的。因此，美国的不少法学者和法官在理论和实践中提出了严格责任原则。

这一理论最初源于美国加利福尼亚州最高法院 1944 年审理的“埃斯科拉诉可口可乐瓶装公司”案。其基本案情如下：原告将可口可乐放进冰箱时，一瓶可乐

---

① 〔澳〕P. C. A. 斯奈曼：《美国严格产品责任学说的演变》，刘慈忠译，《法学丛译》，1985 年第 4 期，第 4 页。

爆炸致使原告受伤。原告要求赔偿，但不能提出被告有过错的证据。在这个案件中原告引用“事实自证”原则，要求被告承担过错责任，加利福尼亚州最高法院法官吉卜逊确认了下级法院的原告胜诉的判决。加利福尼亚州最高法院特雷诺法官同意这个判决，但是他却认为“不应继续以制造者的过失为追究责任的依据，当制造商把商品投放市场时，明知其产品将不经检验就使用，一旦这种产品有致人损害的缺陷，制造者应当负绝对责任。即使没有过失，公共政策也要求把责任确定在最能有效地减少投放市场的有缺陷产品所固有的对生命与健康有危险的那一方。显然制造者能够预知某些危害并可避免其发生，而公众却无法这样做”。特雷诺提出了严格责任原则的理论，引起了人们的广泛关注。

1963 年，美国加利福尼亚州最高法院审理的“格林曼诉尤巴电器公司”案中首次提出了严格责任。该案案情如下：该案的原告格林曼使用电力工具时，被飞射出的木片击中头部而受伤。原告认为此工具有缺陷，但是他举不出工具制造上有疏忽的证据。原告引用担保方面的法律控告被告，被告对此也进行了抗辩。而在此案中，特雷诺法官最终确立了自己的“格林曼规则”，即：当一个制造商将其产品投入市场时，明知该产品将不会被检查是否有缺陷就使用，如果此项产品表明含有使人受到伤害的缺陷，那么该制造商在侵权方面负有严格责任[①]。而且法院申明“责任不是按照协议承担的而是由法律设立的。拒绝允许制造商限定其对有缺陷的产品的责任范围，明确申明，责任不是由契约保证方面的法律管辖，而是由侵权方面的严格责任法律管辖”[②]。由此，严格责任正式在美国确立起来。严格责任体现法律追求公平价值的目标，它是科学技术高度发达的产物，是充分与合理地保护消费者利益的法律责任，使得对受害人的救济变得更加的有利。而这种发展也深深地影响了欧洲其他国家，最终大部分国家也在产品责任法上确立了严格责任原则。由此可见，通过立法形式将产品责任确立的严格责任纳入法制轨道，已成为世界范围内的大势所趋[③]。严格责任的确立，体现了法律制度的与时俱进。而且这种进步并不是凭空产生的，而是受到其所在的经济背景、价值取向及法律思想等因素的共同影响。因此，我们必须注意到产品责任归责原则的发展趋势，在重视严格责任的基础之上完善我国产品责任的归责原则，实现生产者和消费者利益上的平衡。

三、产品责任归责原则理论争鸣

目前，就世界各国的法律在产品责任领域的发展来看，各国的法学家对于产

① 曹建明著：《国际产品责任法概说》，上海社会科学出版社，1987 年，第 27 页。

② 〔澳〕P. C. A. 斯奈曼：《美国严格产品责任学说的演变》，《法学译丛》，1985 年第 4 期，第 4 页。

③ 刘文琦：《产品责任法律制度比较研究》，法律出版社，1997 年，第 24 页。

品责任归责究竟采用何种原则存在着诸多的分歧，但大体各家的理论主张主要有以下三种：第一，过错责任说；第二，无过错责任即严格责任说；第三，推定过错责任说。

（一）国外产品责任的归责原则

以英国、日本为代表的一些国家主要采用过错责任原则。过错责任原则，又称过失责任原则，是指在对民事违法行为人追究民事责任时，应以行为人有过错为要件，无过错无责任。英国法上，产品责任由“契约相对性”原则过渡到侵权法上的过失责任原则后，就坚持以过错为责任成立的要件，原则上应由受害人对制造商或经销商负证明过错之举证责任，在司法实践中，法院有时运用“事实自我证明”规则来减轻原告的举证义务。随着社会的发展，过失责任也不能充分保护当事人利益，1987 年英国的《消费者保护法》正式确立了严格责任。日本法院在实务上一贯采取保守主义，适用侵权违法上过失责任原则。在过失责任下，消费者必须就四个方面进行举证：①产品有缺陷；②原告已遭受损害；③该损害由产品之缺陷造成；④缺陷之存在源于生产者的疏忽。然而，1995 年新的《产品责任法》规定只要消费者能证明产品有缺陷，无须证实厂商有无过失即可提起损害赔偿之诉。

以美国为代表的西方国家主要采用严格责任原则。严格责任原则是指因没有尽到合理的注意义务而须负责的责任标准，它比通常的责任标准更加严格。也就是说只要发生了应该避免伤害的事件就产生责任，而不论其是否采取了注意。但是它也不是绝对的责任标准，即使规定了严格责任也存在着一些抗辩事由。美国《布赖克法律辞典》将它定义为无过错责任，是法院处理产品责任案件中卖方对不当威胁消费者人身安全的缺陷或危险产品承担责任的原则。它具有以下特征：①以因果关系为基本要件，若损害事实与责任人行为之间没有因果关系则不承担无过错责任；②与行为人主观上是否有过错无关；③它的宗旨在于合理补偿受害人的损失；④实行举证责任倒置，原告只要举出损害事实及损害事实和被告的行为之间有因果关系即可。

以荷兰为代表的国家主要采用推定过错原则。过错推定，也叫过失推定，在侵权行为法上，就是受害人在诉讼中能证明违法行为与损害事实之间的因果关系的情况下，如果加害人不能证明损害的发生自己无过错，那么就从损害事实的本身推定被告在致人损害的行为中有过错，并为此承担赔偿责任。被害人不必举证对方的主观过错，而是直接从损害事实的客观要件及它与违法行为的因果关系中，推定行为人主观有过错；如果行为人认为自己在主观上无过错，则须自己举证。证明成立则推翻过错推定，否认侵权责任；反之则应承担侵权民事责任。

（二）我国产品质量归责原则理论争论

在我国，关于产品责任适用何种归责原则，理论界也没有达成共识。佟柔教授主张过失责任说，即谁过错，谁负责。他在《中华人民共和国民法通则简论》中强调指出："该条法律规定(指《民法通则》第122条)表明我国对产品责任案件适用过失责任原则。"王利明先生也提出了我国由于经济不够发达，尚不具备产品制造者、销售者承担无过错的责任的条件，在其主编的《民法、侵权行为法》中认为"我国现行产品责任实质上仍属于过失责任的范畴"①。梁慧星等多数学者主张严格责任说，该说认为，产品责任的归责原则是严格责任原则，产品制造者、销售者的责任属于严格责任或无过错责任，责任的成立不以主观上有过错为要件。还有一部分学者支持过错推定说，以江平先生为代表。该说认为，从立法上看产品侵权责任的归责理论较类似"过错推定责任原则"，主要是指当瑕疵商品造成消费者损害时，先推定为制造商或销售者之过失，将举证责任转换至制造商身上，如果生产者无法举出抗辩事由，就需负责。从以上具有代表性的学者的主张来看，我国产品责任归责原则的分歧所在就是应该实行哪种原则。

四、我国产品责任归责原则的立法现状及问题

从现行的法律来看，我国在产品责任归责原则方面的规定方面还不太完善，这使得归责原则在适用过程中存在很多问题和不足，严重影响了产品责任归责制度应有的作用。

我国1986年颁布的《民法通则》第122条规定："因产品质量不合格造成他人财产、人身损害的，产品制造者、销售者应当依法承担民事责任。运输者中、仓储者对此负有责任的，产品制造者、销售者有权要求赔偿损失。"根据特殊侵权责任，如果其条文没有使用"过错"或"过失"等词语表述归责原则，则该责任应当认为是无过错责任，即严格责任。

我国《产品质量法》第41条规定："因产品缺陷造成人身、缺陷产品以外的其他财产损害的，生产者应当承担赔偿责任。"此条由于不考虑过错为产品责任的构成要件，因此对生产者为严格责任。

《产品质量法》第42条规定："由于销售者的过错使产品存在缺陷，造成人身、他人财产损害的，销售者应当承担赔偿责任。"因此该条对销售者为过错责任。

我国对于产品质量的归责原则的规定，《民法通则》中为严格责任，而《产品质量法》为严格责任与过错责任的二元归责原则。

最新修订的《消费者权益保护法》第40条规定："消费者或者其他受害人因商品缺陷造成人身、财产损害的，可以向销售者要求赔偿，也可以向生产者要求赔偿。属于生产者责任的，销售者赔偿后，有权向生产者追偿。属于销售者责任

① 王利明：《民法、侵权行为法》，中国政法大学出版社，1993年，第432页。

的，生产者赔偿后，有权向销售者追偿。”《中华人民共和国侵权责任法》(简称《侵权责任法》)第 43 条规定：“因产品缺陷造成损害的，被侵权人可以向产品的生产者请求赔偿，也可以向产品的销售者请求赔偿。产品缺陷由生产者造成的，销售者赔偿后有权向生产者追偿。因销售者过错使产品存在缺陷的，生产者赔偿后，有权向销售者追偿。”该条规定与《产品质量法》第 43 条以及《消费者权益保护法》第 40 条规定相同，该条被视为严格责任原则。

因此，我国的产品责任归责原则并非单一的归责原则。《产品质量法》根据生产者和销售者所处地位不同，规定对生产者实行严格责任，对销售者实行过错责任、过错推定责任和严格责任相结合，以及责任主体面对消费者的替代责任的综合责任原则。而这种多元归责原则体系在实际司法过程中会出现法律适用的冲突，而且生产者与销售者也会出现相互推诿的情况，使得受害人得不到赔偿。所以，笔者认为应当尽快统一我国产品责任归责原则。

除此之外，我国产品责任究竟应当适用何种归责原则。笔者认为，我们应当尽快统一产品责任归责原则为严格责任原则，理由如下：首先，随着 20 世纪 80 年代末期我国严重危害消费者生命健康以及财产安全问题的频发，《民法通则》首次规定了产品责任，并将其放在特殊侵权行为部分，起草者将产品缺陷作为一种特殊侵权行为并将严格责任原则作为产品制造者、销售者承担责任的根本原则。参与民法起草的顾昂然先生、魏振瀛先生、张佩霖先生等认为在法律有明文规定的情况下，没有规定过错的责任，就是实行无过错责任。此后的《产品质量法》《消费者权益保护法》的制定也都是对于这项规定的细化。所以从法律规范角度来看，为了保护消费者权益，采用严格责任原则是有法律依据的。其次，随着流通产品的复杂性以及专业性增强，消费者本身对于产品的鉴别能力降低，而且生产者掌握着产品从无到有的每一个工序和环节，掌握着产品的生产信息，消费者在消费时仅是被动地了解信息。故此，对生产者应采用严格的责任要求，使其制造出合格的产品，并尽量注意有关的产品信息，为消费者提供合格产品，而无过错责任原则就是在客观结果上对生产者加以评价，使其将风险控制在生产的环节上，而不管其事后的过错理由的抗辩，从而事先便对产品质量提出了更高的要求。综上所述，严格责任作为产品责任的根本原则，更多地体现了市场经济下对风险的合理分配，从而有助于保护弱者群体，保护消费者的权利。

五、国外产品责任归责原则的比较

(一)美国产品责任立法

美国是典型的英美法系国家，其法律主要由判例法构成，并辅之以成文法规范。而在世界主要国家中，美国的产品责任法的发展最为典型，也最具代表性。美国产品责任法的发展主要由判例构成。美国产品责任法的发展阶段是以三个典型的产品责任判例为界划分的。第一阶段(合同责任阶段)：从 1842 年“温特博姆诉赖特”案至 1916 年“麦克弗森诉别克汽车制造公司”案。第二阶段(过错责任阶段)：从 1916 年“麦克弗森诉别克汽车制造公司”案到 1963 年“格林曼诉尤巴电器公司”案。第三阶段(严格责任阶段)：从 1963 年“格林曼诉尤巴电器公司”案至今。

美国政府也制定了一系列的成文法来补充和完善产品责任立法，如 1972 年发布的《消费品安全法》，美国律师协会 1972 年修订《统一商法典》时制定的“产品责任—担保责任”部分，1979 年美国商务部公布的《统一产品责任示范法》等。严格责任原则就是美国法律协会在 1965 年通过的《第二次侵权法重述》第 402A 条中明确规定的，其后 30 多年中，严格责任原则被大多数州采纳，成为美国产品责任法领域主要的、非唯一的归责原则。

由于美国是一个联邦制国家，各州都有权制定自己的法律，严格责任在有些州尚未被采纳，因此过失责任、担保责任和严格责任既是美国产品责任法的历史，也是美国产品责任法的现况。因此，美国产品责任归责原则是一个以严格责任为主，包括过错责任和担保责任在内的多元化的归责原则体系。

(二)欧盟国家产品责任立法

在 20 世纪 80 年代以前，欧洲各国并没有专门的产品责任立法，为了改善这一状态，欧共体理事会制定了《欧洲经济共同体产品责任指令》，随后欧洲许多国家都经过本国立法程序将指令纳入本国法中。其中，该指令的主要核心是放弃大陆法系在侵权行为法中一般采用的过错责任原则，改为采用无过错责任原则。

英国在产品责任法中主要采用过错责任原则，然而其在 1987 年制定《消费者保护法》时将《欧洲经济共同体产品责任指令》贯彻于其中，正式确立了严格责任原则，至此，其产品责任的归责有三种，即合同责任、过失责任、严格责任。

《法国民法典》有关侵权责任的适用有两个重要原则，其一是侵权行为的一般责任原则，主要规定在《法国民法典》第 1382 条和第 1383 条，但法院在实践中通过对该原则的合理解释，认为只要存在生产者将缺陷产品投入流通的事实，即可认定生产者有过失，其就应承担责任，这与英国的事实自我证明原则相类似。其二是物的监护人的严格责任原则。《法国民法典》第 1384 条规定，任何人对其负责的他人的行为和管理下的物件造成的损害应负赔偿责任。1998 年 5 月，法国政府成立专家委员会研讨实施《欧洲经济共同体产品责任指令》的内容，确立了严格责任原则，即《产品责任法》的问世。

德国关于合同关系下的产品责任，《德国民法典》和《德国商法典》在货物买卖条款中予以规定。《德国民法典》第 823 条规定：“一个人如果违反法律，故意或粗心大意地损害他人的生命、身体、健康、自由、财产或其他权利时，应当赔偿受害人由此蒙受的任何损失。”但是由于过错原则已不能对受害人提供充分保护，德国法院通过一例“家禽瘟疫案”的判决，确立了举证责任倒置的原则，从形式上似乎法院仍适用的是过错原则，但通过在程序上举证责任的倒置已经实现了实体的价值判断。所以从内容上看，其已是严格责任的部分。同时，德国为实施《欧洲经济共同体产品责任指令》于1989年通过了《产品责任法》，将《欧洲经济共同体产品责任指令》纳入国内法，确立了严格责任。

（三）日本产品责任立法

日本法律在产品责任的问题上一直采用过失责任原则，受害人因产品缺陷受损请求赔偿就负有举证责任。1994年7月，新的《制造物责任法》正式公布，于1995年7月生效。该法第3条规定："制造业者等，当其制造、加工、输入或为前条第三款、第二款及第三款的姓名等的表示的制造物，于交付后因缺陷侵害他人生命、身体或财产时，对因此所生损害负赔偿责任。"依照新法，原告无须证明制造商对产品缺陷存在的过失，只要能证明是由制造商制造的产品导致的损失即可获得赔偿。这表明，日本产品责任的归责原则，已从过错责任原则向严格责任原则转化[①]。

综上所述，虽然国外的产品责任归责原则并没有统一确切的规定，但是随着经济的发展，各国通过各种立法模式逐步对产品责任的立法进行完善，而且在一定程度上产品责任归责原则的发展出现了趋同的现象。这也体现了全球化和经济一体化的经济环境。

六、完善我国产品责任归责原则法律制度的思考

我国有关产品责任在立法上尚处于分散式立法阶段，没有统一的产品责任法。而且作为产品责任法基础的《产品质量法》，对于产品责任归责原则也没在立法上明确地予以确立，造成了理论上的分歧。在实践上，消费者对产品责任法律制度比较陌生，消费者协会的保护力度也非常有限，消费者受到伤害时，常常无处索赔。因此，需要采取有效的措施弥补立法上的不足。

首先，制定单行的《产品责任法》对产品责任问题进行规范。由于我国关于生产者和销售者的权利、义务和责任仅在《民法通则》《产品质量法》等法律规范之中予以规定，没有专门的关于产品责任的法律，这就使得产品责任的归责在司法实践过程中极易出现法律适用的冲突，因此从国际产品责任归责的发展趋势以及我国现阶段的发展状况来看，我们应当尽快制定出一部专门的《产品责任法》，对产品、产品缺陷、归责原则、免责事由、责任主体、承担方式、时效等作出细致具体的规定，使其成为独立于民法的特别法，具有更高的可操作性。

其次，统一产品责任归责原则为严格责任原则。根据我国《产品质量法》的规

---

① 张林鸿、王蜀羚：《产品责任比较研究》，《贵州法学论坛》，2001年第3期，第544页。

定，第 41 条、第 43 条暗示了生产者和销售者对消费者的责任应适用严格责任原则，而第 42 条规定了销售者的责任应适用过错责任原则。这使得第 42 条在根本上与第 43 条有冲突，也使我国的产品责任归责原则出现了二元性特征，这在理解法律条例及从事司法实践中会引起诸多不便。而且在现代科技高度发展的今天，消费者相对于生产者和销售者来说无论从实力上还是手段上都是处于弱势地位，严格责任原则可以最大限度上保护消费者合法权益，实现社会公平。同时，确立的严格责任在一定程度上免除了受害人的举证责任，节约了司法资源。

➤案例分析

案情简介：2009 年 9 月 15 日，沈某从电动车个体经营者蔡某处购买“索普”电动车一辆。2010 年 1 月 7 日上午，沈某骑电动车从某农贸市场卖鱼回家，当行驶至居民金某房屋西侧水泥路面时，电动车前叉突然断裂，沈某撞至金某房屋后墙上致头部受伤。后被送往医院诊断为：脑干出血，高血压病 3 组(极高危)，经鉴定为一级伤残。事故发生后，据工商人员查看，电动车其中一根前叉断裂部位有 1/3 到 1/4 的地方已生锈斑，沈某遂将“索普”电动车销售者蔡某以及“索普”电动车生产厂商告上法庭，要求被告赔偿医疗费、护理费、残疾赔偿金、返还购车款等。

（资料来源：http://www.civillaw.com.cn/article/default.asp?id＝52229，访问日期：2013 年 10 月 13 日）

争议焦点：本案是否构成产品责任？沈某应向谁主张赔偿要求？

法理评析：根据我国《产品质量法》和《侵权责任法》的规定，产品责任的构成应当具备以下要件：①产品存在缺陷；②存在损害事实；③产品缺陷与损害事实之间存在因果关系。本案中，沈某一级伤残的鉴定结果表明损害事实已经发生，而且该伤残因电动车前叉断裂致其撞墙所引起，双方也没有异议。因此判断产品责任是否构成的关键是本案中的电动车是否存在产品缺陷。我国《产品质量法》第 46 条规定：本法所称缺陷，是指产品存在危及人身、他人财产安全的不合理的危险；产品有保障人体健康和人身、财产安全的国家标准、行业标准的，是指不符合该标准。本案中，涉案电动车前叉在没有强烈外力作用的情况下突然断裂，造成沈某撞墙后失去意识至今，据工商人员查看，其中一根前叉断裂部位有 1/3 到 1/4 的地方已生锈斑，这说明涉案电动车本身存在严重的质量问题，存在危及人身、他人财产安全的不合理的危险，即电动车存在质量缺陷。由于产品生产者也不存在法定的免责事由，因此本案构成产品责任，生产者应承担产品缺陷赔偿责任。根据《产品质量法》和《侵权责任法》的规定，受害人可以向生产者要求赔偿，也可以向销售者要求赔偿，因此沈某可选择蔡某或“索普”电动车生产厂商作为赔偿义务人。

第四节　产品责任抗辩事由的国际比较

一、产品责任抗辩事由含义

目前，大部分国家产品责任制度实行严格责任制，但让生产者作为产品安全的绝对保证人有失公允，为了权衡侵权行为所涉及的利益，出现了产品责任抗辩制度，其抗辩事由在一定程度上保证了法律的公平性。

对于产品责任抗辩事由的概念，不同学者有不同的解释。美国法学家斯蒂芬·D. 舒格曼提出，抗辩事由是指被告已经被证明(或被指控)，过错性地伤害了受害人，或者是由于应承担严格责任的行为而伤害了受害人，对于为什么他或她不应该为损失承担全部责任，他需要提供令人信服的理由[①]。斯蒂芬主要是从免除责任承担的方面来定义。学者迪特尔·施瓦布认为阻碍请求权成立的构成要件要素被称为抗辩事由[②]。民事责任承担的条件就是请求权的成立，所以迪特尔从阻却请求权成立这个角度对抗辩事由作出定义。我国学者也对抗辩事由进行了分析，有学者指出，产品责任的抗辩事由是指消费者或使用者使用某种缺陷产品引起伤害或损失向生产者、销售者提起诉讼时，生产者或销售者可根据充分的证据进行抗辩，并据以减轻或免除自己责任的事实，也称为生产者或销售者的免责条件[③]。也有学者指出，抗辩事由常常被称为免责事由，是指被告针对原告的诉讼请求而提出的证明原告的诉讼请求不成立或不完全成立的事实。但同时指出，抗辩事由包括抗辩权、事实抗辩和免责事由等，免责事由之所以被称为抗辩事由是由于加害人提出免责事由后，效果上也会阻却侵权行为的成立，使受害人的请求遇到障碍[④]。

综上所述，无论是从哪种角度对抗辩事由进行定义，都是对于侵权责任的一种削弱。所以，我们可以认为抗辩事由就是侵权行为给他人造成伤害依法不承担责任时所适用的情形。

二、我国产品责任抗辩事由的立法现状及不足

我国法律中关于抗辩事由的确立主要规定在《产品质量法》中，其中生产者不

---

① 〔美〕斯蒂芬·D. 舒格曼：《侵权行为法比较研究》，高建学、周兆玉译，法律出版社，2006 年，第 828 页。

② 〔德〕迪特尔·施瓦布：《民法导论》，郑冲译，法律出版社，2006 年，第 163 页。

③ 李传熹、贺光辉：《中外产品责任抗辩事由比较研究》，《武汉科技大学学报》，2007 年第 9 期，第 81 页。

④ 王利明：《侵权行为法研究(上卷)》，中国人民大学出版社，2004 年，第 549 页。

承担赔偿责任的情形如下：

(1)未将产品投入流通。产品责任的出现是由于最终达到消费者手中的产品存在缺陷而造成损害引起的。而之所以规定生产者的责任，是因为生产者为了获得利益向市场投放了该产品，该产品由于存在缺陷造成了损害。如果生产者可以证明其并未将该产品投入流通领域，当然不存在损害结果出现的可能，不应该承担责任，这与欧美国家的立法相同。但是对于“投入流通”的概念我国法律并没有确切解释，使得司法和执法存在诸多困难。

(2)产品投入流通时，引起损害的缺陷尚不存在。生产者承担责任的条件是产品在其控制下存在缺陷并造成了损害。如果生产者可以证明在其控制下产品不存在缺陷或者产品是在进入流通之后产生缺陷的，那不应当由生产者承担损害责任。因为在产品进入市场之后，生产者丧失了对产品的控制，无法知晓产品的缺陷，如果此时让生产者对流通过程中出现的产品缺陷承担责任，这明显是不公平的。因此只要生产者能证明投入流通时缺陷不存在就应当免责。

(3)将产品投入流通时的科技水平尚不能发现缺陷存在。相对于欧美国家，我国经济发展水平比较落后，应该鼓励发明创造并将其投入市场产生效益。但是由于受到技术条件的限制，在当时生产的符合国家各项标准的产品可能仍然存在无法预计的潜在风险，在投入流通时现有的科技水平无法发现缺陷，随着科技的进步，该缺陷才被发现。如果用目前标准去评价过去产品的缺陷，明显是不合理的，它会阻碍生产者对于新的科技产品的研发。因此，规定生产者的此项抗辩事由有利于推动科技进步和经济社会的发展。

(4)诉讼时效届满和产品责任的请求权丧失。产品存在缺陷造成损害要求赔偿的诉讼时效期间为 2 年，自当事人知道或者应当知道其权益受到损害时起计算。因产品存在缺陷造成损害要求赔偿的请求权，在造成损害的缺陷产品交付最初消费者满 10 年丧失，但是尚未超过明示的安全使用期的除外。规定了诉讼时效和请求权的期限有利于督促受害者行使权利。如果权利人长期怠于行使其权利，则会使生产者的法律地位长期处于不确定状态，将导致当事人之间社会关系的事实状态和法律状态长期不一致，不利于在当事人之间建立新的、确定化的社会关系。

除了《产品质量法》中关于抗辩事由的规定，不可抗力也是各国普遍承认的抗辩事由，无论是采取哪种归责原则的国家，都明确将不可抗力作为免除产品责任的条件。

我国产品责任抗辩事由的不足之处，体现在以下几个方面。

(1)抗辩事由过于简单。由于对产品责任的归责采用的是严格责任，不管生产者的主观心态如何，因此为了相对地平衡生产者的过重义务，欧美国家对于抗辩事由的规定更加的细化、具体，以此来减轻生产者的过重负担。而我国的抗辩事由只有简单的三条规定，不足以充分保护生产者的权益。

(2)对于“投入流通”的概念无明确解释。缺陷产品的责任产生必须是产品已经投入流通，因而存在对消费者造成损害的威胁。如果产品虽然存在缺陷，但是生产者并未将该产品投入流通，那就不存在产品责任的问题。因此，必须对何为“投入流通”作出解释，这样才能对产品责任作出判断。《挪威产品责任法》第 2 条第 2 款规定：如果已将产品交给销售人、运输人、购买人或使用人，或者已向他们提供该产品，或者为了他们占有该产品而做好准备，为“投入流通”。其他一些国家也作出了明确的解释，而我国并没有作出解释，这就导致在司法过程中无法判断缺陷产品是否属于生产者可以免责的抗辩事由，不利于司法。

(3)对于“将产品投入流通时的科技水平尚不能发现缺陷存在”的规定较为模糊。在这个规定中存在两个问题，一个是“科学技术水平”的确定问题，需要明确标准是什么，主要依据国内技术标准还是国际先进标准，应当如何确定。这些在法律中都没有作出规定。另一个问题是在产品投入流通之后随着科学技术的发展对产品缺陷的认识问题。产品在当时的科学技术水平条件之下未能或者不能发现其存在缺陷，但在投入流通后，随着科学技术水平的发展产品缺陷逐渐被发现。在这种情况下，《侵权责任法》只规定了生产者、销售者的警示、召回义务。但是对于未采取补救措施或者采取补救措施不力造成损害的，应当如何承担责任，法律没有作出明确的规定。

(4)对于在产品缺陷符合国家的强制性标准的情况下生产者能否免责无规定。《产品质量法》第 46 条规定：“本法所称缺陷，是指产品存在危及人身、他人财产安全的不合理的危险；产品有保障人体健康和人身、财产安全的国家标准、行业标准的，是指不符合该标准。”由此规定得出，只要产品符合国家标准、行业标准，就不存在缺陷。但是在实际生活中，虽然产品符合国家标准、行业标准，也会给消费者造成严重的损害。欧美的一些发达国家对于此种情况下的产品缺陷问题的责任承担都作了规定，而我国法律却没有明确的规定。

(5)对于诉讼时效抗辩的规定存在冲突。诉讼时效届满是产品责任免责事由之一。《产品质量法》第 45 条规定了产品责任的诉讼时效期间为 2 年，自当事人知道或者应当知道权利受到侵害之日起计算，最长不能超过 10 年。从缺陷产品交付最初消费者之日起计算，但是尚未超过明示的安全使用期间的除外。而《民法通则》第 136 条规定了出售不合格产品未声明的诉讼时效为一年。诉讼时效的规定之间的冲突，是产品责任抗辩立法上的缺陷。

三、国外产品责任抗辩事由的法律比较

(一)美国产品责任抗辩事由

美国是世界上产品责任立法最早的国家，它已经形成非常完备的产品责任法

律体系。依据美国法律，生产者的抗辩事由如下：

(1)产品投入市场时引起损害的缺陷并不存在。美国《统一产品责任示范法》第104条规定：“产品的缺陷是由于后来不能预见的产品的修改或更改而引起的，产品制造者不负责任。这种改变产品包括变更产品的设计、构造或程序，或变更甚至除去附于产品的警告和指示。”由此，被告如果能证明引起损害的缺陷在投入流通时不存在，或是在产品脱离其控制后出现的，就可以不承担责任。

(2)产品的缺陷是由于遵循政府的强制性规定而导致的。美国商务部制定的《统一产品责任示范法》第108条规定：①产品致人损害的属性符合制造时有关产品设计、性能的立法机关的规范标准或行政机关的安全规范标准，产品应当视为不存在缺陷。②产品致人损害的属性符合制造时有关产品设计的强制性政府规定，即构成绝对抗辩，产品应当被视为不存在缺陷。美国的州法律还规定，如果产品符合州或联邦规则，则该产品是没有缺陷的。由此，生产者如果能够证明产品是根据政府的强制性标准制造的，可以不承担产品责任。

(3)产品已过使用期限的。美国《统一产品责任示范法》第109条规定：“产品出售者应对其产品在它的有效销售期限内所造成的损害负责。”这也就意味着消费者使用的产品超过有效期限造成损害的，销售者可以不承担责任。销售者只对合理期限使用的产品的缺陷负责，消费者使用过期的产品也说明了其已经选择对过期产品存在的风险自行承担，与销售者没有任何关系。

(4)受害人同意。如果消费者对于产品的缺陷和危险有一定的认识，但仍然甘冒风险地使用缺陷产品，在受到损害之后，生产者可以以此进行抗辩。美国《侵权行为重述第二编》第40条认为：“如果使用者或消费者发现了缺陷并意识到危险，但仍然继续不合理地使用该产品而受伤，不得请求损害赔偿。”也就是消费者发现了产品缺陷而愿意承受的，生产者不承担责任。例如，生产者药品的说明书明示“过量服用会产生副作用”，如果消费者仍然不依据提示使用而过量服用，那在产生损害的时候生产者可以依据此警告内容减免责任。

(5)受害人过错。受害人过错主要是指受害人在使用该产品的时候未按照产品的用途或者未合理地使用该产品，在受到损害之后，不得要求赔偿。美国《侵权行为重述第二编》第402条A项评注认定：“如果使用者或消费者……不合理地使用该产品而致受伤害，不得请求损害赔偿。”也就是受害人如果故意未按产品原用途进行使用或使用方法明显不当，则他无权就其因此所受到的损害请求赔偿。

(6)超过诉讼时效和请求权消失。美国《统一产品责任示范法》规定诉讼时效为3年，从原告发现产品或者应当发现产品的损害及其原因起开始计算。而且由于任何产品都会老化，让制造商无限期地承担责任显失公平，因此规定了损害赔偿请求权，当其超过存续期间就会归于消灭，生产者的产品责任即被免除[①]。《统一产品责任示范法》规定产品制造商对其产品承担责任的请求时效为10年，从制造商将造成他人损害的产品投入流通之日起算。

(7)其他抗辩事由。除了以上主要的几种抗辩事由之外，美国法律还规定了特殊敏感性、契约之规定、科技水平的限制等，都能在一定条件下成为生产者或销售者减免责任的事由[②]。这些抗辩事由在一定程度上为生产者或者销售者提供了一种有限保证，在出现上述情形之后，卖方对买方就不再负其他赔偿责任，买方也放弃对卖方的其他索赔权利。

(二)欧盟产品责任抗辩事由

欧洲的产品责任体系也相对完善，虽然欧盟各国的产品责任立法各有不同，但是为了平衡各国之间的利益，欧盟通过制定一些公约和指令来确保各国消费者的利益，其中也包含了生产者的抗辩事由，内容如下：

(1)产品投入流通时缺陷无法发现的。《欧洲经济共同体产品责任指令》第7条规定了如果生产者将产品投入市场时的科技水平不能发现缺陷存在的，生产者可以据此抗辩。任何新产品的出现本身就有一定风险的存在，如果要求生产商对科技发展而发现的产品缺陷承担责任，那就会严重打击生产商的创新积极性，阻碍科技的进步。此条抗辩事由属于发展中的风险抗辩，但是如何确定一段时间之内科学技术水平的状态，这种技术水平是否能得到所有制造商认可一直是争议的焦点。

(2)产品未投入流通的。其主要是指生产商未以任何形式将产品提供给任何人，包括批发、零售、租赁以及提供货物履行任何法定或约定义务，或提供货物作为奖品、捐赠甚至换取任何非金钱的代价(包括商品奖券等)，总之是指在任何情况下均未将该产品提供给其他人[③]。产品责任的产生以产品投入流通领域为条件，否则就不存在消费者购买及受到损害而需要保护的问题。将未投入流通的产品作为抗辩事由主要是保护不知情的生产商，但是并不保护那些明知产品有缺陷并决定不将产品投入流通的生产商；如果这样，一旦雇员不小心将产品投入市场，他们就会为生产商受罚。

(3)缺陷是由于遵守公共机构的强制性法规造成的。目前，欧洲大多数国家的产品责任立法均承认这条抗辩理由，认为如果生产者为使产品符合国家法律的强制性要求而导致产品产生缺陷的，可以免责。《欧洲经济共同体产品责任指令》

---

① 袁士槟：《美国对联合国的政策》，《世界历史》，1992年第5期，第15～17页。

② 李传熹、朱光辉：《中外产品责任抗辩事由比较研究》，《武汉科技大学学报》，2007年第9期，第282页。

③ 高华：《联合国与国际联盟比较研究》，《世界经济与政治》，1996年第5期，第55页。

第7条规定："产品为符合官方政府的强制性法规而制造产生缺陷的，生产者不承担责任。"法国、丹麦的产品责任法也都规定了产品的缺陷是由法律的强制性规定而造成的，生产者不承担责任，从而使其成为生产经营者在产品诉讼中的有效抗辩事由，德国和英国也有类似的规定①。比利时的法律中，对于遵循公共机构或政府强制性的法规造成的损害，先由生产者或者销售者来承担责任，随后有权向相应的公共机构或者政府要求补偿。

(4)受害人的过错。其主要是指如果受害人对于损害的发生存在过错，那生产者或销售者可以据此减免责任。《欧洲经济共同体产品责任指令》第8条规定：考虑所有情况，如果损害是由于产品的缺陷和受害人或受害人对其负有责任的任何人的过错引起的，则生产者的责任可以减轻或免除。这一条抗辩只适用于强制性的标准，生产者不能依据一些任意性条款来提出该项抗辩。

(5)组件生产商的抗辩。由于产品的生产工艺复杂，一件产品的部件可能是由不同的生产者生产，再由另外的生产者进行组装。在缺陷产品出现损害之后，如果是最后部件组装时零件误用造成的，要零件生产商来负责会有失公平。在这种情况之下，《欧洲经济共同体产品责任指令》也为之提供了相应的抗辩，即只要缺陷的产生是终端生产商误用部件所产生的，产品组件生产商就可以以此主张免责。但是采用该项抗辩的条件是，终端产品生产商的指令必须非常清楚，以至于部件生产商没有任何余地去纠正缺陷，这点很难把握。

(6)其他抗辩事由。如受害人自担风险、非正常使用产品或误用产品、特殊敏感性、契约之规定、已过诉讼时效等抗辩。

(三)日本产品责任抗辩事由

日本的产品责任主要在《制造物责任法》中予以规定，而且其中也明确规定了生产者的抗辩事由。《制造物责任法》第4条规定："制造业者等能够证明以下各款所揭示的事项时，即可免除制造商的赔偿责任：依其制造业者等于交付该制造物时的科学或技术水平，不可能认识该制造物有那种缺陷。该制造物作为其他制造物的组件或原材料使用的情形，该缺陷系遵从该其他制造物的制造业者的指示专门设计所致，且对于该缺陷的发生并无过失。"

除此之外，在日本产品责任法中作为原告赖以胜诉的三个构成要件包括产品存在缺陷、原告受到伤害、伤害与产品缺陷间有因果关系若不成立，被告也可主张抗辩，要求减免责任的承担。

通过对上述国家产品责任抗辩事由的分析，我们可以看出，发达国家对产品责任的抗辩事由都极其重视，都有较完善的立法，尤其欧美国家，对于抗辩事由

① 杨国平、梁三利：《论生产者的产品责任抗辩事由》，《商业研究》，2003年第15期，第153页。

的规定尤为具体，其他国家相对而言较为简略。

四、完善我国产品责任抗辩事由的法律建议

我国产品责任的抗辩事由在一定程度上平衡了生产者与消费者之间的利益，促进了社会经济的发展，但是仍需要遵循产品责任立法中的利益兼顾原则，借鉴国外的成功立法经验对产品责任的抗辩事由进行完善。

1. 增加免责事由的种类

因为我国的免责事由只有四条，不足以平衡生产者与消费者之间的利益，而且随着技术发展，仅有的免责事由越来越难以适用。所以，要借鉴国外立法对免责事由进行更加细致的规定。建议增设如下抗辩事由：

(1)特殊敏感性。特殊敏感性主要是针对一些特异体质的人的抗辩。由于人的机体的复杂性和特异性，不同的人可能会对某些物质产生特异反应。如果仅因为个别特异人群对产品产生不良反应就认为产品存在缺陷，会导致产品缺陷认定存在偏颇，加重了生产者的负担。因此，增设特殊敏感性抗辩，凡产品或其配料对大多数人不产生损害的，认为伤害是使用者对产品特别敏感引起，而非产品缺陷引起的。

(2)受害人同意。受害人同意主要是指受害人对于缺陷有充分的认识能力，但是自愿或者继续不合理地使用该产品造成自身损害的，被告可以以此为理由主张抗辩。受害人同意遭受侵害，表明其有遭受损害的故意，只要不违反法律秩序和公序良俗，都可以作为一种正当的免责理由。例如，卖方出售产品时常常明示了一些免责条款，如果买方同意购买此产品，也就是同意了卖方的免责条件，在产品存在缺陷导致损害时，买方也就失去了向卖方请求赔偿的权利。

(3)受害人自身过错。我国产品责任抗辩事由中并无此规定，但《民法通则》第131条规定："受害人对于损害的发生也有过错的，可以减轻侵害人的民事责任。"这个抗辩事由有助于平衡生产者与消费者之间的利益，在司法实践中也经常用到。但是为了保护消费者处于弱势群体的利益，更好地监督生产者，应当将此抗辩事由再进行更加细致的规定，消费者的一般过失不应作为抗辩的事由，只将消费者的故意或者重大过失作为抗辩事由。

(4)因遵循政府强制性规定导致的产品缺陷。在产品制造行业，为了保证生产的产品的安全性，国家及相关行业组织制定了多项标准，生产者按照这些标准制造出的产品一般都可以满足消费者对于安全性的需要。在这个基础之上，生产者不可能也没有义务去验证国家的强制性标准是否科学。生产者按照这些标准生产出的产品，如果存在缺陷而让其对自己遵循国家法规的行为承担责任是不公平的，这样会使生产者遭受重大损失，不利于经济的发展。因此，生产者按照国家标准生产出的产品存在的缺陷也应当作为抗辩事由，不应当由其承担责任。

2. 对于"投入流通"的概念作出明确的解释

"未投入流通"的产品是我国产品责任抗辩的事由之一，因此我们应当明确"投入流通"的概念。应该从主客观两方面考虑：客观方面，产品已在市场上出现而且消费者可以取得该产品；主观方面，产品的消费者取得或接受产品是基于生产者的意思表示①。也可以说，虽然生产者对产品进行了加工、制作，但是没有投入销售的，不属于投入流通的产品。例如，产品被盗窃后在市场上销售从而造成损害的，如果生产者能证明该产品的出现不是基于自己意思表示的，就认定生产者还未将产品投入流通。

3. 对于"发展风险"作出明确的界定

首先，明确"科学技术水平"的标准，应当以整个社会的最新技术为标准。这是因为一般来说，整个社会的技术总是涵盖最先进的技术标准，对于此项缺陷生产者应当尽早采用这种技术进行完善，而不能以自己掌握的技术为限，这是生产者的义务。其次，对于产品投入流通之后随着科技发展才发现缺陷的，生产者不承担责任。这种随科技发展产生的风险属于发展风险，而对于发展风险时间的界定，各国产品责任法一般以产品投入流通的时间为考察的标准时间。然而流通是一个持续的过程，笔者认为，在商品不断投入流通中时，应当以最新科技能够发现产品缺陷之前最后一次投入流通为标准，生产者对于在此之前投入流通的产品免责，而在此之后的产品不能免责。然而，即便产品责任抗辩事由成立，生产者在发现流通产品的危险后也应采取一定措施，譬如召回，否则应当承担责任。

4. 统一诉讼时效抗辩期间

《民法通则》和《产品质量法》规定的诉讼时效存在矛盾，极易造成司法实践的混乱，因此应当进行统一规定。美国《统一产品责任示范法》也建议，一般诉讼时效为 2 年，从原告发现或者在谨慎行事情况下应当发现产品的损害及其原因时起计算；对于最长诉讼时效，该法是通过规定从一般产品的安全使用期来体现的，即超过产品安全使用期而造成损害的，销售者不承担责任。因此，出于对消费者权利的保护，我们可以借鉴美国的规定，采用现行《产品质量法》的规定，统一我国关于产品责任抗辩的诉讼时效期间为 2 年，最长期间为 10 年。

第五节　产品召回法律制度的国际比较

一、我国缺陷产品召回制度的立法现状

我国有关产品召回的规定散见于部门规章中，如《医疗器械召回管理办法》

① 杨国平、梁三利：《论生产者的产品责任抗辩事由》，《商业研究》，2003 年第 15 期，第 152 页。

《药品召回管理办法》《儿童玩具召回管理规定》《食品召回管理规定》《缺陷汽车产品召回管理条例》等，至今没有一部统一的产品召回的法律、法规。我国现行法律没有对产品召回制度作出具体规定。《产品质量法》第 26 条规定："生产者应当对其生产的产品质量负责。产品质量应当符合下列要求：(一)不存在危害人身、财产安全的不合理的危险，有保障人体健康和人身、财产安全的国家标准、行业标准的，应当符合该标准……"《产品质量法》第 41 条规定："因产品存在缺陷造成人身、缺陷产品以外的其他财产(以下简称他人财产)损害的，生产者应当承担赔偿责任。生产者能够证明有下列情形之一的，不承担赔偿责任：(一)未将产品投入流通的；(二)产品投入流通时，引起损害的缺陷尚不存在的；(三)将产品投入流通时的科学技术水平尚不能发现缺陷的存在的。"最新修订的《消费者权益保护法》第 7 条规定："消费者在购买、使用商品和接受服务时享有人身、财产安全不受损害的权利。消费者有权要求经营者提供的商品和服务，符合保障人身、财产安全的要求。"《产品质量法》《消费者权益保护法》的上述相关规定虽然为缺陷产品召回的实际运作提供了实体法上的依据，但却存在操作上的局限性，所以需要由国家颁布特别法来调整缺陷产品召回制度。最新修订的《消费者权益保护法》第 18 条规定："经营者应当保证其提供的商品或者服务符合保障人身、财产安全的要求。对可能危及人身、财产安全的商品和服务，应当向消费者作出真实的说明和明确的警示，并说明和标明正确使用商品或者接受服务的方法以及防止危害发生的方法。"这里对"防止危害发生的措施"缺乏具体的操作程序，比如向哪个具体行政部门报告，采取什么方式告知消费者，应当采取哪些措施防止危害的发生，怎样评价经营者是否尽到义务而没有隐瞒和懈怠等。《中华人民共和国侵权责任法》(简称《侵权责任法》)第 46 条规定："产品投入流通后发现存在缺陷的，生产者、销售者应当及时采取警示、召回等补救措施。未及时采取补救措施或者补救措施不力造成损害的，应当承担侵权责任。"但如何召回仍然没有规定①。

二、缺陷产品召回制度的国际比较

发达国家和地区有关产品召回的立法发展较早，较为成熟和完整，目前实施缺陷产品召回制度的国家主要有美国、日本、韩国、英国、法国、加拿大、澳大利亚等。现选取几个有代表性的国家和地区的召回制度进行介绍，以期完善我国缺陷产品召回制度。

---

①　值得注意的是，《缺陷产品召回管理条例(征求意见稿)》虽然经过 2009 年的听证后至今仍然处于草案阶段，但它表明了立法的基本方向，即统一各种产品的召回程序。2012 年 10 月国务院审议通过《缺陷汽车产品召回管理条例》，自 2013 年 1 月 1 日起施行，该条例仅仅对汽车规定了比较详细的召回程序。

（一）美国缺陷产品召回法律制度

美国是最早实行产品召回制度的国家，其有关产品召回的历史最长，相关的管理程序最严密，有关产品召回的法律制度也最完善。研究美国的产品召回制度，对于健全我国缺陷产品召回制度，完善我国消费者权益保护制度无疑具有重要的现实意义。

美国的缺陷产品召回制度起源于汽车业。第二次世界大战后，美国汽车生产量和保有量大幅度增加，交通事故引起的死亡和负伤人数也不断攀升，由此给民众造成的经济损失更是不计其数。用户常常把事故归结于汽车制造上的缺陷，为此不断与汽车制造商出现法律纠纷，这在当时成为一种社会现象，但现有制度却使汽车用户陷入无助的状态[①]。1965 年，参议院委员会听证汽车安全问题的报告后指出，汽车制造商不太关心汽车安全方面的设计。同年，美国律师拉尔夫·纳德的《任何速度均不安全》一书出版，在书中作者无情地揭露了美国汽车工业一味追求利润，不顾汽车质量和安全的现象，在美国引起极大的社会反响。1966 年，美国国会迫于消费者运动的强大压力，通过了《国家交通和机动车安全法》。该法明确规定汽车制造商有义务召回缺陷汽车，且必须将情况通报给用户和交通管理部门，进行免费修理。该法规定交通部下设的国家高速公路安全管理局（National Highway Traffic Safety Administration，NHTSA）负责制订机动车的安全标准、监督汽车制造商执行有关标准等有关汽车召回事项。该法不仅规定了汽车召回的基本条件和程序，还规定了违反汽车召回规定的制裁措施，并以明确的主管部门、广泛的召回对象、科学的联邦与各州法律互为补充的法律体系令美国在汽车召回管理方面取得了积极的社会经济效果，由此也为美国缺陷产品召回制度奠定了坚实的基础[②]。随着召回在汽车产品领域的成功实施，1972 年美国颁布《消费品安全法》，授权美国消费品安全委员会（Consumer Product Safety Commission，CPSC）对有缺陷的产品实施召回，这标志着缺陷产品召回制度的正式确立。此后，美国陆续在多项产品安全和公众健康的立法中引入了缺陷产品召回制度，召回范围也扩展到包括几乎所有可能对消费者造成伤害的产品。尤其值得一提的是美国的食品召回制度，从世界范围来看，美国的该项制度是适用范围最广、最健全的。美国食品召回的法律依据主要是《联邦肉产品检验法》（Federal Meat Inspection Act，FMIA）、《禽产品检验法》（Poultry Products Inspection Act，PPIA）、《食品、药品及化妆品法》（Food，Drug and Cosmetic Act，FDCA）以及《消费者产品安全法》（Consumer Product Safety Act，CPSA），同时还有相应配套的法规细则。美国食品召回有一套严格的分级标准和操作程序，特别

① 黎卫东：《构建我国的缺陷产品召回制度研究》，西南政法大学硕士学位论文，2005 年。

② 李付林：《中国产品召回制度立法问题研究》，武汉大学硕士学位论文，2005 年。

是分工明确的主管部门使得美国在食品召回的具体实施工作中取得了很好的效果。缺陷产品召回制度已经成为美国产品质量管理和政府进行经济调控的常用手段。

（二）欧盟缺陷产品召回法律制度

欧盟制定有严格的消费者保护政策，其目的是确保欧盟范围内出售的所有商品的安全性，确保消费者的权利得到有效保护，确保消费者获得相关信息，以便作出知情选择，并且不被误导。对消费者保护不仅局限于本地消费，而是覆盖整个欧盟范围。从20世纪70年代开始至今，为适应欧洲经济一体化和商品自由流通的需要，欧盟制定并实施了一系列专门针对单项消费产品的产品安全指令，到了20世纪90年代，欧盟对消费者安全作出了明确的规定。为了确保欧盟整体市场稳定和社会公共安全，2001年欧盟出台了新的《欧洲经济共同体产品责任指令》。该指令处于欧盟产品安全法体系中的基础地位，它提出了产品质量安全的基本规定，是一系列产品安全专门法规的基础。它涉及的产品包括玩具、体育用品、打火机、纺织服装、家具等大多数日用产品。该指令规定了产品的召回（recall）措施，并且明确规定"召回"不仅旨在禁止或消灭危险产品的经销和流通，更注重和强调彻底地将危险产品从消费者手中召回，目的是从根本上彻底杜绝消费者对危险产品的使用[①]。这一新的指令最大的特点在于，第一次明确了生产商和分销商有法律上的义务向政府报告其产品是否安全，并要与政府市场监管部门合作，承担追踪产品走向、召回产品或从市场撤出产品等后果。新指令规定了各成员国要通过法律、法令和行政法规，建立和指定监控产品安全的相应机构，确保流入市场的产品的安全性。为了保证消费者保护政策的有效实施，欧盟还建立了一系列快速预警系统，如非食品类消费品快速预警系统（Rapid Alert System for Non-food Consumer Products，RAPEX）、食品和饲料预警系统（Rapid Alert System for Food and Feed，RASFF）以及医疗器械和药品等专门系统[②]。该指令规定当成员国采取措施限制产品投入到市场或要求从市场撤回或者召回产品时，成员国应将该措施通知委员会并说明理由，即一般的通知程序；如果某一产品或某类产品对消费者的健康和安全构成了严重的伤害，并且时间紧迫，就要通过RAPEX将此通知委员会。RAPEX设计的目的是处理新的、使用过的或维修过的非食品类产品所引发的紧急情况，当产品引发严重危险的可能性已经被查明时，允许所有成员国的市场监督主管当局立即采取相应措施，对消费品的销售或使用进行阻止或限制。RAPEX系统覆盖了除食品与药品之外的所有产品。

---

① 郭燕：《欧盟的RAPEX预警系统》，中国纺织经济信息网，2008年9月7日。

② 中国欧盟协会：《欧盟非食品类消费品快速预警系统分析》，http://www.ceua.org/into/eu/investment/11921 16478d21636.html，2012年2月3日。

欧盟依据该指令对缺陷产品实施补救措施的程序制定得非常详尽，具体包括提前计划、风险评估、补救措施、总结经验四个程序，每个程序都具有很强的操作性。针对该指令，欧盟各成员国都已转化为相应的法律或指令，确保生产者和销售者执行本指令所规定的各项义务，确保投放市场的产品的安全性。由于国情不同，欧盟各国关于缺陷产品召回的立法有所不同。例如，英国 1978 年的《产品安全法》授权主管机关，可以命令制造人或供应者就疑有缺陷的产品提供资讯，且某些情况下可以命令停业经营，或强制制造人为警告，主管部门本身不得命令召回①。同时，英国为了执行该指令，制定了《通用产品安全法规 2005》(GPS)，该法规对由消费者使用或可能由消费者使用的产品的安全性提出了强制性要求，对执行机关、生产商及分销商等重要条款作了定义。为了使生产商、销售商了解缺陷产品召回的程序，英国还专门制定了《英国消费品召回手册》。该手册对改进召回的新方法、召回监控和结果评估及召回后续事宜进行了详细的介绍，并以案例研究的方式对缺陷产品召回的程序进行了说明。值得一提的还有德国的产品召回制度。德国产品召回体现在《产品责任法》中，在该法中，德国确定的产品缺陷除了传统的三种缺陷，即设计缺陷、制造缺陷和警示说明缺陷外，还有跟踪观察缺陷。按照德国《产品责任法》，跟踪观察缺陷是指制造商将新产品投放市场后，对新产品应当尽到详尽的跟踪观察义务，在法律确定的较长的观察期中如果没有发现产品存在的问题，并且因此造成了损害，就应当承担侵权责任。这种对新产品在观察期内因没有尽到跟踪观察义务的缺陷，就是跟踪观察缺陷。如果发现存在损害的可能性的，就要召回。德国法确立跟踪观察缺陷的宗旨，改变了在保护消费者利益和促进科技进步两难选择中选择后者的传统立场，转变到保护消费者的立场，对消费者的利益给予更多的关注，对产品召回制度的完善具有重大意义②。

（三）日本缺陷产品召回法律制度

日本的消费者立法比较先进，也比较特别。日本的消费者权益保护法以消费者保护基本法为核心，大致形成了关于确保安全性的法，关于商品表示的法，关于确保契约公正的法，确保公正、自由竞争的法以及关于消费者救济的法③。目前日本在《消费者产品安全法》《电气产品和材料安全法》《气体工业法》《关于加强液化气安全和优化交易法》《家庭用品含有有害物质管理法》五部法律中授权有关部门责令制造商对缺陷产品负有实施召回的义务④。

① 张云：《我国缺陷产品立法研究》，经济管理出版社，2007 年，第 202 页。

② 杨立新：《考察德国荷兰侵权行为法的新启示》，北大民商法律网，2009 年 3 月 6 日访问。

③ 何勤华：《日本法律发达史》，上海人民出版社，1999 年，第 281～282 页。

④ 王菁：《关于建立我国缺陷产品制度的法律思考》，《法治视野》，2009 年第 6 期。

(四)发达国家缺陷产品召回制度对我国的启示

1. 拥有完善的消费者权益保护法律体系是前提

产品召回的首要目的和功能是保护消费者权益。产品召回制度的建立体现了保护弱者、维护公平的思想。

美国作为消费者运动的起源国，最早提出消费者权益保护工作，最先提出对消费者损害的精神赔偿及惩罚性赔偿问题。这些世界之最决定了美国在消费者权益保护方面的法律制度相当完善。美国没有消费者保护基本法，但是众多单项的成文法和长期积累的大量判例构成了美国消费者权益保护法律体系。有关产品召回的法律正是美国消费者权益保护法律体系中的一部分，美国至少有十几项法案与产品召回制度有关，并对其作了详细的规定。

欧盟制定了完善的产品安全法律法规，如《欧盟通用产品安全指令》《缺陷产品责任指令》和《消费者保护与信息政策》等，规定了成员国监督和管理的具体权力，从不同层面加强了产品安全管理，确保了消费者的利益。欧盟及各成员国保护消费者权益法律的统一性，在产品召回方面表现得特别突出。例如，欧盟各成员国以立法方式规定：新产品投放市场以后，制造商必须跟踪观察。如存在损害的可能性，则要召回。

2. 明确的部门分工和有效监管是强有力保障

美国、日本、欧盟各国及其他产品召回制度实施成功的国家还有另外一个值得我国学习的地方就是：各国在处理大量的缺陷产品召回的过程中，行政力量已经成为必不可少的组成部分。明确的分工保证了产品召回的效率，如美国的CPSC是享有最广泛执法管辖权的消费者保护机构，也是产品召回最主要的主管机构，其职能之一是按照《消费者产品安全法》的规定，对大约 15 000 种在学校、家庭和娱乐活动中使用的产品拥有管辖权，包括召回；除此之外，还有一些特殊机构对缺陷产品有召回执法管辖权，具体包括：①NHTSA，负责机动车及其配件的质量和召回；②FSIS(Food Safety and Inspection Service，即农业部下设机构食品安全检疫局)，主要负责监督肉、禽和蛋类产品的质量和缺陷产品召回；③FDA(Food and Drug Administration，即卫生部下设机构食品与药品管理局)，负责 FSIS 管辖权以外的食品、药品、化妆品、医疗设备的质量和缺陷产品的召回。

在澳大利亚，由其政府与新西兰政府合作成立了消费者事务部级会议，其主要目标是为消费者提供更为完善、更为统一的保护。澳大利亚负责消费者事务的大臣即财政部竞争与消费者政策司的司库议会秘书在产品召回中通常起着决定性的主导作用，澳大利亚竞争和消费者委员会协助消费者事务大臣并指导产品供应者进行产品召回。澳大利亚其他的政府职能部门，如澳大利亚和新西兰食品标准局、医疗制品管理局、澳大利亚农药与兽药管理局、国家和地方电器管理部门等机构则依照各自的职权对特定的产品召回予以指导[①]。可见，政府主导下的产品召回已经在执行过程中显示出了它的优势，即法律授权、按照产品类别分工管理、执行机构多元化，结果就是完备的执法手段和力度带来的消费者权益的最大保护。

3. 惩罚性赔偿制度是促使企业主动召回的助推器

惩罚性损害赔偿也称惩戒性的赔偿，一般是指由法庭所作出的赔偿数额超出了实际损害数额的赔偿。作为一种集补偿、惩罚、遏制等功能于一身的制度，惩罚性赔偿主要在美国法中采用，为美国所固有[②]。惩罚性或惩罚性的损害赔偿的裁定，不是对受害者的补偿，而是对被告的惩罚或惩戒[③]。英美法系国家都制定了惩罚性损害赔偿办法，法院可以判令责任人在支付通常赔偿的同时，还要支付高于消费者损失的赔偿金。美国早在18世纪末就承袭英国普通法的惯例，确立了惩罚性的损害赔偿，使之成为对被害人所应给付的损害赔偿项目。美国惩罚性损害赔偿的实施使得其产品变得更加安全，它的产品责任法也因此被誉为“世界上最先进和最精致的消费者保护制度”。在欧洲，产品责任并没有引进美国那样的惩罚性损害赔偿制度。相反，不少国家的法律或国际条约就有关人身损害最高赔偿限制作了明确规定。《欧洲经济共同体产品责任指令》允许各成员国在立法上规定的总额不得多于7 000万欧洲货币单位。欧洲各国限制赔偿数额的用意并非在于否定产品由于缺陷造成损害应获损害赔偿金，而在于减轻生产经营者经济上的负担，进而平衡生产者和消费者的利益。而其在适用过程中，也一定程度上影响了产品责任制度对消费者、使用者的保护力度[④]。

美国、欧洲等国家和地区之所以能够确保缺陷产品召回的实施力度，很大原因是对因缺陷产品造成消费者损害的生产经营者，轻则给予处罚、重则可能会判决企业给予消费者巨额赔偿，甚至还可能对相关责任人处以刑事责任。所以说，缺陷产品召回制度需要配以严格的惩罚措施才能真正地达到保护消费者人身、财产权益的目的。虽然属于大陆法系的日本并无惩罚性赔偿制度，但是受到英美的惩罚性赔偿制度的学理和判例的影响，其理论上已越来越关注并肯定惩罚性赔偿制度。日本的召回制度中引入了刑事责任，对拒不召回或隐匿召回的，除对法人处以上亿日元的罚金外，还会对个人课以刑期一年以下的监禁。

由此可见，惩罚性赔偿制度与产品召回制度同步实施，能促使企业更认真地履行产品召回的相关规定，能有效地对缺陷产品进行控制和管理，从而有利于保

---

① 徐世英：《产品召回制度：中国消费者的福音》，北京大学出版社，2008年，第51页。
② 王利明：《美国惩罚性赔偿制度研究》，《比较法研究》，2003年第5期，第1～15页。
③ 〔美〕文森特·R. 约翰逊：《美国侵权法》，赵秀文，等译，中国人民大学出版社，2004年，第67页。
④ 张云：《我国缺陷产品立法研究》，经济管理出版社，2007年，第96～98页。

障消费者的权益。如果在制度上没有足够的惩罚性赔偿的警戒，且企业接受惩戒的成本比召回的成本小，那么在投机和逐利心理的支配下企业必然不愿意召回其生产的缺陷产品，产品召回制度也就不可能得到很好的贯彻落实，所制定的产品召回法律也将成为一纸空文。

三、完善我国缺陷产品召回的法律建议

(一)尽快出台《缺陷产品召回管理条例》，为制定《缺陷产品召回法》做准备

在美国，对缺陷产品召回具有最广管理范围、最丰富召回经验的消费品安全委员会主要以五部法律为依托，即《消费品安全法》《易燃纺织品法》《联邦危险品法》《防止有毒物质包装法》和《冰箱安全法》[①]。我国的缺陷产品召回制度在立法上相当薄弱，目前关于产品召回的专门立法仅限于地方性法规和部门规章。2009年6月1日施行的《食品安全法》首次以基本法的形式规定了食品召回制度，但是更大范围上的产品召回制度还未展开，还有更多的产品召回处在无法可依的状态。汽车、食品、药品、玩具的召回之路，虽然处在有法可依的状态，但是还有许多不完善的地方需要改进。为此，有学者建议我国应尽快制定《缺陷产品召回法》。我们赞成制定《缺陷产品召回法》，但是根据我国当前国情和立法现状，短时间内制定《缺陷产品召回法》的条件还不成熟。我们可以《缺陷产品召回管理条例》这部行政法规出台前的讨论为契机，以出台后的执行以及在实践中发现的问题为突破口，为《缺陷产品召回法》的最终出台奠定基础。我们可以通过《缺陷产品召回法》确立缺陷产品召回制度的执法主体、召回标准、召回程序和法律责任，从而保证缺陷产品召回制度具有较高的法律效力。凡涉及公众安全和健康的产品都应纳入产品召回对象的范围，对不同类别的缺陷产品的召回，可以授权行政主管部门以《缺陷产品召回法》为依据，制定具体的操作规范[②]。

(二)修改《产品质量法》《消费者权益保护法》等已有法律

我国现行的消费者权益保护制度主要体现在《产品质量法》和《消费者权益保护法》中。虽然这两部法律为消费者提供了维权武器，但是它们仅限原则上的规定，涉及缺陷产品召回方面的内容更是泛泛之谈，而且太笼统，缺乏可操作性[③]。虽然最新修订的《消费者权益保护法》明确了经营者产品召回的义务，但并没有具体的制度设计。维护消费者的权益是缺陷产品召回制度的基本原则，也是召回的“灵魂”，而缺陷产品召回制度可以督促企业关注产品质量，有利于保护消

---

① 赵晓光，刘兆彬，郑卫华，等：《欧美产品召回制度》，清华大学出版社，2008年，第3页。

② 朱福娟：《浅谈产品召回制度中和谐消费关系的构建》，《经济问题探索》，2009年第4期，第169～173页。

③ 张磊：《名牌频“失足”呼唤电脑召回制》，《中国消费者报》，2007年3月15日，第C06版。

费者的利益，有利于打造“中国制造”的品牌形象。如前所述，我国《产品质量法》中关于“缺陷”的双重认定标准在理论上和实践中饱受诟病，应该加以修改、完善。因此，我们建议在我国的《产品质量法》中确立缺陷产品召回制度，以夯实我国缺陷产品召回制度的基础。

（三）明确部门分工，加强政府监管，完善产品质量监督体系

在缺陷产品召回过程中，政府有关部门应该发挥重要或主要的作用，这是因为在产品销售和售后服务质量问题处理环节，消费者与企业之间存在着很大程度上的信息和地位不对称，企业可能会对产品缺陷有所隐瞒，甚至会将严重的系统性缺陷作为一般的产品质量瑕疵进行处理。为此，政府部门必须适时介入，因为在政府部门监督管理下完成的召回行为，不仅可以最大限度地消除数量庞大的缺陷产品存在的安全隐患，帮助制造商最大限度地减少产品责任赔偿费用，还直接减少了全社会解决缺陷产品危害问题的管理成本，避免和减少为数众多、复杂持久的司法诉讼、保险赔偿费用等经济发展的社会成本。缺陷产品召回的特性使其被纳入公法调节的范畴，在许多召回制度比较成熟的国家，政府管理由于其主动性强、覆盖面广、监督力量大、社会成本低等不可替代的优势而成为介入缺陷产品召回制度的第三方[①]。美国有多个行政机构对缺陷产品及其召回具有行政管辖权，日本政府在产品召回的执法过程中，大量运用行政指导这种比较完备的手段和力度，而不仅仅是靠法律这个政府本身所拥有的力量源泉，从而取得了显著的效果。如前所述，我国产品召回制度存在政府部门分工不明确的缺点和弊端，因此，当前中国缺陷产品管理的困窘不仅仅是来自立法的空白和执法的盲区，也来自不确定的职能管理部门和没有独立公正的监督机构。因此，对政府职能部门而言，实行缺陷产品召回制度不应是简单的权力分配，而是明确职能、建立执行部门的权威性，增加透明的监督机制。其他发达国家的立法和实践经验值得我们借鉴，例如美国，虽然有很多机构（多达 17 个产品安全管理机构），但分工明确，根据行业的不同，由多个行政机关对缺陷产品及其召回享有管理权，在一类产品上往往是由一个独立的机构管辖，它们之间权能并不重叠，而是互相监督。我国缺陷产品召回制度尚处于起步阶段，但行政机构的专业化分工应是一个必然的走向。我们认为，现阶段可以由国家质检总局负责一般产品的管理，类似于美国的食品药品管理局负责对食品、药品、化妆品和保健品的质量安全管理；汽车管理则应考虑组建新的质量管理机构，如由交通部下设一个公路交通安全局负责[②]。将来在条件成熟的情况下，应当设立国务院的直属机构，对全国性的消费者事务和普通产品召回进行统一的监管，并在各省级政府设立分支机构，主管各辖区的

---

① 张云：《我国缺陷产品立法研究》，经济管理出版社，2007 年，第 227 页。

② 张云：《我国缺陷产品立法研究》，经济管理出版社，2007 年，第 229 页。

普通产品召回；对于各类特殊产品的召回，则由食品、药品等主管部门负责监管。这种做法一方面可以提高产品召回监管部门的权威，另一方面又可以在一定程度上克服地方保护主义①。政府监管政策不健全是导致部分中国制造的产品在国内危及中国消费者安全，在国外屡遭品牌商召回的主要原因之一。要使召回制度落实到位，政府主管部门必须充分履行好监管职责，健全召回制度的配套体系，以强制召回保驾护航，保证召回制度的社会效果②。与此同时，随着我国政府的经济管理职能从管理型向服务型转变，政府部门的工作思路也应有所创新，在对产品质量加强监管的过程中，应不断探索适合我国国情的产品召回管理方式。

(四)建立统一、科学、权威的检测监控体系

为了明确区分产品的"系统性缺陷"与"偶然性缺陷"，需要有一个公正、权威和独立的常设机构来对产品的质量缺陷进行检验和认定。以汽车召回为例，《缺陷汽车产品召回管理规定》第 11 条指出，"主管部门应当聘请专家组成专家委员会，并由专家委员会实施对汽车产品缺陷的调查和认定。根据专家委员会的建议，主管部门可以委托国家认可的汽车产品质量检验机构，实施有关汽车缺陷的技术检测。专家委员会对主管部门负责"。目前，国家质检总局已经批准 27 家检测机构承担缺陷汽车产品检测任务，对实施缺陷汽车产品检测与实验任务的过程进行监控，从而确保检测与实验数据的客观、科学、公正、权威③。需要关注的是，这些检测机构均与制造商有隶属关系。因此，选择公正、客观的检测机构对于产品缺陷检验和认定的权威性来说至关重要，可以说建立统一、科学、权威的检测监控体系是建立召回制度的基础。在我国发生的召回事件基本上都涉及进口产品，这是因为进口产品有国家统一标准和统一检测机构，海关有记录，而国内生产的产品一般没有统一的检测体系，地方检测部门发现有缺陷，一般只做行政处罚了事。缺乏全国性的检测体系，难以实现全国范围内的召回制度。有了全国统一检测体系的检测结果，制造商才能证明其产品是否需要召回，主管部门也可通过缺陷产品信息系统继续跟踪。如企业不能提供权威检测结果，又不主动实施召回的，主管部门认为必要时可委托国家的质量检测机构检验，结合专家意见作出是否实施召回的决定。我们认为，应当设立权威性的产品质量官方检测机构对产品质量进行检测和鉴定。官方机构检测可以设立在质量技术检验检疫部门下，由其确认产品是否存在缺陷、缺陷的程度、伤害发生的可能性等，并配合有关消费者保护机构的产品执法行为。同时，第三方检测、认定是召回制度建立的一个重要环节。第三方机构不仅应具有技术属性，而且还应具有法律属性，属于法律

---

① 徐世英：《产品召回制度：中国消费者的福音》，北京大学出版社，2008 年，第 19 页。

② 王中霞：《论我国缺陷产品召回法律制度》，山东大学硕士学位论文，2007 年，第 23 页。

③ 徐世英：《产品召回制度：中国消费者的福音》，北京大学出版社，2008 年，第 183 页。

仲裁机构，必须保持中立性和权威性①。国家应鼓励民间产品质量检测机构作为第三方接受政府、厂商和消费者的委托，对产品质量进行检验鉴定。当然，第三方检测机构应当经过国家有关部门的批准和认证，并且配备高技术含量的检验鉴定设备。

缺陷产品召回制度在我国实施的时间不长，存在一些疏漏之处是在所难免的，但是现实情况不允许我们守着既有的成绩驻足不前，因为产品安全关系到企业的收益与信誉，关系到民众的健康和安全，更关系到国家的稳定和发展。因此，面对现今市场不安全产品时有出现的情况，当务之急是探讨现有制度的不足之处并加以改进。我国缺陷产品召回制度在立法、执法、司法及技术层面上都有亟须完善之处，这就需要相关部门的配合与跟进，需要进行大刀阔斧的改革。

➢案例分析

案情简介： 2011 年 3 月 15 日，央视"3·15"晚会曝光锦湖轮胎天津工厂违规大量使用返炼胺生产轮胎。3 月 16 日，锦湖轮胎厂家在其官方微博上发布消息，坚称报道"不准确"——"原片胶、返回胶的添加比例是按照重量来进行计算，并非直观的数量比例"。3 月 17 日，央视跟进报道，反驳锦湖的澄清声明。对此锦湖轮胎称，公司正配合国家质监部门进行检测，会公布官方声明以作回应。3 月 18 日，工信部办公厅发布消息称，将"积极配合有关监管部门进一步查处"。大批媒体开始跟风深入挖掘锦湖问题：媒体质疑锦湖其他工厂生产的轮胎也有质量问题，锦湖不予回应；媒体继续爆出锦湖 3C 认证被没收，锦湖否认。国家质检总局最后出面确认锦湖轮胎有 13 张 3C 认证证书被收回。

（资料来源：《锦湖轮胎事件》，http://wenku.baidu.com/view/60d3ce11a2161479171128f5.html，访问日期：2011 年 10 月 22 日）

争议焦点： 锦湖轮胎是否是缺陷产品，是否应该召回？

法理评析： 我国《产品质量法》第 26 条规定："生产者应当对其生产的产品质量负责。产品质量应当符合下列要求：(一)不存在危害人身、财产安全的不合理的危险，有保障人体健康和人身、财产安全的国家标准、行业标准的，应当符合该标准。"同时该法第 46 条规定："本法所称缺陷，是指产品存在危及人身、他人财产安全的不合理的危险；产品有保障人体健康和人身、财产安全的国家标准、行业标准的，是指不符合该标准。"轮胎早已被划入需要 3C 认证的目录之中。而 3C 强制认证制度，规定在强制目录中的汽车产品，必须符合强制性产品认证规则要求，否则不得出厂、销售、出口或在其他经营活动中使用。锦湖轮胎天津工厂违规大量使用返炼胺生产轮胎，导致产品不能符合国家标准，因而属于缺陷

① 张云：《我国缺陷产品立法研究》，经济管理出版社，2007 年，第 231 页。

产品。

我国《侵权责任法》第 46 条规定："产品投入流通后发现存在缺陷的，生产者、销售者应当及时采取警示、召回等补救措施。"所以锦湖轮胎应该召回。

事实上，2011 年 3 月 21 日，锦湖轮胎（中国）董事长通过央视《消费主张》栏目正式向消费者道歉，并发布了道歉声明。公司向各界公布将采取以下措施：①公司已经向没有尽到管理监督责任的锦湖轮胎（天津）有限公司管理负责人员下达了免职令。②公司出于对消费者负责的态度，在最短时间内确定锦湖轮胎（天津）有限公司没有按照公司内部标准生产的产品范围后申请召回。③公司将通过经销商在内的所有网络，站在消费者的立场上对于锦湖轮胎的所有质量问题进行快速处理。4 月 2 日，国家质检总局新闻发言人在新闻发布会上通报称，锦湖轮胎（中国）公司决定从 4 月 15 日起，在全国范围内，召回部分 2008 年、2009 年、2010 年、2011 年生产的锦湖轮胎产品，涉及数量共计 302 673 条。

第六章

特别市场规制法理论与实务

目前学界对市场规制法的内在体系有着不同的观点[①]：有学者认为市场规制法应分为市场规制一般法和市场规制特别法两部分。市场规制一般法是针对一般市场主体如经营者和消费者而制定的普遍性规则。特别市场规制法，则指针对特殊市场、特殊市场主体所确立的行为规则，与一般市场相比，这些特别市场则须特别规制，它主要包括房地产市场监管法、金融市场监管法等[②]。有学者将市场交易的标的对人的安全和健康的影响程度、信息和风险不对称的程度、经营者市场支配地位、对宏观经济运行的影响力及政府和社会舆论关注的程度作为认定特别市场规制度的依据，认为特别市场规制制度体系的基本框架包括金融市场规制、自然垄断业市场规制、食品药品和医疗市场规制法理论、建筑与房地产市场规制，并提出特别市场具有规制依据的多维度、有效规制的高难度及规制无效的高烈度等特征[③]。目前，美国的次贷风波引发的金融危机和我国房地产市场的波动，表明了特别市场监管的重要性和必要性。

第一节　房地产市场的法律规制

2013年以来，随着上一阶段房地产调控政策影响力的弱化，中国房地产市

---

① 对于市场规制法内部体系的组成部分，学者们有不同的看法，比较有代表性的有：①认为市场规制法由两部分组成；体系构成是反垄断法与反不正当竞争法两大部分。②认为市场规制法由三部分组成；市场规制法主要包括反垄断法、反不正当竞争法和消费者保护法。③认为市场管理法（基本上等同于市场规制法）由四个部分组成（参见熊可：《市场规制法体系研究初探》，转引自杨紫烜：《经济法研究（第四卷）》，中国政法大学出版社，2005年）。

② 王全兴：《经济法基础理论与专题研究》，中国检察出版社，2002年，第596页。

③ 肖江平：《特别市场规制制度的理论体系及其定位》，《甘肃政法学院学报》，2006年第2期，第37～43页。

场再次陷入新一轮的爆发性增长，并再次引发“泡沫论”“供需论”的理论争鸣。其中土地的供给问题始终是房地产市场关注的焦点问题，而在土地供给中，土地征收中的问题更是重中之重，它涉及我国房地产市场中土地来源的合宪性及我国传统的二元社会结构引发的社会问题。

一、我国土地征收中社会公共利益界定存在的问题

土地征收，在不同国家和地区的法律制度中有不同的称谓。美国法律中称为“最高土地权”的行使，英国法律中称为“强制收买”或“强制取得”，日本法律中称为“土地收用”或“土地收买”，我国香港称之为“官地收回”，而我国台湾地区称之为“土地征收”。从内涵上看，土地征收一般是国家根据公共利益的需要，强行取得他人土地所有权的行政行为。对于土地征收，世界各国普遍规定，必须以社会公共利益为目的。可以说社会公共利益是衡量国家土地征收权行使的正当性和合理性的唯一标准。我国在土地征收中也确立了公共利益的目的要件，但存在着社会公共利益的内涵和外延界定不清，界定主体设置不当及认定程序空缺等问题。

1. 社会公共利益的内涵和外延不清

我国 2004 年《中华人民共和国宪法修正案》（简称《宪法修正案》）第 10 条、《中华人民共和国物权法》（简称《物权法》）第 42 条及《中华人民共和国土地管理法》（简称《土地管理法》）第 2 条第 4 款都规定了，为了公共利益的需要可以征收集体所有的土地和单位、个人的房屋及其他不动产，但对社会公共利益的内涵和范围没有明确。

可见，我国的宪法和法律确认了要以公共利益为目的的土地征收制度。这是因为土地征收具有强制性特征，不需要取得土地所有权人同意就可以取得其土地，由此便引起了土地征收权和土地所有权的冲突，也产生了土地征收权是否滥用的法律问题。土地征收权的实质是国家借助公权力对私人利益的限制和剥夺。虽然按照德国著名学者耶林的所有权社会论观念，土地所有者应当承担着一定的社会义务，但是国家也不能随意对它进行限制。为了实现社会公共利益和个人利益的协调，应该明确社会公共利益的含义和具体范围。然而我国关于土地征收的宪法及法律都没有明确指出公共利益的内涵和外延。这种公共利益的模糊性规定为任意扩大公共利益的范围提供可能，加上我国现行法律本身的漏洞，更加助长了征收权的滥用。我国 1999 年 1 月 1 日实施的《中华人民共和国土地管理法实施条例》（简称《土地管理法实施条例》）第 17 条规定：“国家进行经济、文化、国防建设以及兴办社会公共事业，可以征收集体所有的土地。”据统计，随着 1998 年《土地管理法》的实施，政府动辄以市政建设、开发区建设等各种理由，先行征地进行土地储备，完全是在没有任何建设项目的情况下，就进行征地，而这就更谈不上项目的性质。各级政府通过这样的手段充实了积极财政，造就了大批的形象

工程。最终导致了目前的先“圈地”，后招商，乱办开发区，造就了土地尤其是耕地的闲置浪费现象[①]。对此学界给予高度关注并展开广泛讨论，有学者早就指出：“法律对公共利益内涵的界定不清，在一定程度上导致了征地权的滥用。在现实中，征地的目的早已不限于‘公共利益’，已经扩大到企业利益和个人利益，任何单位和个人都可以申请国家动用土地征用权来满足其用地需求。”[②]

2. 社会公共利益的界定主体设置不当

我国现行土地征收制度的审批流程依据是国土资源部于2004年发布的《建设用地审查报批管理办法》。该办法第7条规定，由市、县人民政府土地行政主管部门拟订农用地转用方案、补充耕地方案和征用土地方案，编制建设项目用地呈报说明书，经同级人民政府审核同意后，报上一级土地行政主管部门审查。可见，政府部门作为审批机关，在具体的审批过程中拥有社会公共利益的界定权力，即国家行政机关是社会公共利益的界定主体，这种设置存在许多隐患。

首先，在理论上隐含了政府利益就是社会公共利益的错误结论。政府代表的是国家利益，国家利益与社会公共利益虽然具有一定的同一性，但二者有着本质的区别，二者的关系可以简化为国家与社会的关系。对此，正如学者所言，国家是“在一定领土范围内对其国民进行控制并享有最高主权的一种特殊的社会组织形式”。同时，“社会是一个自主组织的，有着内在规律的‘独立经济法体系’，它是一个先于政治，外在于政治的独立领域，有其内在的原则，独立于政治或国家”[③]。当国家指社会化的国家时，二者是一致的，但当国家指特定的社会组织时，二者是明显不同的。政府作为独立的利益主体，有自身的利益诉求。对于政府的本质，美国学者弗里德曼曾指出“现代社会中有几百万雇员的政府是一个强大的利益集团，官僚们与任何行业集团一样贪婪地为其利益而斗争”[④]。而且政府往往会借社会之名为自己牟利，进而侵犯社会及私人的合法利益。

其次，实践中这种规定导致土地征收权的滥用。虽然符合社会公共利益是国家行使土地征收权的前提，但我国宪法和法律对之却缺乏明确的界定。加之现行制度中政府部门享有征地的审批权，这种规定隐含了政府部门在具体的土地征收中可以随意认定是否符合“公共利益的需要”。这样政府一方面是合法的征收主体，另一方面又是社会公共利益的认定主体，这种双重主体的规定必然导致政府的角色冲突。2004年修订的《土地管理法》第43条规定，除了乡镇企业、村民住宅、乡镇村公共设施和公益事业用地以外，任何单位和个人的建设用地都必须要

---

① 浙江大学公法与比较法研究所：《公法研究(第4卷)》，中国政法大学出版社，2005年，第134页。

② 于广思、冯昌中：《土地征收制度改革构想》，《中国土地》，2002年第8期，第25页。

③ 孙晓莉：《中国现代化进程中的国家与社会》，中国社会科学出版社，2001年，第15页。

④ 〔美〕弗里德曼：《法律制度》，李琼英、林欣译，中国政法大学出版社，1994年，第188页。

将农村集体土地先征为国有。这就意味着即便这种用途转换不符合公共利益，也必须先征为国有。这种规定是违宪的，但我国现行法律没有违宪审查，政府自然也不需要承担违宪责任。而且政府垄断土地一级市场，现行制度规定农村集体土地只能向国有土地单向转变。在现行法律对公共利益目的规定不明确的基础上，对所有用地项目政府都可以公共利益的理由实行征收；而现行法律制度对征收土地按原用途补偿①，它只考虑了土地作为经济要素的收益，而基本上忽略了我国农村土地特有的社会保障功能，这就决定了补偿时农民和集体是不可能分享土地的增值部分的。有研究表明："在征地过程中，农村集体及农民得到的农地征收价格大概为出让价格的 1/10，而农地出让价格又大约是市场价格的 1/5，也就是说补偿价格、出让价格和市场价格的比例为 1∶10∶50。"②也有调查显示，征地之后，土地增值部分的收益分配中投资者拿走了大头，占 40%～50%，地方政府拿走了 20%～30%，村级组织留下了 25%～30%，农民最终拿到的补偿款只占到整个土地增值收益的 5%～10%③。这种不完全补偿原则，剥夺了失地农民分享社会改革成果的机会，并进一步刺激了政府过度征地。

3. 社会公共利益认定的程序空缺

从理论上看，土地征收的目的性审查机制包括事前审查和事后审查两个方面。事前审查是指土地征收申请批准之前，有关机关对土地征收目的合法性的审查；事后审查是指土地征收被批准后，被征收人认为土地征收目的不具有合法性时的救济机制。但我国现行土地立法中缺乏土地征收审批程序的规定，在审查程序上没有任何征地目的合法性审查的规定，同时也没有把征地目的合法性的内容列入公告和听证的范围。可以说关于社会公共利益的认定的事前审查程序完全处于法律上的空白状态。

我国现行《土地管理法》第 45 条规定④，土地征收必须经过国务院或省、自治区、直辖市人民政府批准。但对事前审批的程序没有规定，而且对被征收人认

---

① 《土地管理法》第 47 条规定：征收耕地的补偿费用包括土地补偿费、安置补助费以及地上附着物和青苗的补偿费。其中土地补偿费为该耕地被征收前 3 年平均年产值的 6～10 倍，安置补助费为该耕地被征收前 3 年平均年产值的 4～6 倍。两项之和最高不得超过被征收前 3 年平均年产值的 30 倍。值得高兴的是，2012 年年末提请十一届全国人大常委会第三十次会议审议的《土地管理法修正案（草案）》中，对农民集体所有土地征收补偿制度作了修改。业内专家推测，主要内容是提高征地补偿数额，提高额度可能至少为现行标准的 10 倍。2013 年 3 月 7 日，《农村集体土地征收补偿条例》已上报人大常委会审议，期望提高补偿标准。

② 吴玲：《我国征地制度的制度悖论与创新路径》，《宏观经济研究》，2005 年第 10 期，第 15～16 页。

③ 转引自冯海宁：《土地征收该如何补偿》，http://news.xinhuanet.com/comments/2012-12/31/c_114209148.htm，2012 年 12 月 31 日。

④ 《土地管理法》第 45 条规定，征收下列土地的，由国务院批准：①基本农田；②基本农田以外的耕地超过 35 公顷的；③其他土地超过 70 公顷的。征收前款规定以外的土地的，由省、自治区、直辖市人民政府批准，并报国务院备案。

为土地征收目的不符合法律规定时的事后救济程序也没有任何的规定。《土地管理法实施条例》第25条规定："征用土地方案经依法批准后，由被征用土地所在地的市、县人民政府组织实施……征地补偿、安置方案报市、县人民政府批准后，由市、县人民政府土地行政主管部门组织实施。对补偿标准有争议的，由县级以上地方人民政府协调；协调不成的，由批准征收土地的人民政府裁决。征地补偿、安置争议不影响征收土地方案的实施。"可见在土地征收实施过程中，也缺乏被征地人参与征地过程的程序性规定。尽管征地程序中有公告和听证的规定，但其内容不仅缺乏征地目的合法性的内容，同时也缺乏农民参与听证的程序。法律只是象征性地规定，失地农民对补偿标准有异议时，可以向政府申请协调，如协调不成则直接由行政机关裁决。这种规定本身就有悖法理，这是因为补偿标准是政府单方面决定并公告出来的，说明政府是土地征收法律关系中的一方当事人，但同时又规定出现争议时由作为征地方的政府裁决。这说明政府集决策者、实施者、争议的协调者和裁决者四种职能于一身，既是"运动员"又是"裁判员"；同时也把征地中对失地农民权益保护最为重要的补偿标准排除在司法审查之外。这样政府的权力就没有任何约束，一切由政府自己说了算。这有悖公平、正义原则和司法最终原则。更让失地农民绝望的是，即使有争议也"不影响"征收土地方案的实施，这样农民权利基本属于空缺。法谚"有救济才有权利"，如果一项权利没有救济或有救济但救济结果没有任何效力，那么这项权利就是虚设的。而这种权利虚设恰恰出现在弱势群体的失地农民身上。可见，关于社会公共利益的认定的事后审查程序也处于法律上的空白状态。这种法律"真空"的状态导致实践中出现严重越权审批、先征后批等违法现象。2010年8月19日，国土部通报了房地产用地专项整治情况：整治过程中，发现违法用地面积近19万亩(1亩≈666.67平方米)，其中闲置用地占九成以上①。虽然我国2012年7月1日起施行《闲置土地处置办法》，但收效不大。我国法律虽然规定了土地征收要以公共利益为前提，但是现行法律在公共利益的界定程序上的空缺漏洞，已经严重损害了法律的权威性，严重侵犯了农民的合法权益，这与全面落实科学发展观、构建社会主义和谐社会，推进社会主义新农村建设的目标是背道而驰的。

二、国外土地征收中社会公共利益界定的比较与借鉴

1. 美国

美国对公共利益采用概括式的确定方式。《美国宪法》第5条修正案规定："非依正当程序，不得剥夺任何人的生命、自由或财产；非有合理补偿，不得征

---

① 赵鹏程：《全国闲置土地2815宗，国土部挂牌督办6宗土地违规案件》，http://dichan.sina.com.cn/bj/zt/2010xianzhitudi/，2010年8月19日。

用私有财产供公共使用。”联邦宪法第 14 条修正案规定：“无论何州，不得制定或施行剥夺合众国公民之特权或特点的法律；亦不得未经正当法律手续前使任何人丧失其生命、自由或财产，并不得不予该州管辖区内之任何人以法律上的非同等保护。”[①]实践中对公共利益采用的是广义的概念。美国有法官认为，“公共利益”一词的含义是不能被准确定义的。[②] 但法院通常用四个标准来区分公共使用和私人使用：该目的影响的是与个人相对应的共同体；法律左右征收后财产的使用；由公共组织拥有财产所有权；公众获取公共占有的利益，除了公共组织外没有人能够对该财产进行控制。其判例认为，只要行为后果涉及权利人之外的多数人，就认为符合公共利益[③]。在美国，私人土地如果要被征收，政府需要发出公告。在没有出示公告的情况下，应该召开听证会，采用司法或者类似司法的程序。同时，法院有权对公共利益目的进行审查。

2. 法国

法国对土地征收中社会公共利益的界定采取概括的方式。它以公私财产的划分来界定公共利益的需要。所谓公产，是指供公众和公务使用的一切财产。凡能产生公产只供公众和公务使用的一切财产增值的法律效果，均视为公共利益的需要，反之则违反了公共利益的目的[④]。1804 年民法典将其扩张为“公用”，并逐步扩大公用的范围，最初主要是指公共工程建设，到了 20 世纪，扩大到社会经济生活的各个领域，不仅是指公共的、大众的直接需要，且间接地能够满足公共需要的领域，以及行政主体执行公务和政府进行宏观调控的需要都被视为公共需要。

法国土地征收需要进行公共利益的调查。公共利益的调查由调查员或者调查委员会进行。公共利益的宣告需要符合事先的调查，符合《城市规划法典》与《环境法典》的相关规则，同时公共利益的需要应该包括实现计划所需要的期限。否则，最高行政法院可以对公共利益的宣告进行撤销[⑤]。其公用征收程序，包涵了完整的认定和批准公用目的的程序，被征用土地的利害关系人如认为不符合公益的目的，可以向行政法院提起诉讼。

3. 日本

日本对公共利益采用列举式的确定机制。日本将行政征收称为公用收用，它是指为供特定公共事业之用，而强制地取得私人的特定财产权的活动或制度。

---

① 李龙：《宪法基础理论》，武汉大学出版社，1999 年，第 341 页。

② Burgerv. City of Beatrice，181Neb. 213，220，147N. W. 2d. 784-790(1967).

③ 郭洁：《土地资源保护与民事立法研究》，法律出版社，2002 年，第 302 页。

④ 李轩：《中、法土地征用制度比较研究》，《行政法学研究》，1999 年第 2 期，第 32 页。

⑤ 许中缘：《论公共利益的程序控制——以法国不动产征收作为比较对象》，《环球法律评论》，2008 年第 3 期，第 25 页。

《日本国宪法》第 29 条规定："财产权的内容，应符合公共福祉，以法律规定之。私有财产在正当补偿下得收为公用。"其土地征收严重限制为公共事业用地，《土地征用法》第 3 条列举了 35 项共 49 种可予以行政征收的具有公共利益性的事业①。将公共利益目的的范畴严格限定在关系国家和民众利益的公益事业项目。《日本土地收用法》专门规定了对公共利益的司法审查制度。公共利益的认定程序包括认定机关及其权限范围、具体程序等。

可见，无论国外以美国为代表的普通法系，还是以法国、日本为代表的大陆法系都以社会公共利益为目的来严格限定征地的范围，尽管立法模式不同，但为防止土地征收的滥用，都规定了严格的征收程序，并把土地征收的社会公共利益目的纳入司法审查的范围，土地征收过程中维护公共利益的程序机制比较完善。

三、完善我国土地征收中社会公共利益界定的建议

1. 立法应明确社会公共利益的内容和范围

学界对社会公共利益的法律界定虽有争论，但大部分学者持肯定态度，但由于社会公共利益内容和受益对象的不确定性，社会公共利益的法律界定存在许多困难。但我们不能因噎废食，笔者在第四章中对经济法中社会公共利益的含义和基本特征进行了分析，在此基础上，笔者认为土地征收中的社会公共利益的界定不仅是必要的，而且是可行的。

由于我国《宪法》作为"母法"对社会公共利益没有明确界定，《物权法》作为重要的民事法律不宜对公共利益进行界定②。根据德国的宪法委托理论，宪法上对公共利益的概括规定，虽然是出于宪法本身的特点所规定，也代表了立宪者对立法者的一种立法的委托，寄希望于立法者续其未尽之志，而为一定之所为。因此，假如宪法并未使该内容确定，而该内容又是必须确定的，择优立法制定执行性质的法律来贯彻宪法，不仅仅是权限，亦是一种义务③。因而笔者建议借我国《土地管理法》修改之际，在该法中明确社会公共利益的内容和范围。具体思路如下：

(1)我国应采取概括加列举的立法模式。如前文所述，我国在土地征收中征收权滥用的现象十分严重，导致了农民的合法权益严重受损。农业、农村、农民问题是关系党和国家事业发展全局的社会问题。而土地问题是"三农问题"的根本

---

① 杨建顺：《日本行政法通论》，中国法制出版社，1998 年，第 472 页。

② 全国人大法律委员会副主任委员胡康生向十届全国人大常委会第二十三次会议汇报物权法草案的修改情况时表示，法律委员会反复研究认为，在不同领域内，在不同情形下，公共利益是不同的，情况相当复杂，而且征收属于公权力的行使，不宜也难以对各种公共利益作出统一规定(参见王利明：《物权法草案中征收征用制度的完善》，《中国法学》，2005 年第 6 期，第 59～60 页。)

③ 陈新民：《德国公法学理论基础(上册)》，山东人民出版社，2001 年，第 158～159 页。

和核心，它不仅是农民赖以生存的生产和社会保障的基础，也是农村进一步发展的物质保证。现在中央明确提出工业反哺农业的战略任务，为了保障农民的合法权益，应在土地征收中明确社会公共利益的含义和范围。土地中社会公共利益的确定，一方面可以根据社会公共利益的基本语义、一般含义和基本特征来把握，另一方面可以借鉴萨缪尔森的“公共产品理论”。所谓公共产品，是指“每个人对这种产品的消费，都不会导致其他人对这种产品消费的减少”。它具有消费上非排他性和非竞争性两大特征。“公共产品理论”有助于我们确定社会公共利益的“社会公共性”的内容。现有的理论中，无论是地域标准还是在一般情况下，广为人们承认的人数标准都是从“量”的角度来探讨公共利益[①]。其实从法哲学的角度来看，社会公共利益并不仅仅追求“量”的满足，同时也需从“质”的方面去把握。从国外的立法来看，大部分国家从公共使用和公共用途角度来界定公共利益，公共利益往往与公共产品的建设密切相关。美国《宪法修正案》第5条明确将征收的目的限定为公共使用。在法国，土地征收只有在政府进行公共产品建设时才启动，法国法院在审查公共利益的标准时确立了公用就是公共利益的基本原则。日本也把土地征收视为公用征收。因此建议我国土地征收中将社会公共利益理解为满足社会公众需要或促进社会公众福利的公共建设和公共事业。这样既能符合社会公共利益的基本含义和一般特征，又能把土地征收限制在公用的目标。

(2)立法还应对社会公共利益的范围加以确定。由于我国有关法律对社会公共利益没有任何具体规定，导致土地征用权滥用，因而只有明确其范围，才能从根源上解决问题。土地征收中的公共利益可分为绝对公共利益和相对公共利益两个层次。其中，绝对公共利益是“指任何一个国家都存在的，并经社会广泛承认的，独立于国家和社会现行政策之外的社会利益。如国防设施、政府建筑物、教育学术、公共交通等，具有相对稳定性的特点”[②]。有的学者在此基础上进一步提出，“绝对公共利益根据被征收的土地利用效果可分为公共使用和具有公共利益的用途。公共使用包括社会大众共同使用，如公共道路、文化体育设施、能源水利等和代表公共利益主体的直接利用，如国防设施、国家机关建筑物等，这种公共使用从使用主体和使用效果上很容易判断，是一类较易辨明的公共利益。具有公共利益用途是指征收行为的最终结果是否增加了全体社会的利益，如环境保护、社会安宁、人民健康等。对于此种公共利益，应采取狭义的从严解释，即主要看征收的主要效果是否使广大的社会大众受益，而不论其使用主体是公众还是

---

① Duarig G. Diekonatanten Voraussetzungendes Begriffes/offentlicheses Interesse. Munchen: Diss. Munchen SS., 1949: 108.

② 陈江龙、曲福田：《土地征用的理论分析及我国征地制度改革》，《江苏社会科学》，2002年第2期，第56页。

私人，而不宜采取美国的征收行为的附带性后果是公益即可的宽泛解释。因为如果考虑附带性后果则不易界定公用范围且易造成征收权的膨胀。如企业的设立就是为了追求利润的最大化，如果因为其解决了就业问题，为国家提供产品，为国家增加了税收，而视为公共利益的话，那么公共利益与私人利益就无原则界限了"①。

笔者建议对土地征收中社会公共利益的范围采用直接界定和间接界定相结合的方式，对这种具有稳定性的，获得社会公众广泛认可的绝对社会公共利益立法应予列举的方式加以明确。建议将公共利益用地限制在以下几个方面：国家机关和军事用途；公共道路、交通、能源、供电、供暖、供水等城市基础设施用地；科学、教育、文化、卫生、体育等公共事业；公共灾害防治（如非典、艾滋病防治、地震预防等）、环境保护、文物古迹及国家级风景名胜区的保护、国家自然生态、森林保护等具有公益的社会公共事业。同时将所有的非公益用地排除出去。其依据一方面是我国现行法律中已有部分法律对公共利益进行了一定程度的列举，如《中华人民共和国公益事业捐赠法》（简称《公益事业捐赠法》）第 3 条规定："本法所称公益事业是指非营利的下列事项：（一）救助灾害、救济贫困、扶助残疾人等困难的社会群体和个人的活动；（二）教育、科学、文化、卫生、体育事业；（三）环境保护、社会公共设施建设；（四）促进社会发展和进步的其他社会公共和福利事业。"再如《中华人民共和国信托法》（简称《信托法》）第 60 条规定："为了下列公共利益目的之一而设立的信托，属于公益信托：（一）救济贫困；（二）救助灾民；（三）扶助残疾人；（四）发展教育、科技、文化、艺术、体育事业；（五）发展医疗卫生事业；（六）发展环境保护事业，维护生态环境；（七）发展其他社会公益事业。"另一方面，从比较法的视角来看，国外大部分国家通过立法，将下述事项认定为与公共利益相关，即交通建设（包括道路、河川、公路、铁路、桥梁、港口、机场等）、国家机关或公立机构办公场地、社会公用设施（包括学校、公园、医院、图书馆、公共用房、运动场、公厕等）、国防军事设施、社会公用事业（包括电力、通信、供水、墓地、废水废物处理场所等）、能源、水利等国家基础设施建设（包括发电站、水库、防汛等）、社会福利事业（包括救灾、防灾、救济贫困等）、环境保护、古文物和遗址保护、土地改革以及城镇规划等②。而且美国还将征收目的实现上的必要性、征收前后财产利用上的效益性等列为判断是否属于公共利益的标准③。这值得我们借鉴。

2. 社会公共利益的界定主体应设置为立法机关

在实体上对社会公共利益进行初步界定后，将出现什么是公共利益的问题转

---

① 郭洁：《土地资源保护与民事立法研究》，法律出版社，2002 年，第 303 页。

② 摩加龙：《关于"公共利益"的范围》，《人大研究》，2006 年第 7 期，第 31 页。

③ C. BERGER, Land Ownership and Use 889 (2nd ed. 1975); and State Highway Comm' nv. Danielsen, 146 Mont. 539, 409P. 2d 443(1965).

化成由谁界定公共利益的问题。笔者认为，在明确了“公共利益”的内涵和外延后，谁来认定及如何认定更为重要。因为什么行为属于符合最终对社会共同体全体成员或大多数成员有利的行为，公权力主体往往难以在征收行为前作出准确判断。

有的学者提出，“公共利益”之争，核心并不在于“公共利益”的准确定义，而是在于如何定义——如何通过在国家机关与民众之间达成共识而确定“公共利益”，而达成共识的前提是承认国家机关“权力利益”的客观存在。权力利益与权利利益(私人利益)之间的平衡，是解决“公共利益”问题的“命门”。而点中此“命门”的武器，只能是为公众提供充分的参与机会，让他们的意见通过合法途径得到表达并最终体现于为一切社会主体所共同遵守的法律之中①。由于社会公共利益主体的不确定性，征得社会大多数人的认同没有现实可能性，因此应该有某一代表机构来行使。国外大部分国家都采用这种方法。笔者认为，我国土地征收中的“公共利益”的界定主体应设置为权力机关。前面的分析指出，绝对公共利益应由立法机关以概括加列举的方式明确，但对相对公共利益来说，由于它是根据社会不同的发展阶段，经由政府和民众选择的，符合社会、国家急需原则的阶段性重要利益，具有变动性和开放性，因此应由权力机关来确定。这是因为我国的政体是人民代表大会制度，人大代表是由人民选出来的，他们代表了广大人民的根本利益，土地征收中公共利益的认定涉及大多数农民的根本利益，所以由人民代表大会来认定公共利益具有正当性。我国的民主制度和社会公共利益形成都是建立在多数人的共识上，二者在本质上是一致的。同时我国《宪法》和《中华人民共和国立法法》(简称《立法法》)也规定了，全国人民代表大会是我国法律的制定主体，全国人大常委会是法律的解释主体。可见由权力机关来认定土地征收中的公共利益不仅具有正当性，而且具有合法性。

从国外的立法比较来看，由权力机关来认定征收中的公共利益也是普遍做法。英美国家通过议会的形式决定土地征收是否符合公共利益的目的，这就为公众参与公共利益的界定提供了民主化制度，从而保证了公共利益实现的合理性。日本也是通过权力机关在土地征收法中对公共利益进行了详细的界定并将公益目的的认定程序作为土地征收程序中的必经阶段。我国应借鉴国外的做法，明确规定权力机关是土地征收中公共利益的认定机关。具体建议是可以借鉴《中华人民共和国反垄断法》(简称《反垄断法》)中垄断委员会的设置做法，在各级人大常委会中设置公共利益认定的专门委员会，通过民主程序，来对土地征收中的社会公共利益目的进行审查。专门委员会实行专家制度，由学界专家、著名律师以及司法专职人员按照单数原则组成。土地征收在经过国务院或省、自治区、直辖市人

① 刘文静：《公共利益的定义为何不好下》，《检察日报》，2004年8月25日。

民政府批准之前，必须先经同级人大常委会设置的专门委员会对土地征收的“公益”需要进行认定和审查，只有符合公共利益的需要时，国家才能启动土地征收权。应严格区分商业用地与公益用地，把商业用地排除在国家土地征收权之外。这样一方面可以把土地征收严格控制在公共利益需要的目的之内，另一方面可以把行政机关排除在公共利益的认定主体之外，回归行政机关仅作为法律实施主体的本位，杜绝了土地征收权的滥用，为公共利益和个人利益找到一个合理的平衡点。

同时，这样规定还可以解决《土地管理法》第 2 条与第 43 条规定的内在冲突。《土地管理法》第 2 条规定，国家因公共利益的需要，可以对集体土地进行征收；但第 43 条规定，任何单位和个人进行建设，需要使用土地的，必须依法申请使用国有土地。这样一来，从法律上将“公共利益”从公共设施、公共事业等狭义的概念扩大到所有的经济建设，此规定与《宪法》关于“国家为公共利益”可征用土地的精神相互冲突，是直接导致目前征地权滥用的法律缘由。因此建议在修改我国《土地管理法》时，把第 43 条中的商业用地排除出去，由用地人和供地人按照商法规则协商处理。

3. 确立认定社会公共利益的合法程序

正当程序最早由英美法系创设，始于英国的《自由大宪章》，完善于《美国宪法》第 5 条和联邦宪法第 14 条修正案，《美国宪法》第 5 条修正案专门规定：“非依正当程序，不得剥夺任何人的生命、自由或财产；非有合理补偿，不得征用私有财产供公共使用。”联邦宪法第 14 条修正案规定：“无论何州，不得制定或施行剥夺合众国公民之特权或特点的法律；亦不得未经正当法律手续前使任何人丧失其生命、自由或财产，并不得不予该州管辖区内之任何人以法律上的非同等保护。”[①]作为英美法系最基本的程序规则，其意义在于——在作出任何使他人遭受不利影响的决定之前，应该听取当事人的意见。我国目前的法律中还没有公共利益认定程序，“公共利益”作为征地行为合法化、正当化的前提要件，是土地征收权合法的依据和衡量政府是否滥用土地征收权的首要标准，它对土地征收权的合法行使至关重要。由于公共利益本身具有不确定性，因此它往往成为违法征地、侵害农民权益的挡箭牌。国外普遍的做法是将公共利益认定程序作为土地征收的必经阶段。为此，笔者建议从两个方面来完善我国土地征收中公共利益目的的合法程序。

(1)建立社会公共利益的事前审查程序。笔者在前面的论述中主张由权力机关来认定土地征收中的社会公共利益。这仅仅解决了“谁”的问题。接下来要解决“怎样”或“如何”认定的问题。这方面可以借鉴法国和美国的做法，设置一个专门

---

① 李龙：《宪法基础理论》，武汉大学出版社，1999 年，第 342 页。

机构，对土地征收项目的公益性目的进行认定[①]。笔者建议人大常委会下设的专门委员会在认定社会公共利益的征地目的时启动公益目的的调查程序，委托具有一定独立性和专业性的社会中介机构通过调查问卷的方式进行调查，来初步确认某一征地项目是否符合公共利益范围。如果初步调查否认了社会公共利益目的，则专门委员会直接否决该征地项目。如果初步调查认定是社会公共利益，在此基础上，专门委员会通过专家论证做最终确定。在此专家论证过程中应引进美国的公开听证程序，听取社会公众和利益相关人的意见，以便最终判断是否符合公共利益。如果社会公众和利益相关人有足够的证据证明该征地系商业行为时，专门委员会应予采信。如果不采信，当事人可以通过全国人大常委会进行行政复议或向同级法院主张权利。

(2)建立公共利益认定的事后司法救济机制。从国外的立法来看，无论是大陆法系国家还是英美法系国家，都确立了法院对征收之公益目的性的司法审查权。法国的行政法院通过受理越权之诉，审查公用征收的目的是否符合公共利益的需要；行政法院在审查公用目的是否合法时，既对公用目的采取极为广泛的解释，也注意防止行政机关滥用公用征收的目的。在美国，把个人就涉及很大公共利益和价值的问题进行诉讼，从而在功能上达到与行政机关的执行等值的效果这一现象称为“私人司法部长”，并由国家给这样的诉讼活动提供各种支援[②]。我国学者明确指出，“不管如何界定公共利益，也不管是哪一级别的公共利益，只要公共利益的主张会引起对私人实体利益的限制与克减，就必须存在一种程序系统来保证这种限制与克减的正当性和合法性”[③]。因此，笔者认为我国也应引进公共利益认定的最终司法审查机制，充分保障土地权利人的救济权利。我国也应该把司法救济作为重要的土地征收救济手段，当事人或社会公众对土地征收的公共利益目的有异议时可以向人民法院提起行政诉讼，明确赋予人民法院对土地征用的目的进行司法审查的权力，以填补我国现行立法的空白。这样规定，有利于防止行政机关征收权的滥用，同时也为被征收者提供了有力的救济途径，切实维护其合法权益。法院在对土地征收的公共利益目的进行审查时，对于绝对公共利益可以直接根据前述法律规定的范围进行判定；对于相对公共利益，应设立专门的土地征收公共利益审判组织。由于土地征收行为涉及农民这一社会群体的利益，因此必须慎重对待。土地征收中是否属于社会公共利益的需要本身也比较难判断，因此设置专门的土地征收公共利益审判组织非常必要。专门审判组织可以从

---

① Bledsoe D J，Prosterman R L. The joint stock share system in China's Nanhai county. RDI Report，2000：103.

② 〔日〕棚濑孝雄：《纠纷的解决与审判制度》，王亚新译，中国政法大学出版社，1994 年，第 149 页。

③ 杨寅：《公共利益的程序主义考量》，《法学》，2004 年第 10 期，第 10 页。

受益人的范围及该征地行为的利弊作综合分析，如认为该征收行为能够符合社会大多数人生存和发展所必需的愿望，则可以认定符合公共利益，否则判定违法，并依法撤销。

第二节　金融市场的法律规制

金融消费者伴随着金融市场的发展而产生，首先出现在国外发达的金融市场国家，并在2008年全球金融危机后受到世界各国的广泛关注。随着我国经济社会的快速发展，个人理财、家庭保险等金融消费迅速膨胀，与此同时，金融消费纠纷大量出现且往往难以解决，成为影响金融业和经济社会发展的突出问题，金融消费者保护问题日益引起人们的重视。金融消费固有特性以及金融机构的强势性决定了金融消费者合法权益保护的特殊性。因此构建我国金融消费者保护制度非常必要。

一、金融消费者权益法律保护的一般理论

(一)金融消费者的概念

金融消费者一词在我国现行立法中并未出现，学术界对其概念的界定也存在诸多争议，其内涵和外延均未达成共识。准确界定金融消费者的概念，明确金融消费者概念的内涵和外延是研究金融消费者权益法律保护的基础，是推动金融消费者保护立法进程的前提。

1. 金融消费者概念的界定

博登海默曾说："概念乃是解决法律问题所必需的和必不可少的工具，没有限定严格的专门概念，我们便不能清楚地和理性地思考法律问题。"[①]金融消费者的概念目前在我国法律层面还未曾出现，首次使用金融消费者概念的是中国银行监督管理委员会(简称银监会)2006年12月颁布的《商业银行金融创新指引》。此后，金融消费者这一概念开始引起越来越多人的关注，监管机构在多种场合反复使用，但问题是，对金融消费者的理解一直存在分歧，至今尚无统一定论。在日本，2001年4月实施的《日本金融商品销售法》中将金融消费者界定为"不具备金融专业知识，在交易中处于弱势地位，为金融需要购买、使用金融产品或接受金融服务的主体"。该法的适用对象不限于自然人，处于弱势地位的中小投资者也在保护范围之内。美国1999年《金融服务现代化法》中把"金融消费者"定义为"为个人、家庭成员或家务目的而从金融机构得到金融商品或服务的个体"。将金融

① 〔美〕E. 博登海默：《理学：法律哲学与法律方法》，邓正来译，中国政法大学出版社，2004年，第504页。

消费者的保护限制在自然人范围内。我国理论界对金融消费者一词并没有统一的界定，我国学者多将金融消费者视为消费者在金融领域的延伸。有学者认为，“金融消费者实际上是指为生活需要购买、使用金融产品或接受金融服务的个体社会成员”①，从消费者概念中提取了金融消费者的概念；也有学者认为“因非生产、交易目的而购买、使用金融机构提供的商品或接受金融机构提供的服务的个体自然人”②，其在金融消费者概念界定中增加了参与金融消费的目的；另一些学者则主张对“生活消费”做扩张解释，认为包括证券投资在内的各种金融活动都是为了满足生活中对结算、信用或资金运用等某一方面的金融需求，从而包括投资者在内的所有金融服务接受者都可以被消费者的概念所涵盖，只要其满足交易中的“弱势地位”这一要件即可③；也有学者认为“金融消费者指的是处于非贸易、非职业或非商业经营的目的，不具备金融专业知识，在交易中处于弱势地位，购买、适用金融产品或接受金融服务的主体”④，从金融领域消费者的市场地位总结出了金融消费者的概念。

笔者认为，界定金融消费者的概念需要用新的思路。首先，参与金融市场活动的主体在一定程度上隐藏了“为生活需要”的消费目的，金融消费者在直观上不再表现出为生活消费的目的。其次，金融消费者的范围已经超越了自然人，出现了诸多的机构或法人。最后，金融消费者概念的界定不能脱离法律对金融消费者特殊保护的原因，即金融消费者的市场弱势地位。综上，金融消费者概念可定义为“非因商业目的，在金融活动中处于弱势地位的购买金融商品或者接受金融服务的主体”。

2. 金融消费者的内涵和外延

1)金融消费者的内涵

理解金融消费者的内涵需要明确金融消费者和金融投资者的区别。“我们把到银行存款，或者与保险公司签订保险合同的个人描述成消费者可能没什么困难，但是当我们将投资人也视为消费者时往往面临阻碍。”⑤证券、基金、债券消费者在传统上被视为金融投资者，他们成为定义金融消费者概念的阻力。

传统上，是否为“生活需要”进行金融活动是区分金融消费者与金融投资者的

---

① 王伟玲：《金融消费者权益及其保护初探》，《重庆社会科学》，2002 年第 5 期，第 33 页。

② 于春敏：《金融消费者的法律界定》，《上海财经大学学报》，2010 年第 12 卷第 4 期，第 35～42 页。

③ 转引自何颖：《金融消费者刍议》，《金融法苑》，2008 年总第 75 辑；中国人民银行成都分行法律事务处课题组：《金融消费者概念之反思——基于一元化视角构建我国消费者金融权益保护制度》，《西南金融》，2011 年第 7 期。

④ 罗传钰：《金融危机后我国金融消费者保护体系的构建》，《学术论坛》，2011 年第 2 期，第 108～112 页。

⑤ 李友根：《从平等走向倾斜——对消费者保护法的回顾与展望》，《法学论坛》，2008 年第 23 卷第 3 期，第 20～25 页。

标准。然而现代社会的“生活需要”已然区别传统理解，中低风险的投资应当划入现代生活消费的范畴，其原因有二：①现代社会，资产证券化程度越来越高，对于普通家庭来说，投资金融市场是为了实现家庭财产的保值增值，最终还是用于家庭消费，只是最终的消费迟到了一些而已。②虽然具有中低风险的金融产品成为普通民众都会接触到的商品，但是这些产品也都是由金融专家精心设计的，普通民众因专业知识缺乏、存在个人贪欲等因素而在购买产品时处于弱势地位。此外，对于高风险的投资产品特别是设有市场准入门槛的产品来说，这些投资领域设立有投资者准入制度，这种制度本身就是为了保护投资者而设立的，进入投资领域的投资者已经具备较强的投资风险意识和承受能力，不需要法律对其进行特殊保护。

2)金融消费者的外延

在金融市场中，并非只有当时参与金融活动的人才需要法律的保护，也并非只有自然人才需要法律的保护，以下几类人也需要法律的特殊保护。

(1)潜在金融消费需求者。银行、保险公司以及证券公司等金融机构拥有制定交易条件的权力，同时它们都以实现其自身利益最大化为出发点进行活动，因此这些金融机构会为了实现其目的运用其权能选择交易对象，把一些金融需求者排除在交易对象之外，损害这些人在金融市场自由交易的权益。

(2)过往金融消费者。过往金融消费者即那些曾经和金融机构有过交易的市场主体。在交易完成后，消费者留下的个人信息等资料还处于金融机构的掌控中，金融机构可能会因其逐利性而作出损害金融消费者的行为，因此法律应当明确规定金融机构对过往金融消费者的义务以及责任，全面保障金融消费者的权益。

(3)法人或者机构。金融消费者不仅包括自然人消费者，同时包括参与金融活动、在金融活动中处于弱势一方的法人或者机构消费者。有些学者认为金融消费者只包括自然人消费者而不包括法人或者机构消费者，认为后者在金融市场中的弱势地位不明显甚至不处于弱势地位。这种观点是站不住脚的。首先，金融产品和金融服务的专业化程度高、金融市场的信息不对称严重等问题对于自然人消费者和法人或者机构消费者都是同时存在的，法人或者机构消费者的市场弱势地位同样存在；其次，法人或者机构的实力较之自然人可能会更强，但是法律不能因为前者实力稍强而增加他们的市场参与成本，就像我们不能因为富人比穷人更有钱而要求富人在坐车时多付车费一样，否则这是对法人或者机构消费者的实质不公平对待。

(二)对金融消费者特别保护的原因

消费者权益保护法的立法动因是消费者在经济生活中处于弱势地位，金融市场的特殊性使得金融消费者在金融市场中的弱势地位更为明显。例如，金融机构纷纷争夺客户、扩大市场份额，纷纷将其触角深入到各类投资产品中，金融市场的风险性及投机性大大增加；在金融自由化思潮下，一方面金融机构推出大量的金融创新产品，然而这些金融产品是一般金融消费者难以理解的①，另一方面，金融消费者的金融知识是有限的，难以理性地抵御金融机构的攻势。法律对金融消费者权益特别保护的具体原因包括以下几个方面。

1. 金融市场严重的信息不对称

在商品市场，信息不对称由来已久。金融市场中金融消费者和金融经营者之间信息不对称的现象尤为明显，其主要原因包括以下三方面。

(1)金融创新程度越来越高，金融产品数量越来越多。金融市场的发展严重依赖金融创新，因此各国政府鼓励金融创新，一国的金融创新程度是评价其金融市场发展程度的标准。随着金融市场的快速发展，金融产品的创新程度越来越高，同时金融产品的数量也越来越多，这使得金融消费者在面对高度专业化、琳琅满目的金融产品时无所适从。

(2)金融消费内容的混合性越来越强。金融市场中，证券、银行、保险三个部门的混合经营趋势越来越明显，例如银行会代销保险公司的理财产品、证券公司会委托银行承担其业务。因此，消费者面对纷繁复杂的金融市场消费显得力不从心，难以有足够的时间和精力分辨消费内容，这必将损害到一些金融消费者的权益。

(3)金融销售方式的劝诱性。随着金融市场的发展，金融产品销售方式也逐步专业化和多样化。金融机构具有天然的逐利性，因此面对信息缺乏的金融消费者，金融机构会运用其掌握的专业的信息，诱导金融消费者接受其金融产品或者金融服务。例如，在保险投资产品的销售过程中，保险机构往往会着重陈述产品可能带来的收益而刻意忽略存在的风险。

2. 格式合同在金融领域的广泛应用

在金融交易过程中大量使用格式合同是金融市场上的普遍现象，使用格式合同一方面可以降低金融交易成本，使交易双方均可获益，另一方面也会损害金融消费者的利益。首先，在由格式合同形成的法律关系中，金融消费者的契约自由受到很大限制。一方面，格式合同都是由金融机构事先制定，一旦交易就必须适用。金融消费者不但不能就合同内容提供意见，也不能就合同的形式有所更改，契约自由在这方面被严格限制。另一方面，由于金融机构具有垄断地位且多个金融机构的格式合同基本相同，因此金融消费者不选择此家就必须选择彼家，选择交易对象的自由也荡然无存。其次，格式合同在制定过程中往往会限制甚至免除自己的责任而加重交易对方的责任。同时，金融机构在制定格式合同时往往会罗

① Canals J. Universal Banking: International Comparisons and Theoretical Perspectives. Oxford: Oxford University Press Inc, 1997: 10.

列大量的条款，甚至会把对金融消费者不利的条款用细小的文字或者打印在夹缝里的文字表述，这使得金融消费者在签订合同时没有时间仔细研究合同内容或者忽视合同中的不利条款，最后其权益在不知不觉中受到损害。

3. 对金融机构的可选择性较小

在世界各个国家，无论经济发展水平如何，金融行业都具有一定的垄断性，而不是任何人都可以参与竞争的，因此金融消费者甚至一国的经济发展对金融机构的依赖性都很强。随着社会的发展，人们对金融消费具有更加普遍性的需求，甚至有时会有饥不择食的无奈之举。在这样的社会背景下，金融消费者对金融消费的普遍性需求与金融机构数量的相对较少之间的矛盾决定了在交易过程中金融机构会利用其优势地位有选择地接纳客户，而排斥一些交易对象。

(三)金融消费者的特殊权益

1. 金融消费者的信息权

金融市场天然信息不对称，同时交易双方对交易事项本身认识也不同，金融机构只有提供充分有效的信息才能缓解这种局面。金融消费者的信息权可具体表述为“金融消费者及时获取与消费有关的真实、准确、全面信息的权利”①，包括与金融消费活动有关的必要的知识、服务内容以及其他相关信息。

金融消费者的知情权具体应包括以下内容：①公平获得金融信息的权利。公平获得金融信息的权利是指金融消费者在金融活动中，不因其身份、性别、种族等因素的不同而受到不同的对待，除非法律有特别的规定。②真实、准确、全面获得金融信息的权利。它是指金融消费者在金融活动中能够获得真实而不虚假、准确而不被误导、全面而不是断章取义的信息。③及时快速获得金融信息的权利。它是指金融消费者在金融活动中能够快速地、及时地掌握金融活动相关信息从而作出金融活动的权利。

2. 金融消费者的隐私权

隐私权属于人格权的范畴，具体来说，金融消费者的隐私权“包括但不仅限于自然人在银行、证券公司、保险公司等金融机构中有关个人资信信息和交易记录以及因此而提供给金融机构的信用卡账号、存贷款情况、信用消费、所投险种等”②。与传统意义上的隐私权相比较，金融消费者的隐私权更多地表现出其财产权属性，因为它更多地指向具有财产利益的信息。

金融消费者的隐私权具有以下三个方面的权能：一是金融隐私保密权，即金融消费者对与自己交易相关的信息在无关社会公共利益和国家安全的前提下拥有

---

① 郭丹：《金融消费者权利法律保护研究》，吉林大学硕士学位论文，2009 年。

② 刘沛佩：《论金融生态观下金融隐私权的提出与保护——关于金融消费者权利保护的考察》，《金融与经济》，2010 年第 10 期，第 58 页。

绝对保密的权利。在我国的立法规定中，金融机构为金融消费者保密是其最为基本的义务。二是金融隐私支配利用权，即金融消费者对其个人信息尤其是具有保密性和经济价值的信息拥有支配利用和准许或者不准他人知悉或利用的权利，作为具有财产属性的权利，这也是金融隐私权的核心要义。三是金融消费者的隐私维护权，即当金融消费者的隐私权受到不法侵害时有权通过司法途径获得救济的权利。这也是金融消费者隐私权最终得到保护的保障性权利[①]。近年来金融消费者的隐私权频频受到侵犯，如储户巨额存款被冒领，金融机构擅自将消费者相关信息提供给其他机构，工作人员过失导致消费者隐私权被他人侵犯，还有随着网上银行的普及以及银行交易系统的漏洞，消费者信息被盗用等问题。金融消费者有利用、支配自己的金融信息或隐私，排斥他人非法获知、利用的权利，当消费者的隐私权被非法侵害，金融机构要承担相应的法律责任。

二、我国金融消费者权益的法律保护现状与存在的问题

我国立法对金融消费者的保护主要由两部分组成：一是新修订的《消费者权益保护法》对一般意义上消费者的保护，其中也涉及对金融消费者的保护；二是金融立法对金融消费者的保护，包括《中华人民共和国中国人民银行法》(简称《中国人民银行法》)、《中华人民共和国银行业监督管理法》(简称《银行业监督管理法》)、《中华人民共和国商业银行法》(简称《商业银行法》)三部银行法以及《中华人民共和国保险法》(简称《保险法》)、《证券法》《中华人民共和国信托法》(简称《信托法》)、《中华人民共和国证券投资基金法》(简称《证券投资基金法》)、《中华人民共和国票据法》(简称《票据法》)等基本法律以及相关的金融行政法规、部门规章、地方法规、行业自律性规范和相关国际惯例中有关金融监管的内容。目前，我国法律对金融消费者的保护主要依靠相应的金融立法完成，因此探讨金融立法对金融消费者相关的规定是本书的重点。

(一)我国金融消费者权益的法律保护现状

1. 消费者权益保护法对金融消费者的保护

我国新修订的《消费者权益保护法》虽然增加了对网络环境下消费者的知情权并列举了金融服务者的告知义务，但专门针对金融消费者的权利保护还是不够。而且新修订的《消费者权益保护法》对服务业的规定仍然只有只言片语，不能满足服务业的发展需要。《消费者权益保护法》侧重于对商品经营者的规范而少于对服务提供者的规范。金融活动多体现在金融机构为金融消费者提供金融服务的过程中，因此金融业属于服务行业。《消费者权益保护法》对服务业规范的过度含糊使

① Horn C M. Financial services privacy at the 21st century: a conceptual perspective. Nature C Banking Inst, 89.

得该法很难起到对金融消费者权益的保护作用。

2. 金融立法对金融消费者权益的保护

我国金融消费者保护主要依靠金融立法完成，但是我国的金融立法往往侧重于对金融机构安全与效益的考量，忽视消费者权益，还没有将金融安全与金融消费者保护联系起来[①]。关于处理金融消费纠纷，现行立法多运用刑事和行政手段处罚金融市场主体的违法违规行为，对于金融市场主体的权益受损给予的民事救济途径有限甚至是缺失的。我国金融监管法对金融消费者权益的保护现状如下：

(1)对金融消费者信息权的保护。金融消费者信息权的保护在立法上主要通过规范金融机构的信息披露义务实现。在金融机构信息披露标准方面，其内容要达到真实、全面、有效。我国金融立法少有专门规定金融机构信息披露义务规则的法律法规，一般体现在综合性立法中，如《商业银行法》《保险法》《证券法》等。同时，我国金融机构信息披露义务的标准虽然一直在提高，但是还远远没有达到保护金融消费者的标准，现有的法律规范在实际运行中的效果也不甚理想。

证券业风险性最为明显，我国《证券法》对证券业机构的信息披露规则规定得最为详细，其中规定了证券首次公开发行前的预披露、核准发行后的公告以及公开发行募集文件，还规定了变更信息的披露以及新股发行中的信息披露等，同时规定这些披露的信息必须真实、完整、及时。虽然《证券法》证券业机构的信息披露规制规定得很详细，这也只能满足证券业发展最基本的需求，对于不同金融消费者对信息的需求、理解、获取的不同需要也没有更进一步的规定，还需提高标准。

我国《保险法》于 2009 年作了修订，对保险机构的说明义务进行了细化。例如，《保险法》第 17 条规定了保险人的说明义务以及违法义务后承担的责任，但是该法仍然没有对保险机构应披露信息的重要事项、披露信息的方式以及披露信息的有效性等内容作出详细的规定，这是不利于规制保险机构的销售行为从而保护金融消费者权利的。

我国立法在银行业也作出了很多工作，但是也正是在银行业，侵犯消费者权益的事件发生最多，银行业信息披露规则不健全是其中重要的原因之一。在我国《商业银行法》中，除了规定商业银行应当向客户公告存款利息以及公告营业时间之外没有其他任何关于银行机构信息披露的规定。2008 年发布的《关于进一步规范商业银行个人理财业务有关问题的通知》在《商业银行个人理财业务风险指引管理指引》的基础上规定商业银行在金融活动中应当向消费者披露资金投向以及投资品种等与理财产品有关的重要事实，然而重要事实的范围并不明确，这对于规

---

① 中国人民银行西安分行课题组：《目前我国金融消费者保护的现状、存在问题及对策建议》，《西部金融》，2010 年第 8 期，第 11～14 页。

范品种繁多、创新不断的理财产品是远远不够的。

(2)对金融消费者隐私权的保护。金融市场是信息汇聚特别集中的地方，信息也成为继金钱之外最有价值的东西，因而在金融市场上信息具有特别的价值。包括金融消费者个人信息、交易信息、个人消费偏好信息等金融消费者的隐私也具有了财产属性，而这成为金融消费者隐私权被侵犯的根源。我国金融立法对金融消费者隐私权的保护主要通过规范金融机构的保密义务实现①。下文将以银行业金融消费者隐私权保护立法为例分析我国金融消费者隐私权保护的金融立法现状。

除了2003年修订的《商业银行法》将为存款人保密作为商业银行办理个人存款储蓄业务的原则，以及《商业银行法》第53条规定银行工作人员不得泄露其在任职期间知悉的商业秘密之外，我国法律中再无其他涉及为金融消费者保密的规定。从这两条法律条文可以看出，商业银行仅仅规定了银行对存款人的保密义务而没有规定对贷款人的保密义务，更没有涉及对个人理财客户的保密义务，同时可以看出，银行的保密原则只限于个人存款储蓄业务，而没有规定适用于银行的其他诸多业务，更为重要的是对银行保密义务的范围、方式以及违反此义务的责任等内容只字未提。《银行结算办法》也存在同样的问题，即只规定了对存款人的保密义务而没有规定对其他银行客户的保密义务。在规范银行业经营的其他法律法规中也没有对银行业消费者保密义务的具体规定，如《人民币结算账户管理办法》只原则性地要求银行为银行结算账户保密，《银行业监督管理法》原则性地要求银行业监督管理机构人员为其监督管理的银行业金融机构和当事人保密。

(二)我国金融消费者权益保护面临的问题

1. 金融消费者的法律主体地位不明确

我国立法中几乎没有出现过“金融消费者”一词，这使得金融消费者这一事实存在的金融市场主体没有取得法律主体资格，这也间接导致了金融消费者自身的维权意识淡薄。在我国，《消费者权益保护法》给予相关机构制定法律法规保护消费者权益的权力，相关机构制定具体的规则保障消费者的权益。但是我国的金融法没有明确规定金融消费者这一概念。在我国，金融领域的立法是以金融监管为手段，以维护金融市场稳定和经济发展为目标的，因此金融消费者权益保护只是为了实现这一目标的方法而已。

2. 金融消费者权益法律规范过于原则化

我国金融消费者权益包括除普通消费者拥有的九大权益外的隐私权、信息权等，如前所述，金融消费者的知情权、公平交易权、隐私权等权利在金融法律中

① 赵晓彤：《金融消费者隐私权法律保护制度研究》，华南理工大学硕士学位论文，2010年。

的规定都过于原则化、抽象化，只是一个宣言性的条文，并没有进一步的规范，在实施过程中存在很大难度。另外，由于我国金融法特别是金融监管法的主要目的是规范金融机构的行为、保障金融市场的稳定发展，因此金融法律对金融消费者权益的规范显得毫不重视。

3. 金融监管法律滞后于金融实践

我国现行的金融监管体制是"分业经营、分业监管"的模式。依照银行业、证券业、保险业的金融市场格局形成了银监会、中国证券监督管理委员会(简称证监会)、中国保险监督管理委员会(简称保监会)，对全国银行业、证券市场、保险市场进行统一监管。另外，中国人民银行作为我国的中央银行，在宏观上对金融市场进行监督管理。我国金融市场的监管主要依靠上述四个部门完成，除此之外还有一些国家机关兼负金融监管职责，如财政部、外汇管理局、审计署、国家发改委，这些机构在其主要工作之外承担着金融市场的监督管理职责。与这些监管机构配套的有其各自的行政法规和部门规章，以及其他一些规范性文件。在这种监管模式下，每个部门在其监管范围内各自出台各自的法律规范，形成了大量的金融市场监管法律法规。但是，随着金融产品创新程度的继续提高，特别是金融业务交叉性产品和金融衍生工具的大量出现，很多金融机构已经不单单从事一种金融行业，诸多大型的综合性金融集团开始出现，在我国有中国光大、中信、中国平安集团公司等。加之我国近年来实行宽松的金融政策，这些大型的综合性金融机构开展的业务涉及银行、保险、证券等各个金融行业，甚至开始将业务扩展到信托、资产管理等金融服务领域。如果相应的法律规范仍然止步于分业监管模式，金融市场势必出现无法可依的状况，致使金融机构的行为得不到制约，最终利益受损的是作为弱势群体的金融消费者。

4. 金融消费者纠纷解决机制缺失

在我国，消费者面对金融消费纠纷，一般会选择向相关金融机构内部监督部门投诉，相关金融机构考虑到商业信誉也会积极地解决纠纷，如果争议未能解决或者消费者对解决方案不满意则向相关监管部门投诉或者诉诸法律解决。但是这两种途径都不是很畅通，首先，相关监管部门内部往往没有专门用于接收消费者投诉和解决消费者纠纷的部门。例如，在证监会内部只有一套处理投资者上访的信访制度，且还是非透明的。其次，随着金融业混业经营趋势越来越明显，很多消费纠纷很难辨认是哪个行业纠纷，这让消费者在寻求帮助时更加摸不到门道。再次，由于金融业高度的专业化和知识化，我国消费者协会面对金融消费者的投诉也显得力不从心。最后，我国的司法部门面对金融消费纠纷也显得无所适从。我国的司法资源本身就有限，高素质的司法工作人员更是缺乏，面对高度专业化的金融消费纠纷难以应付。

三、金融消费者权益法律保护的国际比较

(一)国外对金融消费者权益的保护

1. 英国法律对金融消费者权益的保护

英国的金融市场发展较早，金融消费者的法律保护也较早。1981 年英国就产生了保险业巡视员组织，在此后的几年里又相继成立了银行业巡视员组织、房屋互助协会巡视员组织、投资巡视员组织等八个组织，为保护消费者提供了途径。在金融立法方面，1986 年英国颁布了《金融服务法案》(Financial Services Act 1986)，以法律形式确定了专门保护消费者权益的机构(即巡视员组织)；2000 年，《金融服务与市场法》(Financial Services and Markets Act 2000，FSMA)，获得批准并于 2001 年正式生效实施。该法案的实施是英国金融监管体制重大变革的开始，它不但以成文法的形式规定了金融监管的标准，并且第一次在法律规范中把金融消费者保护作为金融监管的主要目标，并开始使用“金融消费者”(financial consumer)这一概念。

根据《金融服务与市场法》的规定，英国成立了金融服务监管署(Financial Services Agency，FSA)统一监管英国的金融市场，监管目标为“增强公众对金融市场的信心，促进公众对金融知识的了解，保护金融消费者权益，减少金融犯罪”。而后，金融服务监管署又成立了金融巡视员服务公司(Financial Ombudsman Service Ltd.，FOS)，该公司专门处理金融机构与消费者之间的纠纷，调解消费纠纷，并在此基础上作出裁决。金融巡视员服务公司有自己的董事会，董事会的成员由金融服务监管署任命，一旦被任命即独立于金融服务监管署①。与此同时，金融巡视员公司只受理个人和小企业的投诉，对于金融机构之间的争端自有其他组织解决。该组织自成立以来，在解决金融消费者权益纠纷、保护金融消费者权益上发挥了巨大的作用，其每年都会接受约一百万次的咨询，且可解决 15 万个以上的金融纠纷。

在保护金融消费者权益方面，英国是先行者，它最早确定了“金融消费者”的概念，最早在法律中给予金融消费者以法律主体的地位。在法律规范方面，不但制定了较为完善的法律法规，同时在消费者纠纷解决机制的设置上也走在世界的前列，其金融巡视员制度已经成为最为有效地解决金融消费者纠纷的方式之一，为世界其他国家设置金融消费者纠纷解决机制确立了模板。

2. 澳大利亚法律对金融消费者权益的保护

澳大利亚的金融体制类似于英国，但政府对金融市场的干预程度较高，其金

---

① Yokoi-Arai M. A comparative analysis of the financial ombudsman systems in the UK and Japan. Journal of International Banking Regulation，2004：4.

融体制改革开始于 20 世纪 90 年代，泰勒(Taylor)的“双峰”理论成为其金融监管模式改革的理论依据。泰勒认为金融监管应当实现两个目标：“一是审慎性监管，其对象是系统性风险，目标是维护金融机构的稳健经营和金融体系的稳定，以防止发生系统性金融危机，进而引起金融市场崩溃；二是合规(行为)监管，其对象是金融机构的机会主义行为，防止金融机构对消费者的欺诈，保护中小消费者和投资者的权益。”[①]基于该理论，为了实现金融监管目标，泰勒建议成立两个机构：一个是“金融稳定委员会”(Financial Stability Commission)，其职责是对金融领域的系统性风险进行审慎监管；另一个是“消费者保护委员会”(Consumer Protection Commission)，其职责是针对金融机构机会主义行为进行合规监管。

面对金融消费者权益亟待保护的现状，澳大利亚先后成立了银行和金融服务督察机构、金融行业申诉服务机构、保险督察服务机构、信托争议处理中心以及保险经纪争议处理有限公司。2008 年 7 月 1 日，在金融危机冲击下的澳大利亚加大了对金融消费者保护的力度，其将银行和金融服务督察机构、保险督察服务机构、金融行业申诉服务机构合并为全国金融督察服务机构。金融督察服务机构在一定程度上类似于英国的金融服务监管署，是一个独立的争议解决服务机构，它是由澳大利亚证券和投资委员会批准成立的，并保持自身的独立性以解决金融消费纠纷。

金融督察服务机构因为具有独立性，其裁判人员可以独立地为个体金融消费者以及一些在金融市场上处于弱势地位的小企业提供公平的、便宜的、免费的纠纷解决途径，作为一种外部性的争议解决途径，金融督察服务机构的解决方案还可作为一个替代性的解决方案替代法院程序解决纠纷，在纠纷解决过程中还可以通过协商和让步解决争议。与此同时，金融督察服务机构还帮助金融消费者提高公众意识以及维权意识。通过这样的程序，金融消费者将无需经过法院即可解决消费纠纷。

3. 美国法律对金融消费者权益的保护

美国是全球金融业最为发达的国家，同时也是此次金融危机的发源地，美国金融市场在此次金融危机中受到重创，美国的金融消费者也是此次金融危机中的最大受害者。为了应对此次金融危机，美国对其金融监管体系进行了彻底的改革，被称为自大萧条以来“最为严厉的金融改革法案”，有学者将其与“格拉斯—斯蒂格尔”《1993 年银行法案》一起视为美国金融监管的基石。在此次改革中，保护金融消费者的权益成为金融监管的出发点，并设立了专门保护消费者的金融消费者保护局(The Consumer Financial Protection Bureau，CFPB)。下面就将以

① 邢会强：《澳大利亚金融服务督察机制及其对消费者的保护》，《金融论坛》，2009 年第 7 期，第 33～37 页。

2010年金融监管改革为重点，以金融消费者保护局为研究重心，来探讨美国对金融消费者的保护。

2008年次贷危机以前，美国对金融市场呈自由放任的态度，金融市场监管处于放松状态，导致金融市场发展过度自由化。次贷危机的爆发就是因为一些金融机构利用法律的漏洞以及金融消费者缺乏专业知识和信息不对称等，误导甚至欺骗金融消费者作出不利于他们的投资。

经过此次金融危机，美国政府对金融监管进行了最为严厉的改革，《多德-弗兰克华尔街改革与金融消费者保护法》针对金融机构、金融监管部门、政府以及金融消费者都作出了相应的规定，以期能够稳定金融市场。其中对金融消费者保护成为这次改革的重心，金融消费者保护局成为这次金融监管改革中的亮点，为保护金融消费者的权益增添了砝码。例如，在法案颁布时的报告中，奥巴马称“银行按照消费者的需要提供服务，而不是利用消费者”①。金融消费者保护局的主要职责是为消费者提供金融知识，指导其科学理财；接受并调查金融消费者的投诉；对提供金融商品和服务的经营者以及金融市场进行监管；发布执行联邦消费者金融法的具体规则、命令和方针以及对违反联邦消费者金融法的行为予以惩罚等。金融消费者保护局的设立把对金融消费者的保护提到了前所未有的高度。首先，金融消费者保护局的成立统一了美国金融消费者保护体系。其次，金融消费者保护局的成立提高了金融消费者保护法律地位的提升，使得金融消费者保护法的位阶高于与其相悖的法律，在消费者权益受侵害时得以救济。总之，由于金融消费者保护局是一个独立的、统一的保护金融消费者的机构，因此它在保护金融消费者方面起到了举足轻重的作用，被视为走出金融危机阴影的良药。

（二）金融危机下金融消费者权益保护的立法经验

经过2008年的全球金融危机，各国的金融监管体系都受到了冲击和质疑，特别是金融市场发达的国家，更加深刻地检讨了本国的金融监管体系，并对金融监管制度作出了积极的回应。在此次金融危机中，总结各国的金融监管制度改革，在保护金融消费者方面主要有以下几个方面可以借鉴。

(1)将保护金融消费者作为金融监管的目标。无论是在金融改革严厉的美国、英国还是在金融制度上作出微调的澳大利亚、日本，金融消费者保护作为金融监管的重要目标是其共同特点。经过此次金融危机，各个国家的监管当局都注意到，金融消费者是金融市场不可忽视的利益群体，是金融业发展的基石。

(2)积极整合或修改金融监管法，以适应新形势下金融市场发展对金融立法的需求。各国的经济发展水平、法制环境以及立法传统不同，面对新情况的应对

---

① T Secretary Timothy Geiithner Remarkeson Paggage of the “Wall Street Reformand Consumerprotect Act” as repared for Delivery. http://www.treasury.gov/latest/pr_07152010.html，2012-02-29.

方式也不同。美国、英国侧重于通过制定新的金融法规、深化金融体制改革以应对金融危机，保护金融消费者。澳大利亚则主要是通过整合现有的金融法规、调整各个法规之间的关系、设立专门的金融消费者保护机构等方式来保护金融消费者的权益。在不发达国家，金融消费者概念尚未形成或未得到认同，对于金融消费者的保护显得多有落后。但是它们也都意识到一国金融市场发展到一定阶段必须重视对金融消费者的保护，因此这些国家在理论界已经展开了对金融消费者保护的研究。例如在中国，金融监管机构如中国人民银行、证监会、保监会及银监会都拨出了专项资金研究金融消费者的保护问题。

(3)建立解决金融消费者纠纷的专门机构。由上文可以看出，世界金融发达国家多有专门用于解决消费者纠纷的机构，并承担保护金融消费者的其他任务，诸如提供金融知识、进行金融教育等。例如，英国的金融巡视员公司、澳大利亚的金融服务督察机构、美国的金融消费者服务局等都是作为专门保护金融消费者的机构而成立的。这样的专门机构不但便于金融消费者接受金融保护，同时也使得金融消费者保护减少了法律漏洞和空白，将对金融消费者的保护统一到专门机构，通过非诉讼途径解决争端。

四、完善我国金融消费者权益保护的法律建议

(一)将消费者概念延伸到金融领域

新修订的《消费者权益保护法》对消费者概念仍然没有明确界定，其第 2 条规定："消费者为生活消费需要购买、使用商品或者接受服务，其权益受本法保护；本法未作规定的，受其他有关法律、法规保护。"对于消费者是否为自然人、消费者为生活需要进行的商品交易和接受的服务范围等问题都没有明确规定，这使得理论界为此争论不断，在司法实践中也产生了模棱两可的判断。将金融消费者纳入消费者权益保护的原因主要有两个：首先，金融消费行为属于应受《消费者权益保护法》保护的范围。历经近 20 年的发展，中国的消费已经不限于吃、穿、住、行方面的消费，购买金融产品、接受金融服务已经成为普通百姓生活消费中重要的一部分，因此这种日益普遍的消费行为应该受到《消费者权益保护法》的保护。其次，金融消费行为需要法律的倾斜保护。金融交易的特殊性使得金融消费者的弱势地位更为明显，权益更易受到侵害。

(二)以金融立法为依托，强化金融机构对金融消费者的义务和责任

在我国，具体规定金融机构义务和责任、保障金融消费者权益的法律法规散布在金融立法中。因此，加强对金融消费者保护的法律途径，关键还在于整合金融立法中保护金融消费者的法律规范，适时地修改和制定用于保护金融消费者的法律法规。在金融领域，消费者受侵害的典型例子就是金融机构运用格式合同，

免除其应尽义务，剥夺消费者应有的权利。因而，维护金融消费者权益的重心在于规范金融机构运用格式合同的行为。对于格式条款的规制可以从以下几个方面入手：首先，监管部门制定并推广格式条款的范本，这就使得格式条款的使用控制在监管部门手中，防止金融机构滥用格式条款，剥夺消费者的权利①。其次，监管机构可对金融机构适用的格式条款进行检查，对不当适用格式条款的行为予以纠正。当然，格式条款的强化监察只不过是金融机构对金融消费者义务与责任的一部分，在实践中，金融机构的说明义务、信息披露义务等都需要在金融监管法的保护下予以加强。

（三）制定金融服务法

我国短期内制定一部专门保护金融消费者的法律规范还有一定的困难，一方面是因为目前我国金融市场发展程度还比较低，现有的法律规范在短期内还能够维持金融市场的稳定；另一方面是因为金融服务法的制定需要成熟的法治环境，这样才能充分发挥该法的效力，然而目前我国还达不到这样的条件。但是，金融行业是一个专业性很强、具有极高风险的行业，只有出台专门保护金融消费者的法律规范，明确金融消费者的概念、权利，强化交易相对人的义务和责任，构建完整的纠纷解决机制才能真正地保护消费者权益，才能保障金融市场的长期稳定发展。我国台湾地区于2011年出台了“金融消费者保护法”，以正式“立法”形式确定了对金融消费者的保护。随着我国经济的快速增长，制定专门保护金融消费者的金融服务法势在必行。鉴于此，中国大陆可吸收台湾地区“金融消费者保护法”的经验，在制定金融服务法中予以运用。

笔者认为，未来我国金融服务法的制定可由以下几个方面组成：首先，在总则部分可具体规定金融消费者的概念、该法的立法宗旨以及该法解决的争议范围；其次，第二部分可规定金融服务法的立法原则、金融经营者的法律义务和责任等内容；最后，第三部分可规定金融消费过程中的争议处理机制，包括处理争议的机构、程序和期限等②。

（四）健全金融消费者纠纷解决机制

我国金融消费者权益受到侵害的案例不断发生。如果被侵权的金融消费者找不到有效解决纠纷的途径，金融消费者对金融机构的不满就会演化成一种不安定的社会力量，对经济秩序甚至社会秩序的稳定造成威胁。因此，法律应该为金融消费纠纷提供一套完善的解决机制，化解金融消费纠纷，疏导金融消费者和金融机构的关系，这不但有利于实现维护金融稳定的金融监管目标，还有利于实现对

---

① 金琰：《金融消费者法律保护研究》，中国政法大学硕士学位论文，2011年。

② 李靖：《中国台湾地区金融消费者保护制度的最新发展及启示》，http://www.law-lib.com，2012年2月18日。

金融消费者权益的保护。

1. 发挥消费者协会解决金融消费纠纷的作用

《中国消费者协会章程》规定，消费者协会的宗旨是“对商品和服务进行社会监督，保护消费者的合法权益，引导广大消费者合理、科学消费，促进社会主义市场经济健康发展”。但是并没有法律规定消费者协会的性质、地位，也没有赋予其相应的职权和效力。因此，要发挥消费者协会的作用，必须明确规定消费者协会的性质及其职责。同时，应提高协会组织人员的整体素质，特别是金融等专业领域要配备有专门的工作人员以及相应的设施。另外，对于消费者协会调解协议的效力应予以加强，这样才能使得金融消费者有寻求消费者协会解决问题的信心。消费者协会调解的改革是一项更为艰巨的任务，期待其解决金融纠纷还任重道远。值得欣慰的是，2012 年 8 月 31 日我国《民事诉讼法》第二次修正案通过，其第 55 条规定：“对污染环境、侵害众多消费者合法权益等损害社会公共利益的行为，法律规定的机关和有关组织可以向人民法院提起诉讼。”同时，新修订的《消费者权益保护法》规定，对侵害众多消费者合法权益的行为，中国消费者协会以及在省、自治区、直辖市设立的消费者协会，可以向人民法院提起诉讼，直接赋予了消费者协会公益诉讼的资格。

2. 健全金融消费者投诉与受理机制

目前我国接受消费者投诉的组织是消费者协会，然而目前消费者协会力量有限，对金融消费者的投诉是有心无力。况且，由于金融消费者的消费者意识淡薄，他们也很少会把金融消费纠纷投诉到消费者协会。在金融机构内部，一般会设有专门的接受消费者投诉的部门，同时设立专门的投诉电话，这也是金融消费者遇到金融纠纷时最常使用的方式。但是这样的投诉也只是起到自我监督的作用，对于投诉之后的处理通常不能抱有太高的期待。中国人民银行、银监会、保监会以及证监会，即所谓的“一行三会”，是我国金融业的专门监管机构，拥有监管金融机构活动的职权。但是这些单位一般只在宏观上处理金融机构的违法违规行为，对于金融机构与金融消费者的纠纷很少顾及①。

由此可以看到，我国目前对于接受金融消费者投诉和受理投诉的机制是混乱的、效率低的。建立统一接受金融消费者投诉和受理机构是金融业发展的需求，因此笔者大胆设想赋予“三会”统一受理金融消费者投诉的职权，在受理投诉之后，将受理的投诉返还相应金融机构处理，并在一定时间内接收处理结果。在此基础上，定期披露接受的投诉情况，起到对金融机构监督的作用。这不但可以有效地处理金融消费纠纷，同时也掌控了金融机构的服务状况。

---

① 刘一展：《构建我国金融消费者保护机制的若干思路》，《消费经济》，2011 年第 27 卷第 2 期，第 82～86 页。

3. 设置保护金融消费者的专门机构

目前我国的机构设置尚没有明确规定承担和履行金融消费者保护职责的组织。一般情况下，主要通过消费者协会以及金融监管机构内部纠纷解决机制承担，由于这些组织缺乏专业知识，透明度也较低，因而无法进行有效保护。在我国目前的制度背景下，设立专门的金融消费者保护机构是可行的，可先在中国人民银行内部增设这样的专门机构，同时在机构组织、经费预算人员任免等方面保持相对独立性，专司保护金融消费者的职责①。

2012年，保监会成立了保险消费者权益保护局，证监会成立了证券投资者保护局，中国人民银行、银监会内部均已成立独立的金融消费者保护局。"一行三会"下设金融消费者保护机构的动议来自于国际监管新趋势。金融危机之后，中国人民银行提出效仿美联储成立专门的金融消费者保护机构。2010年7月22日，美国总统奥巴马签署了自经济大萧条以来规模最大的金融改革法案——《多德-弗兰克法案》。其中一项重要改革即在美联储下设金融消费者保护署，集中行使金融消费者保护职权，拥有监督、检查和执行权。但在中国现有的分业监管体制下，金融消费者保护分属不同的行业和不同的机构监管，具体操作也需要协调执行。目前保险消费者权益保护局主要负责从保护消费者利益的角度协调监管政策，研究探索消费者权益保护的制度、机制和措施，督促保险公司提高维护保险消费者合法权益的自觉性。证监会的投资者保护局的定位是负责证券期货市场投资者保护工作的统筹规划、组织指导、监督检查及考核评估工作。因此需要一个更高规格、更强协调力的金融消费者保护机构。

第三节　劳动力市场的法律规制

劳务派遣是市场经济发展的产物。它兴起于20世纪20年代的美国，盛行于20世纪六七十年代的欧美，在20世纪70年代末传入日本。20世纪90年代，随着我国市场经济的飞速发展，劳务派遣也开始在我国出现并快速发展。我国规制劳动力市场的法律主要体现为《中华人民共和国劳动合同法》(简称《劳动合同法》)、《中华人民共和国劳动合同法实施条例》(简称《劳动合同法实施条例》)、《中华人民共和国社会保障法》(简称《社会保障法》)、《中华人民共和国劳动争议调解仲裁法》(简称《劳动争议调解仲裁法》)等法律法规。这些法律实施以来，劳动合同签订率明显上升，劳动合同短期化现象有所改变，而且劳动合同质量有所提高。这些原来在劳动力市场存在的问题基本得到解决，但劳务派遣的不规范仍然是劳动合同法实施中的第一大问题。中华全国总工会2010年、2011年对全国

① 张萍：《消费者协会纠纷解决机制探析》，重庆大学硕士学位论文，2007年。

劳务派遣的调研，和全国人大常委会于2008年和2011年两次启动的劳动合同法执法检查都显示，劳务派遣滥用、被派遣劳动者合法权益受损问题非常突出，到2012年，全国劳务派遣员工2 000多万人，个别企业劳务派遣工甚至达到职工总数70%以上[①]。可见，规范劳务派遣迫在眉睫。本节将结合2013年7月1日生效的新修订的《劳动合同法》，重点探讨劳务派遣的法律规制。

一、劳务派遣一般理论

(一)劳务派遣的含义

劳务派遣在不同的国家和地区有不同的称谓。美国多称之为“租赁劳动”(leased work)、“雇员租赁”(employee leasing)、“联合雇佣”(co-employment)，欧洲国家及国际劳工组织多称之为“临时劳动”(temporary work)，德国、日本、我国台湾地区等国家和地区的劳动法学界一般称之为“劳动派遣”(worker dispatching)。国际劳工组织(International Labour Organization，ILO)把劳务派遣机构定义为私营就业机构(private employment agencies)，其第181号公约第1条规定，劳务派遣是这样一种制度：一是雇主雇佣工人；二是雇主将雇佣的工人供给第三方使用；三是第三方给工人分配任务并监督任务的执行。日本《劳动派遣法》第1条规定，劳动派遣是指“将自己雇佣之劳工，于该雇佣关系下，接受他人之指挥命令，为该他人从事劳动，但不包含与他人约定由其雇佣该劳工在内”[②]。我国台湾学者认为，劳务派遣“乃是派遣公司之雇主，与劳工订立劳动契约，于得到劳工同意，维持劳动契约关系之前提下，使其在要派公司事业指挥监督下为劳务给付，该劳工与要派公司事业主间并无劳动契约关系存在”[③]。我国大陆学者认为，劳务派遣是指“派遣机构(劳务公司)与派遣劳工(劳动者)建立劳动关系，而后将劳动者派遣到要派机构(实际用工单位)，在实际用工单位的指挥监督下从事劳动”[④]。

(二)劳务派遣的类型

劳务派遣按照劳动者派遣服务期限分为经常雇佣型和登录型两种。

1. 经常雇佣型劳务派遣

它是指劳务派遣单位将其长期雇佣的劳动者派至用工单位提供劳务，劳务派

---

① 于浩：《法律关怀：劳务派遣“同工同酬”》，http://www.npc.gov.cn/npc/xinwen/lfgz/lfdt/2013-07/02/content_1800013.htm，2013年7月2日。

② 丁薛祥：《人才派遣理论规范与实务》，法律出版社，2006年，第251页。

③ 邱骏彦：《劳工派遣法制之研究——以日本劳工派遣法为例》，《辅仁法学》，2000年第19卷，第261页。

④ 董保华：《劳务派遣的法学思考》，《中国劳动》，2005年第6卷，第56页。

遣单位派遣劳动者与派遣机构之间的雇佣关系不受劳动者是否被派遣影响，即使没有派遣任务，其雇佣关系仍然可以续存。经常雇佣型劳务派遣中，被派遣劳动者与劳务派遣单位签订的劳动合同具有持续性的特征。不论被派遣劳动者是否在派遣期间，经常雇佣型被派遣劳动者与劳务派遣单位之间的劳动合同都不会因此而终止或解除，劳务派遣单位都应当向被派遣劳动者支付法定的或约定的报酬。在非劳务派遣期间，劳务派遣单位应当依据传统劳动合同关系的法律规定向劳动者承担全部雇主义务和责任，同时享有将劳动者派遣到适当的用工单位的工作岗位的权利，劳动者对于劳务派遣单位享有报酬请求权和福利请求权等的同时应当对于劳务派遣单位有忠诚义务以及服从劳务派遣单位合法、合约派遣的义务等。在劳务派遣期间，劳务派遣单位和用工单位对于被派遣劳动者共同承担雇主义务和责任，当然用工单位仅在法定范围内以及与工作环境和内容有关的法律问题上(如劳动安全保护等)承担与其有直接关系的雇主责任，其他雇主义务与责任仍然由劳务派遣单位来承担，当然被派遣劳动者的忠诚义务转而应向共同雇主承担，并且接收派遣后服从用工单位指挥管理和提供劳动。

2. 登录型劳务派遣

它是指在劳动者接受派遣前，派遣机构与派遣劳动者之间并未签订劳动契约，派遣劳动者仅是在派遣机构进行求职登记，直到要派机构向派遣机构提出用工需求时，派遣机构方与派遣劳动者签订劳动契约；或者是劳动者与用工单位实际达成建立聘用关系之后，再分别与派遣机构签订劳动合同和劳务派遣协议。登录型劳务派遣中，劳务派遣单位仅在用工单位需要劳动者时才与被派遣劳动者签订劳动合同，并且劳动合同的期间与劳务派遣单位和用工单位之间的劳务派遣协议的派遣时间相同，派遣期限结束或因其他原因终止后劳动者又回到原来与劳务派遣单位的登记关系的状态。登录型派遣用工成本较低，派遣单位和用人单位均可以借此逃避法定义务，较之雇佣型派遣，就业更加不稳定，它加速了劳动合同的短期化，相对降低了就业质量。因此，《劳动合同法》仅仅规定了雇佣型劳动派遣，间接地禁止了登录型劳动派遣的存在。这点从《劳动合同法》第 58 条第 2 款可以看出，相应的规制要求也是针对常雇型派遣形式①。但实践中，我国大部分劳务派遣属于登记型。

(三)劳务派遣的特点

1. 劳务派遣涉及三方法律关系

一般来讲，传统的用工方式或标准劳动关系是用人单位和劳动者直接对应的

---

① 《劳动合同法》第 58 条规定，劳务派遣单位应当与被派遣劳动者订立二年以上的固定期限劳动合同，按月支付劳动报酬；被派遣劳动者在无工作期间，劳务派遣单位应当按照所在地人民政府规定的最低工资标准，向其按月支付报酬。

纵向单一法律关系，劳动者与一个雇主签订劳动合同并为其提供劳动。而在劳务派遣中则是涉及派遣单位、用工单位和劳动者三方主体的三角关系，三个主体之间有相对独立的三种法律关系，而且据董保华教授的观点，其中"派遣单位—劳动者"和"用工单位—劳动者"这两个关系是不完整的，是对一个劳动关系的拆分，结合在一起就是传统的劳动法律关系。这三个独立的法律关系分别是：①劳动者与派遣单位的劳动法律关系。注意这是法律强加定性的法律关系，派遣单位和劳动者实际上都没有用工和向派遣单位出售劳动力的意思，不是标准的劳动法律关系。②劳动者与用工单位的劳动指挥关系。这个关系法律没有定性是何种关系，双方直接的权利和义务缺少法律规定。③派遣单位和用工单位的服务法律关系。派遣单位向用工单位派遣劳动者，用工单位支付给派遣单位派遣费用，这个法律关系实质上是民事合同关系，但又不完全相同，是介于民事合同和劳动合同之间的一类。

2. 劳务派遣中劳动者雇佣与使用的分离

劳务派遣最主要的特征是雇佣劳动者与使用劳动者的分离，表现为主体分离和地点分离，被我国台湾地区的一些学者评价为"三方两地"①。劳务派遣单位雇佣劳动者的目的与一般的雇佣不一样，一般的雇佣劳动者是为企业自身的生产资料相结合产生劳动后果，派遣单位雇佣劳动者是为了提供给其他企业使用，利润来源于使用劳动者的企业支付的一定的管理费和服务费。这种将劳动者的雇佣和使用相分离的用工方式，可以使企业在人员使用上更灵活，且可以将人力资源管理的职能和部分用工风险转移出去，使劳务派遣在更大范围内被采用。

3. 劳务派遣劳动关系的不稳定性

大多数国家将劳务派遣的适用范围限定在特殊岗位上，有的国家对行业也有要求，规定某些行业允许劳务派遣或某些行业禁止劳务派遣。我国《劳动合同法》也规定劳务派遣只能在具有临时性、替代性、辅助性的岗位上适用，劳务派遣本身就是为了解决临时性或季节性的用工需求的。劳务派遣的法律关系与一般劳动关系相比具有较大的不稳定性。

(四)劳务派遣法律关系的性质

劳务派遣，因为其中涉及劳务派遣单位、用工单位和被派遣劳动者三方主体，劳动者的雇佣与使用相分离，这也就决定了劳务派遣这种用工形式的法律关系性质的复杂性。在劳务派遣法律关系中，劳务派遣单位与被派遣劳动者签订劳动合同，成立劳动关系；劳务派遣单位与用工单位签订派遣协议，成立民事合同关系。对于这两种关系的性质，在学界没有太大的争议。但是，对于被派遣劳动

---

① 董保华：《劳务派遣的法学思考》，《中国劳动》，2005 年第 6 卷，第 11 页。

者与用工单位之间的法律关系的性质，是学者争议的焦点所在，形成不同学说。

1. 一重劳动关系说

一重劳动关系的理论认为在劳务派遣中，被派遣劳动者与派遣单位、用工单位三者之间只存在一个劳动关系。这种观点在德国、日本和我国台湾地区较为流行。一重劳动关系说对各国立法产生了重要的影响，除日本外，欧盟、法国、秘鲁等大多数国家和我国台湾地区在立法上都采用了一重劳动关系理论①。此观点以劳动者与用人单位生产资料相结合为劳动关系形成之本质为出发点，认为在劳务派遣中劳动力与生产资料只结合了一次，因此不可能产生双重劳动关系。该学说在用工单位指挥监督被派遣劳动者和接受劳动给付的依据的认识上，又有很多分歧，分成不同学说：

(1)劳动给付请求权让与说。Vgl. becker 等主张劳务给付请求权让与说②。在劳务派遣中，在劳务派遣协议期间，派遣单位将被派遣劳动者派到用工单位，用工单位受领被派遣劳动者的劳动给付，并同时指挥监督劳动者的工作、将被派遣劳动者纳入自己的生产组织体制之内。也就是说，派遣单位将自己与被派遣劳动者之间的部分劳动关系、劳务给付请求权和劳动的指挥监督权让与第三人即用工单位行使。

虽然这种学说为派遣单位转让劳动请求权给用工单位提供了依据，从而解释了用工单位的指挥监督权的来源。但是这个学说不能完全解释劳务派遣的特殊性。第一，劳务派遣关系与所谓的“债权让与”概念有很大差异。在劳务派遣关系中，派遣单位与被派遣劳动者建立关系之初就是为了派遣劳动给用工单位，在劳务派遣的过程中不存在变更债权人的情况，不存在用工取代派遣单位的债权人地位的问题，对于被派遣劳动者而言也不存在变换劳务给付受领者的问题。第二，在劳务派遣的过程中，派遣单位可以变换用工单位，并且可以变换被派遣的劳动者，那么这种更换了被派遣劳动者也即更换债务人的情形，则该种学说无法解释。第三，用工单位在获得这种劳动给付请求权后，有权指挥监督和使用被派遣劳动者提供的劳动，但是这种学说并未说明雇主责任是否随之部分转移，未有明确约定的情况下则为不转移，那么用工单位则无须向被派遣劳动者承担包括安全生产、卫生保障等在内的保护义务，劳动法规定的各种雇主保障义务仍由派遣单位承担，这明显不合理。世界上大多数国家和地区都规定，被派遣劳动者的劳动条件由用工单位提供，被派遣劳动者在用工单位指挥监督下劳动并遵守其规章制度，用工单位在被派遣劳动者劳动的过程中要承担安全卫生义务。这些劳务派遣的规定都是劳务请求权让与学说所不能解释的。

---

① 薛晓东：《国内外劳务派遣立法比较》，《中国劳动》，2005 年第 6 卷，第 18 页。

② 黄程贯：《德国劳工派遣关系之法律结构》，《政大法学评论》，1998 年第 6 卷，第 298 页。

(2)真正利他契约说。该学说是我国台湾学者黄程贯先生提出的。在劳务派遣中，派遣单位与被派遣劳动者建立劳动关系，之后将被派遣劳动者派遣到用工单位，劳动者向用工单位履行劳动给付，这种特点符合利他合同的本质特征。因此，有的学者主张这是一种利他合同[①]。在利他合同理论中，又将利他合同分为两类：一种是只有合同的相对方享有履约请求权，这种称为非真正的为第三人利益合同；另一种是合同涉及的第三人享有直接的履约请求权，这种称为真正的为第三人利益合同。该学说认为，在劳务派遣关系中，劳务派遣单位与被派遣劳动者在劳动合同中约定劳动者向第三人用工单位履行给付劳动的义务，劳动合同产生的劳动给付请求权直接归属用工单位，因此劳务派遣是真正的利他合同。在这种关系之下，劳务派遣单位和用工单位都对被派遣劳动者享有劳动给付义务不履行的损害赔偿请求权。

这种学说也是要为用工单位对被派遣劳动者的劳动享有直接请求权找到理论根据，由此解释用工单位对于劳动者劳动的指挥监督权。但是这种学说与劳动给付请求权让与说面临同样的难题，即用工单位享有对于被派遣劳动者的直接请求权的同时是否应当同时承担雇主应承担的部分义务？但是从真正利他契约说的理论基础出发，要求用工单位承担雇主的安全、卫生等劳动保护义务，似乎又与此理论中用工单位的纯受益第三人的地位不相符合。事实上，真正利他契约学说只是表面上试图解释劳务派遣关系，并没有看到劳务派遣的深层次关系。在劳务派遣中，用工单位对于被派遣劳动者的劳动虽然没有直接给付劳动报酬，但是被派遣劳动者的劳动报酬却是用工单位支付给劳务派遣单位费用的一部分，用工单位此时更像是真正雇主。真正利他契约说无法解释这种深层次的关系。

(3)双层运行说。此学说以我国大陆学者王全兴教授为代表，他在主张一重劳动关系说的同时提出：在劳动派遣中，用人单位存在两个层次，即派遣单位和用工单位共同行使用人单位的职责。用工单位只进行劳动过程的组织和管理，并担负工资、福利、社会保险等费用；其他用人职能则是由派遣单位代为行使，派遣单位是用工单位管理事务的代理主体。用工单位是实际用人单位，派遣单位是名义用人单位[②]。可见，劳务派遣中存在的是一重劳动关系的双层运行，而不是双重劳动关系。

双层运行说之缺失在于，根据这种学说劳务派遣关系应为用工单位与被派遣劳动者签订劳动合同或主劳动合同，从而使派遣单位的作用更加接近于职业中介

---

① 刘顺果：《我国劳务派遣的法律关系分析》，《广西警官高等专科学校学报》，2008 年第 2 卷，第 61 页。

② 王全兴、侯玲玲：《劳动关系双层运行的法律思考——以我国的劳动派遣实践为例》，《中国劳动》，2004 年第 4 卷，第 19 页。

或者人事代理，进而使派遣单位失去其存在的基础。若派遣单位是作为用工单位的代理主体，那么根据代理理论，派遣单位则无权以其名义与被派遣劳动者建立法律关系，而发生劳动纠纷后则被派遣劳动者则只能向委托者及用工单位主张权利，而不是向代理人派遣单位。事实上与被派遣劳动者建立劳动关系的恰恰是派遣单位，派遣单位完全是以自己的名义与被派遣劳动者建立劳动关系。

2. *双重劳动关系说*

主张双重劳动关系说的学者认为，在劳务派遣关系中，对于被派遣劳动者而言，形式上存在两个用人单位，并且这两个用人单位之间存在着法律联系也存在着合同联系，即派遣单位和用工单位都与被派遣劳动者存在劳动关系。由于对双重劳动关系中每个劳动关系的属性认识不同，又可分为双重完全劳动关系共同雇主说和双重特殊劳动关系说。

双重劳动关系共同雇主说，是指无论是派遣单位还是用工单位都是被派遣劳动者的雇主，都对被派遣劳动者承担雇主责任。美国和中国的一些学者都主张此说。派遣单位直接雇佣被派遣劳动者，因此在几乎所有劳动关系相关事项上，派遣单位都应该承担雇主责任；对于直接使用被派遣劳动者的用工单位的责任，由于美国在关于此问题的法律上有共同雇主(joint employer)的概念，故用工单位有时也必须承担雇主责任。至于用工单位何时承担共同雇主责任，则以用工单位平时对被派遣劳动者的监督指挥的程度来判定。

我国双重特殊劳动关系说主要以董保华教授为代表。该学说认为，在劳务派遣中，派遣单位和被派遣劳动者之间，以及用工单位与被派遣劳动者之间形成的都是“特殊劳动关系”。所谓特殊劳动关系，是介于“标准劳动关系”和“民事劳务关系”之间的过渡状态[①]。特殊劳动关系是主体资格上有瑕疵的劳动者与用工单位形成的一种用工关系。这里的“瑕疵”是指被派遣劳动者与另一用人单位存在劳动合同关系，或者不符合劳动法律关系规定的订立合同的主体条件。劳务派遣中形成的特殊劳动关系是各种特殊劳动关系形态中的一个典型。特殊劳动关系的特征是只收到部分劳动基准法的限制。双重特殊劳动关系的叠加可以说构成了一个完整的劳动关系。因此，劳务派遣中就存在两个雇主，他们共同对被派遣劳动者承担劳动法上的义务。从理论上讲，派遣单位和用工单位之间是劳务关系，受民法调整，双方可以通过意思自治、平等协商，在劳务合同中约定各自对被派遣劳动者的权利义务，法律也可以对两个雇主在劳动法上的权利义务进行分配。

双重劳动关系说虽然试图解决对于被派遣劳动者来说雇主责任的承担问题，为派遣单位和用工单位在一定程度上共同承担雇主责任提供了一定的理论依据，这种理论依据是以雇主权能的分割为基础的。雇主权能的分割或者称为雇主权能

---

① 董保华：《劳动者派遣的法学思考》，《中国劳动》，2005年第6期，第11页。

的分离理论，是指劳动关系由多个雇主和一个劳动者组成，多个雇主分割行使雇主权能之一部分。雇主之间可以通过建立平等、自由的契约分配这些权能，但是对于劳动者而言，若雇主未与其签订只行使部分雇主权能的协议，则多个雇主对于劳动者的雇佣及劳动报酬给付、福利给付等义务需要承担连带责任。可以看出，所谓的双重劳动关系事实上每一重都不是完整的劳动关系。劳务派遣单位“雇”而不“用”，用工单位“用”却不“雇”，并且在整个劳务派遣关系中，劳动者只与用工单位的生产资料结合、受领一份劳动报酬和社会劳动保险。因此，该两重劳动关系相结合才能是一个完整的劳动关系。

由上述学说分析可知，判断劳务派遣关系究竟为一重劳动关系还是双重劳动关系，其关键都在于劳动关系的认定。何为劳动关系？在我国《劳动合同法》颁布之前，我国有一些关于认定传统劳动关系的认定标准。我国国家劳动部工资司1999年对劳动关系所答复的定义为，劳动关系是指劳动者与用人单位(包括各类企业、个体工商户、事业单位等)在实现劳动过程中建立的社会经济关系。从广义上讲，生活在城市和农村的任何劳动者与任何性质的用人单位之间因从事劳动而结成的社会关系都属于劳动关系范畴。从狭义上讲，现实经济生活中的劳动关系，是指依照国家劳动法律法规规范的劳动法律关系，即双方当事人是被一定的劳动法律规范所规定和确认的权利和义务联系在一起的，其权利和义务的实现，是由国家强制力来保障的。劳动法律关系的一方(劳动者)必须加入某一个用人单位，成为该单位的一员，并参加单位的生产劳动，遵守单位内部的劳动规则；而另一方(用人单位)则必须按照劳动者的劳动数量或质量给付报酬，提供工作条件，并不断改进劳动者的物质文化生活。我国有学者将劳动关系定义为：“所谓劳动关系，是指生产关系中直接与劳动有关的那部分社会关系。具体地说，劳动关系是指在实现劳动的过程中劳动者与劳动力使用者所结成的一种社会经济关系。”①在西方，劳动关系的含义与我国的定义不同，劳动关系是指“工会与雇主之间在为各自目标和需求而努力的一系列过程中的关系，其重点在于工会与雇主间冲突的处理过程”②。西方的雇佣关系的含义与我国对劳动关系的内涵理解较为接近，雇佣关系是指“雇主和雇员之间的关系，它是人力资源管理和劳动关系的交叉部分”③。然而，劳务派遣由于自身法律关系的复杂性，被认为是非传统或非标准的劳动关系(non-traditional or non-standard employment relationship)。因此在判定劳务派遣中的劳动关系时，似乎不能再以上述的传统劳动关系之定义

① 常凯：《劳动关系·劳动者·劳权》，中国劳动出版社，1995年，第14页。

② Fossum J A. Labor Relations (Seventh Edition). Irwin McGraw-Hill，1999：2.

③ Gardner M，Palmer G. Employment Relations：Industrial Relations and Human Resource Management in Austral (Second Edition). Macmillan Education Australia Pty Ltd，1997：2.

来判断，而应转以更体现社会本位的劳动关系之定义来审视劳务派遣，即劳动关系是“以劳动为中心所展开，着重在劳动力、劳动者本位的思考”[①]，以此更多地从弱势劳动者权益保护的角度来考虑劳务派遣中的劳动关系。在被派遣劳动者与劳务派遣单位之间，由于双方签订劳动合同而建立起劳动关系，这符合传统劳动关系的法律规定的形式要件，在此劳动合同存续期间适用传统劳动合同关系的法律规定。但是劳务派遣单位与被派遣劳动者签订的劳动合同又是与传统劳动合同不同的，除传统劳动合同规定的必须规定的事项之外，根据我国劳动合同法的规定还应当载明被派遣劳动者的用工单位以及派遣期限、工作岗位等情况。因此，虽然根据传统劳动合同关系，劳务派遣公司应当当然地承担所有的雇主权利义务，如要求被派遣劳动者提供劳动、服从劳动管理等权利、与被派遣劳动者签订劳动合同、及时足额发放工资、提供福利、劳动条件安全保护等义务，但是劳务派遣关系中，这种雇主权利又有很大的不同，如要求被派遣劳动者提供劳动的对象已经根据约定固定给了用工单位，劳务派遣单位不能随意更换用工单位，被派遣劳动者也没有服从劳务派遣单位随意变更用工单位和岗位等的义务，劳务派遣公司的劳动安全保护义务、部分培训义务等也被法定地转移给了用工单位。可以说，在劳务派遣关系中，劳务派遣公司与被派遣劳动者之间的劳动关系受到法定和约定的限制，因此双方之间形成的虽仍为劳动关系，却是一种特殊的劳动关系，或者单从其二者关系而言，其形成的是不完整的、非传统的劳动关系。

在被派遣劳动者与用工单位之间，从形式上而言，双方并没有任何合同关系的存在，实质上，在劳务派遣单位与被派遣劳动者之间的劳动合同以及劳务派遣单位与用工单位之间的劳务派遣协议的履行合力的作用下，用工单位获得对于被派遣劳动者提供劳动的受领权和对于该劳动的指挥监督权，并且承担法定的用人单位的部分雇主义务。因此，用工单位与被派遣劳动者之间虽然不存在形式上的劳动合同关系，但是实质上双方是承担部分劳动关系的权利义务的，即用工单位在受领被派遣劳动者的劳动、享受其创造的价值的同时须承担雇主应当承担的劳动安全保护义务、必需的培训义务等。

综上，我们认为，用工单位与被派遣劳动者之间形成的是除却传统劳动关系形式要件之外的特殊劳动关系。用工单位与劳务派遣单位相结合才是一重完整的劳动关系，用工单位与劳务派遣单位相结合成为共同雇主，共同享有雇主的权利义务、承担雇主责任。

二、我国劳务派遣的立法现状及存在的问题

我国《劳动合同法》《劳动合同法实施条例》及 2012 年 12 月 28 日通过的、

---

① 黄越钦：《劳动法论》，中国政法大学出版社，2003 年，第 19 页。

2013年7月1日生效的《中华人民共和国劳动合同法(修正案)》(简称《劳动合同法(修正案)》),对劳务派遣的规制主要表现在以下三个方面:第一是对劳务派遣单位设立条件和存续期间的监督管理的规制;第二是对劳务派遣单位和用工单位义务与责任配置方面的规制,雇主的义务和责任如何在两者之间分配的问题;第三是对劳务派遣适用范围的规制,即"三性"岗位的规制。但我国劳务派遣立法仍存在以下几方面问题。

(一)"逆向派遣"效力判定缺少法律依据

逆向派遣是指劳动者与用人单位建立了劳动关系,但用人单位不与劳动者签订劳动合同,而是要求劳动者与用人单位选定的劳务派遣公司签订劳动合同,从而将用人单位的全部或者部分责任转嫁到派遣公司的现象①。这种情况主要表现为,原用人单位尚未解除或终止劳动关系,又刻意让劳动者与劳务派遣机构签订劳动合同后派遣回原用人单位继续劳动;还有一种情况,用工单位从人员招聘、面试等各个环节全部都是自己完成,只在签订合同之时冒出一个劳务派遣公司与劳动者签订劳动合同;更有甚者,用工单位与劳动者签订劳动合同时仅仅是让劳动者在空白合同上签字,之后由用工单位安排劳务派遣单位盖章,全部过程劳动者没有任何知情权。这种非正常劳务派遣的适用占了我国劳务派遣市场的大部分份额。这种劳务派遣越多,则劳务派遣在我国的健康发展就越受到影响和质疑,同时对于我国就业市场的稳定也会有很大的冲击。这种派遣违反平等自愿原则,但是由于劳动力供大于求的实际情况以及劳动者对用人单位的依附性,劳动者在应原用人单位要求与派遣机构签订劳动合同时,虽然工资待遇和稳定性都可能严重下降,但为了保住工作机会往往选择无条件接受,而且由于继续在原单位工作,劳动者一般不会主张用人单位继续雇佣或经济补偿金等。表面上看,企业并没有胁迫、欺诈等行为,却切实损害了劳动者的权益。我国《劳动合同法》对逆向派遣没有作出规定,关于逆向派遣的效力一直存在争论。

(二)派遣单位资格准入制度需要进一步完善

我国2013年7月1日施行的《劳务派遣行政许可实施办法》第6条规定,经营劳务派遣业务,应当向所在地有许可管辖权的人力资源社会保障行政部门依法申请行政许可。未经许可,任何单位和个人不得经营劳务派遣业务。其第7条规定,注册资本不得少于人民币200万元。虽然在劳务派遣单位的准入制度从核准主义及最低注资两方面进行限制,但是劳务派遣单位的资质与财务、信用等状况并非一个注册资本能够衡量得出来的。劳务派遣公司是根据公司法的规定设立的,同时也必将适用一般公司设立的准则制度,那么现实中,也就无可避免地在

① 谢德成:《我国劳务派遣法律定位的再思考》,《当代法学》,2013年第1期,第121页。

注册公司之时可以采取银行或借贷垫付的形式来减少设立人注册资本的现实投入，而一旦设立公司手续完成，那么上述资金可以随即撤出。一旦发生这种情况，那么法律规定的以注册资本金来控制劳务派遣单位的资质及偿债能力，从而达到保护被派遣劳动者、减少因劳务派遣单位资金匮乏而损害被派遣劳动者的目的就会落空。

而且我国劳务派遣业还存在严重的混业经营问题。在我国劳务派遣单位中，很少有纯粹的劳务派遣组织，多以劳务承包或者劳务中介为主，兼营劳务派遣。鉴于劳务承包、职业中介、劳务派遣的性质各异，从业资质要求等各自差异较大，混业经营的后果必然给管理造成困难，影响劳务派遣在良好的专业分工基础上健康发展。因此，应当对劳务派遣单位准入条件作出相应的配套措施，从源头上规范劳务派遣的健康、有序发展。

（三）派遣行业范围及派遣期限规范不明确

劳务派遣使用范围限制的问题，一直是学界和实务界关注的但至今仍未能很好解决的问题。在我国的《劳动合同法》及其实施条例及最新修订的《劳动合同法》中，都没有关于劳务派遣的适用行业的限制，也就是说在我国任何行业都可以采用劳务派遣的用工形式。我国法律中关于劳务派遣的适用限制，仅见于《劳动合同法》第 66 条的“临时性、辅助性或者替代性的工作岗位”的规定，虽然 2012 年审议通过的《劳动合同法（修正案）》对劳务派遣中的“临时性”“辅助性”“替代性”的概念描述为：“临时性工作岗位是指存续时间不超过六个月的岗位；辅助性工作岗位是指为主营业务岗位提供服务的非主营业务岗位；替代性工作岗位是指用工单位的劳动者因脱产学习、休假等原因无法工作的一定期间内，可以由其他劳动者替代工作的岗位。”其中“临时性”和“替代性”的定义看似十分清晰，但“辅助性”的定义仍有些模糊，而且配套的制度设计缺失，同时《劳动合同法》第 66 条的规定也没有对于用工单位一旦将被派遣劳动者用于该三性以外的岗位时应当承担什么责任加以规定，使得《劳动合同法》的第 66 条落入倡导性条文的命运。

对于劳务派遣的派遣期限限制规范，我国相关劳动立法也没有任何规定。只是在上述的最新的修正案中对临时性工作规定不超过六月的期限。限制派遣期限主要是为了防止对正规雇佣也即传统劳动关系的冲击，避免将固定岗位临时化。实践劳务派遣规模过大，几乎遍及各个行业，远远超出《劳动合同法》所限定的临时性、辅助性、替代性岗位的范围，派遣工占从业人员的比例过高，呈现主流化趋势。国有企事业单位不仅是超出“三性”岗位范围使用派遣工的重点，并且使用派遣劳动者的期限较长。2012 年“两会”期间，全国政协委员杜黎明在提案中称，中国移动 50.3 万名职工中有派遣工 35.8 万人，占职工总数的 71.2%[①]。窥一斑可知全豹。

（四）劳务派遣单位与用工单位的责任承担规定过于笼统，相应的救济缺失

由于劳务派遣“雇佣”与“使用”分离的特性，与被派遣劳动者签订劳动合同的虽然是劳务派遣公司，但是被派遣劳动者在用工单位工作，与用工单位有着更加紧密的关系。因此，法律将雇主的部分责任分配给了用工单位，也就是《劳动合同法》第 62 条所列举的提供劳动条件和劳动保护、支付加班费与奖金等福利、进行岗位必需的培训、正常工资增长的义务，除此之外的雇主义务分配采取了十分宽松的依约定模式。劳务派遣单位与用工单位之间的权利义务分配甚至对被派遣劳动者的义务很大一部分都可以通过劳务派遣协议的形式协商约定。如果放任劳务派遣单位与用工单位将对劳动者的责任自行约定，则很有可能最终陷入无责任主体承担责任的状态。劳务派遣单位与用工单位是同一劳动关系中的双重雇主身份，各自对与被派遣劳动者都应有独立的义务与责任体系。由此，才能使劳务派遣出现相应纠纷之时落实相应的责任主体和责任承担。

我国《劳动合同法》规定劳务派遣单位承担主要的雇主义务，用工单位承担与劳动过程密切相关的一部分雇主义务，但在责任规定上比较欠缺，只有第 58 条和第 59 条规定的义务有对应的法律责任，其他义务没有指出对应的法律责任，而责任的承担上全部适用《劳动合同法》第 92 条及《劳动合同法实施条例》第 35 条规定的连带责任。但用工单位是否与派遣单位连带承担所有的义务和责任以及二者的内部责任如何划分，法律并没有作出明确的规定，同时该条表达的意思是不区分有无过错和法律规定的义务承担者是谁，一旦损害劳动者的合法权益，两者就承担连带责任。这种责任的承担方式反而可以使过错方受益，比如用工单位已经按照法律和协议的规定向派遣单位支付了相应的费用，包含劳动者的工资福利和社保费用等，是派遣单位单方拖欠发放，此时也要求用工单位承担连带责任显然是不合理的。而且承担连带赔偿责任的前提仅为“给被派遣劳动者造成损害”，不仅前提过于狭窄，并且对于“损害”的标准也未有规定。事实上，劳动过程中与被派遣劳动者密切相关的雇主应承担的责任非常多，鉴于劳务派遣三方主体的特殊性，劳务派遣单位和用工单位应当承担连带责任的不仅是对劳动者的损害方面，而且对于被派遣劳动者在执行工作的过程中对第三人造成的损害，即“雇主责任”的承担也应当以连带责任的方式加以承担，否则一旦劳务派遣单位和用工单位将此种责任依约定而推诿，则使得劳动者本身陷入被追偿的困境。

派遣单位和用工单位之间的义务责任分担是我国劳务派遣行业的焦点问题，

① 降蕴彰：《劳动合同法修改成稿　劳务派遣违规处罚翻倍》，《经济观察报》，2012 年 4 月 16 日，第 2 版。

目前笼统的连带责任之规定实质上不利于劳务派遣业的健康发展，同时导致劳动者权益受损时难以救济，有悖劳动立法的宗旨。

三、国外劳务派遣法律制度的比较与借鉴

（一）美国劳务派遣法律制度

美国的劳务派遣出现较早，发展较快。美国对于劳务派遣没有进行专门的立法，而是采取判例法与成文法相结合的方式来规范有关劳务派遣的问题。美国政府比较重视规制劳务派遣的重要性，关于劳务派遣的法律制度规范主要体现在《公平劳动标准法案》(Fair Labor Standards Act，FLSA)等联邦立法和州立法及联邦与各州法院的判例中。美国的劳务派遣法律规制是建立在共同雇主理论基础之上的，划分职业雇主组织和客户公司之间的雇主责任是美国劳务派遣法律制度的核心和灵魂，美国劳务派遣法律制度的进步性也正体现于此。

美国在劳务派遣问题上提出了双重雇佣的法律概念，是指一家劳务使用公司被确认对于一个非正式员工履行其工作的方式和方法持续进行了多种控制，因此该非正式员工的使用者和提供者(该员工的正式雇主)都有可能对由使用者的工作任务而产生的问题共同承担责任。这些责任包括雇佣歧视、员工福利、工会权利以及可能的薪酬税费的违法问题[①]。美国法适用的是联合雇主原则，在涉及工资等问题的公平劳动基准、职业安全卫生、社会保障等方面，一般都要求要派人和派遣人共同承担责任。《公平劳动标准法案》是由美国联邦劳工部发布的调整工人工资、工时、超时工作、最低工资等方面的政府规定，它对于双重雇佣和共同雇佣的问题指定了专门的保护规定。根据该法案，双重雇佣行为通过“实际受益分析”加以确认，即美国联邦劳工部会将那些根本上控制员工福利的组织视为雇主。《职业安全与健康法案》(Occupational Safety and Health Act，OSHA)规定，与工作场所有关的伤害的责任首先落在那些劳动者被派遣到的工作场所的用工单位身上，这可能是因为用工单位被认为提供了危险因素以及在她们的管理下被派遣劳动者工作在危险之下。《国家劳动关系法案》(National Labor Relation Act，NLRA)由国家劳动关系委员会(State Labor Relations Board，SLRB)监督并由法院强制执行，以保证劳动者组织工会的权利，该法同样适用劳务派遣中的被派遣劳动者[②]。根据该法案，无论是派遣单位或用工单位其中一方，对于被派遣劳动者参与工会活动予以差别待遇，而另一方明知或默许该行为的发生时，方须承担共同雇主责任。应注意的是，被派遣劳动者无法参与用工各单位的工会组织及活

---

① 林晓云：《美国劳动雇佣法》，法律出版社，2007年，第68页。

② 林晓云：《美国劳动雇佣法》，法律出版社，2007年，第64～66页。

动，仅可加入派遣单位的工会①。

但是何种情况下按照共同雇佣论则在各法案中有不同的标准，但一般都认为与用工单位对被派遣劳动者的工作的监督指挥权的范围和内容相关联。美国很多州法律对派遣单位和用工单位之间的劳务派遣协议有很多限制性的规定，旨在干预派遣单位和用工单位之间的责任义务的划分。以佛罗里达州的法律为例，雇员租赁公司和客户公司之间的合同安排(contractual arrangement)应满足以下条件：①租赁公司保留指挥和控制(direction and control)派遣到客户所在地的派遣工人的权利，但客户公司可以保留足够的控制和指挥派遣工人的权利，如果这是从事业务所必需的，并且如果没有该权利，客户将无法从事其业务的；客户公司也可以履行某些法定的受信义务(fiduciary responsibility)。②租赁公司承担支付派遣工人工资的义务，不管客户公司是否向雇员租赁公司支付。③租赁公司承担支付工资税(payroll taxes)的完全义务，并且从派遣工人的工资中收税。④租赁公司保留雇用、解雇、惩戒和重新派遣(reassign)工人的权利。但客户公司可以拥有接受或者终止任何派遣工人的派遣(assignment)的权利。⑤租赁公司保留对工作场所或者影响派遣工人的场所的安全、风险和危险管理的指挥和控制，包括以下职责：对客户设备和建筑的安全检查；对雇用和安全政策的制定和实施；负责派遣工人的赔偿请求(compensation claims)、请求的提起(claims filings)和相关程序的管理。另一典型就是阿肯色州的劳动法。该法规定劳务派遣公司必须取得行业许可证并且要通过阿肯色州保险委员会的授权。在美国，员工保险制度是美国劳动法律中一项十分重要的问题，涉及员工的职业安全保障、退休及福利。在劳务派遣中，美国法律侧重于保护派遣员工与用人单位长期雇员获得同等保障的权利。美国另一个州立法典型是得克萨斯州《劳动法典》第91章规定的雇员租赁服务法案。在该法案中，劳务派遣(雇员租赁服务)是指许可证持有人派遣雇员到客户公司工作，由许可证持有人和客户公司共同承担雇佣责任，这类雇员的派遣是长期性的或者持续性的，而不是临时性的或者季节性的，受派遣雇员的工作绝大多数是在客户公司的工厂或者专门工作组内完成的。而临时性、季节性、特殊工作项目的派遣，在该法案中被称为"临时援助"，即指在特定情况下一个组织派遣自己的雇员为客户提供劳动力援助或者支持。这不属于一般情形下的劳务派遣，即不是该法案规定的雇员租赁。该法案对派遣公司的控制人进行了限制，要求有相关的教育、管理和经营经验。同时规定了派遣行业的准入许可证制度，并且对于雇员租赁协议的内容作了形式和实质的要求，对客户公司的责任和许可证持有公司的责任作了较为详细的规定。

对于劳务派遣范围，美国从来没有对其进行过规制，一直交由市场来选择。

① 张冰心：《劳务派遣法律规制研究》，吉林大学硕士学位论文，2008年，第83页。

以往劳务派遣主要流行于特殊行业，例如，化工和石油行业、工程和设计行业、建筑行业等。这些行业往往需要各种不同技能的人才，雇主通过雇员租用的形式，可以补充雇主自身雇员技能的不足，或者让其从事一些短期项目，或者弥补雇主自身雇员人数的不足。但时至今日，派遣已经渗透到整个经济的各个领域，从“看门人”到首席执行官。各个行业都可以根据需要使用派遣劳动者。对劳务派遣的负面评价，主要体现在工会方面，美国的工会一直以来对正式雇员权利进行高标准保护，因此其对劳务派遣相当排斥，甚至部分工会在团体协议中与雇主明文约定禁止雇主使用派遣劳工或将工作外包，对劳务派遣持较大的反对态度，认为劳务派遣无论是对劳动者的保护还是对经济发展都没有太大的促进作用。

（二）日本劳务派遣法律制度

日本将劳工派遣分为一般型劳工派遣和特定型劳工派遣，日本劳工派遣法对这两种派遣方式都作了严格限定，经营一般型劳工派遣事业者应取得厚生劳动大臣之许可，并设置了许可失格的事由、取得许可证的程序和有效期间。日本1986年出台了《保障劳务派遣业的合理运营及促进改善派遣劳动者雇佣条件的法律》，简称《日本劳动派遣法》。根据该法律第2条用语意义之规定，劳动派遣是指“将自己雇佣之劳工，于该雇佣关系下，接受他人之指挥命令，为该他人从事劳动，但不包含与他人约定由其雇佣该劳工在内”[①]。该法第4条确定了劳务派遣单位的判定标准，强调劳务派遣单位应当体现出业务专门性，也就是说混业经营是被严格禁止的。该法将劳务派遣分为“一般派遣劳动业”（登录型）、“特定派遣劳动业”（经常雇佣型），同时根据不同的类型规定了不同的准入条件。该法第7条规定了一般派遣劳动业许可的条件：①为促进及协调该事业对象业务之劳动力所需，且为必要合理者；②申请人须具备合理执行有关雇佣管理派遣劳工的能力；③申请者须具有确实掌管该事业的能力。若具备同法第6条所定事由者，将无法取得许可，亦为撤销许可之事由。同法第6条规定无法取得许可事由为：①被处以监禁或依该法及其他有关劳工法令规定而处以罚金者，自执行终了或自不必执行之日起算，未满5年者；②因被宣告禁治产、准禁治产或破产，且尚未复权者；③依同法第14条之规定，被撤销其许可者，自撤销之日起算未满5年者；④于经营派遣事业时，限制行为能力人之法定代理人，或行为能力人之代理人具有①、②、③三者之任一事项者[②]。可见，日本对于劳务派遣行业的准入规定是相当严格的。这些严格的行业规定对于劳务派遣业的规范和可规制性提供了必要的前提条件。

《日本劳动派遣法》经历了数次修订，比较大的修订是1996年、1999年和

① 丁薛祥：《人才派遣理论规范与实务》，法律出版社，2006年，第211页。

② 邱祈豪：《台湾劳动派遣法制化之研究》，台北致良出版社有限公司，2003年，第322页。

2003 年的修订。该法采取明文禁止与正面列举相结合的规范方式对于劳务派遣的适用行业范围的规定。1986 年《劳务派遣法》把劳务派遣的范围限定为 13 种工作(之后很快又增加了三种)，通过列举许可方式对可以进行派遣的工作种类进行管理，派遣期限也作了严格规定。1996 年的修改把可适用劳务派遣的范围扩大到 26 种工作种类，将适用范围扩大到编辑、书籍制作、软件开发、翻译等 26 类专业技术类岗位；1999 年，日本又对《劳务派遣法》作了大的修改，对劳务派遣从“原则禁止”转变为“原则自由”。除了五种行业(港湾运输业、建筑业、保安业、医疗有关业务、制造业)之外的所有行业都可以开展劳务派遣。除 26 种工作外，其他行业的派遣期限为一年；2003 年的修改允许制造业适用劳务派遣工，且除制造业之外派遣年限都延长到三年；派遣期限届满后，用人单位想继续雇用同一劳动者的，则应当将其聘用为正式员工。2007 年对制造业的派遣期限也延长到三年①。日本的这些修法变化，适应了灵活就业的世界发展趋势。

在劳务派遣的责任区分模式上，日本采取单一雇主责任模式。日本在《劳务派遣法》中以明确列举的方式划分了派遣机构与用工单位各自应负的雇主义务责任范围，分别从劳务派遣单位与用工单位双方都要负责的事项、只有用工单位负担雇主责任的事项、只有劳务派遣单位负担雇主责任的事项三个方面规制：在派遣单位不能控制也不存在过错的情况下，由用工单位单独承担责任；派遣单位不能控制但存在劳动者选任过错时，派遣单位和用工单位承担连带责任；其余情况由派遣单位承担责任。法律规定派遣机构是雇主，承担通常的雇主责任，如工资福利、社会保险等。但用工单位也要履行相应的义务，如为派遣劳动者提供平等待遇、安全卫生、劳动保护、女工特殊保护、劳动时间和休息休假等义务。同时，1996 年日本对劳务派遣法作出修改，增设了对用工单位的警告制度，即如果用工单位接收不具有派遣业务执照的劳务派遣公司所派遣的劳动者，用工单位将受到警告的制度，在一定程度上是对派遣单位准入制度的一种保障。

(三)德国劳务派遣法律制度

德国的有关规范劳务派遣业的法律为《德国规范经营性雇员转让法》(简称《雇员转让法》)，该法于 1982 年 1 月 1 日起实施，并基于《德国统一法》第 20 条进行了修改，最后一次修改是在 2005 年 3 月 14 日。根据该法第 1 条的规定，劳务派遣(员工出让)是指，雇主(出让方)以经营形式将自己雇佣的劳动者(借用员工)提供给第三方(借用方)使用，由借用员工向第三方提供劳务，而雇主(出让方)承担其余的雇主义务和风险。其中第 1 条第 1 款规定：雇主(转让方)以经营形式将自己雇佣的劳动者(借用雇员)提供给第三方(借用方)使用，由借用雇员向第三方提

① 〔日〕荒木尚志：《日本劳动法》，李坤刚、牛志奎译，北京大学出版社，2010 年，第 35 页。

供劳务的，需要取得许可证。第 2 条第 4 款规定了许可证的有效期为 1 年。《雇员转让法》第 3 条第 1 款第 3 项规定，如果外借雇员在出借给其他公司期间未能享受到企业内同类雇员享受的主要劳动条件(包括劳动工资)，则可以不再给借出企业发放或延长经营性雇员转让许可。且外借雇员可以依据《雇员转让法》第 10 条第 4 款向出借方提出要求，在外借期间享受与借用方同类固定雇员一样的条件，取消了各种阻碍雇员转让的限制，赋予了借用雇员的知情权。

德国的劳务派遣法对于劳务派遣的适用范围采取了反面禁止性列举的立法模式。德国法第 1b 条规定了劳务派遣针对建筑业的限制，只要被派遣的劳动者在用工单位提供属于通常意义上建筑工人的工作范围的劳动，则都在以经营形式派遣劳动者的禁止之列。

事实上，德国等欧盟国家对于劳务派遣的行业限制和期限限制的规定经历了一个从严格限制到逐渐放宽的过程，之所以修改法律、允许并逐渐放宽劳务派遣，是因为国内的劳动力严重不足。在派遣范围方面，1972 年德国国会首先制订《德国雇员转让法》来规范派遣公司、派遣劳工以及要派企业三者间的权利义务关系。《雇员转让法》实施后的效果并不非常乐观，仍然有许多企业并未履行其作为雇主所应尽的义务，主要是建筑行业。为此，1982 年 1 月 1 日德国法律明令禁止了建筑业的雇员转让。20 世纪 80 年代中期开始，为了增加就业岗位而使得雇员转让成了就业促进立法的组成部分。雇员转让法律制度显示出非常明显的自由化倾向。随着 2002 年年初《劳动市场政策措施改革法》的实行，雇员转让法进一步被自由化了。《劳动市场现代服务法》的出台，与就业有关的各项法律规定均以促进就业为导向而作了修改。修改的法律放松了多年来对建筑业雇员转让的限制，允许建筑企业和其他企业之间进行雇员转让协议。另外，新的《雇员转让法》还有条件地允许建筑企业之间进行雇员转让。

德国在派遣期限的限制方面，2002 年修改法律时将劳务派遣的期限从 1 年延长至 2 年，2004 年修改相关法律时就取消了劳务派遣期限的限制①。

德国法还规定了许可审批机关的较严格的监管职责。要求劳务派遣单位与被派遣劳动者订立定期的劳动合同，并且每 6 个月要求派遣单位上报员工的统计报表以供审查，内容包括人数、派遣次数、派遣期间等；许可机关的监管还包括进入经营场所或其他不动产进行检查。并且对劳务派遣业的违法违规问题规定了全面的责任承担形式，从民事到行政，严重者甚至将会收到刑事的追诉。

德国对劳务派遣单位和用工单位之间的责任分配作了比较合理的划分。劳务派遣的一般雇主的责任和经营劳务派遣业的特定的经营风险是必须由劳务派遣单

① Peter Sch üren. Employee leasing in Germany: the hiring out of an employee as a temporary worker. Comparative Labor Law and Policy Journal, 2001 Fall: 67～80.

位自行承担的，这些是不存在用工单位分摊责任的情形的。它的义务概括来说就是保证派遣劳动者与用工单位的雇员同等劳动条件的义务，在欧洲被称为实行平等原则。同时，德国员工出让法将与工作场所安全相关的职业安全雇主责任分配给了用工单位，用工单位接收被派遣劳动者劳动给付的同时应当承担起劳动健康、安全和卫生的法定义务。为保证这些用工单位法定义务的切实落实，法律赋予劳务派遣单位以视察权，即劳务派遣单位可以定期到用工单位对劳动卫生、安全等职业安全问题进行视察。可见在德国法中，被派遣劳动者的职业安全与防护是由用工单位负主要的责任。要派机构处于补充雇主的地位，在派出单位无力承担责任时，才由要派单位来承担①。德国劳务派遣法中用工单位与派遣单位一道承担连带责任的情形主要表现为：在德国，若要经营劳务派遣业，必须获得行政许可，而且一般情况下一次许可的期限不会超过一年，许可过期之前需重新申请许可。在后续监督方面表现为，如果在获得许可的期间内有任何违法行为都会被撤销许可，可以说无论是在设立许可还是后续监督方面，德国劳务派遣业的行政许可制度非常严格。为保证派遣单位遵守该行政许可的规定和后续相关报告义务，《雇员转让法》还规定了用工单位的审查义务，用工单位负有审查派遣单位是否获得设立许可和后续许可的义务，如果没有尽到该审查义务致使派遣劳动者的权益遭受损害，用工单位与“派遣单位”承担连带责任②。德国十分注意被派遣劳动者的职业病灾害的预防，要求劳务派遣单位应当为劳动者投保相应的保险，并且规定如果劳务派遣单位没有投此方面的社会保险则用工单位有代为支付的义务。由此加重用工单位对于劳动者的雇主义务。

(四)韩国劳务派遣法律制度

韩国政府为了保护派遣劳动者、确保劳动者就业和使用单位的人力资源，于1998年2月20日颁布了《韩国派遣工作保护法》，该法于1998年7月1日起实施。韩国在该法案中多次明确劳务派遣只是传统雇佣关系的补充，并表明应当尽量让劳动者直接被使用单位所雇佣。

该法对劳务派遣概念有明确界定，根据该法第2条规定，“劳动者派遣”是指派遣单位聘用劳动者之后，在维持该雇佣关系的同时让劳动者按照劳动者派遣协议内容听从使用单位的指挥、命令，让其从事使用单位工作的行为。

该法采取正面列举和明文禁止相结合的立法方式对派遣从事的行业范围进行了规定，该法第5条规定，劳动者派遣工作的对象为总统令规定的业务，是除生

---

① Weiss M, Schrmidt M. Germany, Temporary Work and Labor Law of the European Community and Member States. The Netherlands: Kluwer Law International, 2008: 142～143.

② Starrier D. Temporary agency work in the European Union. European Foundation for the Improvement of Living and Working Conditions, 2002: 28.

产行业直接进行生产流程业务以外的，以专业知识、技术或者经验等为必要条件的业务。并且无论怎样，建筑施工现场业务、港湾铁路运输、物流、海员、产业安全保障法规定的有害或有危险的业务以及其他由于劳动者保护等原因被认为不适合作为劳动者派遣事业对象的业务，均不可以实施劳动者派遣。同时该法第16条明令禁止在食品服务行业、住宿业、婚姻中介行业中进行劳动者派遣事业。

该法对派遣期限也有明确的规定，劳动者派遣的时间不得超过1年，最多可以再延长1年。如果使用单位超过2年继续使用派遣劳动者，则视为2年期满的次日起雇佣了派遣劳动者。

该法对劳务派遣单位的准入进行了规定，劳务派遣公司必须经过批准方能进行劳动者派遣事业，法律将批准权赋予劳动部长，同样劳务派遣单位进行任何法令规定的变更也需要获得变更许可。批准的标准应当是具有从事劳务派遣事业必需的资产和设施，并且不是针对少数使用单位提供劳动者派遣而设。并且批准的有效期限为3年，当批准有效期届满后还应当向有权部门申请批准更新。

韩国派遣工作保护法从保护劳动者权益的角度，明确规定了劳动者从派遣身份转为正式雇佣身份的保护。不仅规定超过派遣期限的限制将导致传统雇佣形式的发生，并且该法第25条还特别规定，“1.派遣单位在无正当理由的情况下，不得签订禁止使用单位雇佣派遣劳动者或其雇佣关系结束之后被雇佣等内容的协议；2.派遣单位在无正当理由的情况下，不得签订派遣劳动者的雇佣关系结束之后禁止被使用单位雇佣的劳动者派遣协议”。这些为劳动者的身份变更提供了法律支持，为派遣公司的恶意限制劳动者提供劳务自由的行为敲响了法律警钟。

四、完善我国劳务派遣法律制度的对策

(一)法律应对逆向派遣予以明确的规范

逆向派遣表面上看是用人单位滥用控制权利损害劳动者权益的行为，但法律不能简单地认定逆向派遣无效，不能仅凭借一纸劳动合同就判定所有用人单位责任都仅仅由盖章的劳务派遣公司来承担，必须结合我国劳务派遣自身发展的特点具体分析。

如果用工单位有恶意采用劳务派遣情形：①侵犯劳动者知情权的，用工单位在雇佣劳动者时仅仅让劳动者签订空白劳动合同后让其他劳务派遣单位盖章，劳动者手中没有任何劳动合同或者即使有劳动合同也不知劳务派遣事项及派遣岗位和派遣期限的情况；②非正常改变本单位长期雇佣员工的劳动关系的，劳动者原本是用工单位的正式员工并且已经工作1年以上，用工单位以不签订劳务派遣合同就不能再继续工作为名非正常地要求员工变更身份为被派遣劳动者的情况；③劳务派遣劳动关系中劳务派遣单位不具有法律规定相应资质的。此时应“揭开派遣面纱”，认定合同无效，并由用工单位承担因无效所应当承担的一切法律责

任，以遏制转嫁用工风险滥用劳务派遣现象。

如果非上述恶意情形，劳动监察部门在督促原用人单位解除与劳动者的劳动关系并由原用人单位支付法定补偿金、补办解除手续后，此时劳动者与派遣机构所签订的劳动合同应认定有效。因为：其一，被派遣劳动者若要证明原用人单位刻意改变自己身份并与指定派遣机构合谋事实上是很难的，被派遣劳动者一般更关注工作岗位和工作机会，即使待遇略有下降也不愿意丧失工作机会；其二，这种设置有利于维持和谐劳动关系，如果简单确认劳动者与劳务派遣机构签订的劳动合同无效，劳动者就仍是原用人单位的员工，原用人单位基于降低成本而改用劳务派遣用工的目的就会落空，而在被派遣劳动者不能证明所签订劳动合同无效的情形下，被派遣劳动者向原用人单位主张依法办理解除劳动关系的手续和相应补偿并不损害被派遣劳动者的权益，依然符合劳动法保护劳动者权益的立法目的。

(二)完善劳务派遣单位主体资格准入规范

1. 分类设定劳务派遣单位成立的基本准则

劳务派遣单位的设立应当经过相关行政机关的行政许可或审批，这是其他各国劳务派遣立法的常见做法。我国 2013 年 7 月 1 日施行的《劳务派遣行政许可实施办法》虽然实行了核准主义许可制度，但关于劳务派遣单位的设立规定没有区分劳务派遣的具体类型，一律规定最低注册资本金 200 万元。这种笼统的规定显然不足以对我国目前较为混乱的劳务派遣从源头上进行法律限制。应当根据劳务派遣从业的类别的不同而有所区别。日本劳动派遣法对于设立雇佣型劳务派遣机构只要求向厚生省备案，而对于设立登录型劳务派遣则要求经过厚生省的许可。在我国，应当鼓励发展长期雇佣型劳务派遣，而严格规范过多、过滥的登录型派遣公司。对于登录型派遣公司设立 200 万元最低注册资本金的门槛是十分必要的，但针对雇佣型劳务派遣的主体准入可以适当地放宽限制以鼓励其发展。

2. 引进保证金制度及行业保险制度

我国《劳动合同法》虽然已经注意到劳务派遣单位的资金状况和偿债能力对于被派遣劳动者的保护十分重要，但是仅靠对劳务派遣单位的注册资金的规定，在现实中是难以保护被派遣劳动者的合法权益的。因此，我国法律应当在根据不同类型的公司设定不同的较一般标准更高的注册资本金制度外，还应规定一定的保证金制度或者劳务派遣行业范围的保险制度。

设定保证金制度，是为了确保劳务派遣单位的偿债能力、保障被派遣劳动者的合法权益的实现。这一制度是指，劳务派遣单位在设立时实行许可制度之外，还要在每一年度劳动行政部门年检的同时，按上一年度派遣人员的数量和岗位情况以及本年度要派员工计划收取一定数额的保证金，专款专户，账户由法定行政管理机关监管。若劳务派遣活动中发生损害被派遣劳动者的风险，则启动保证金预先赔付机制，同时会增加下一年度该劳务派遣单位的保证金比例。鉴于保证金制度是对劳务派遣企业苛以更严更重的附加义务，因此该制度应适用于登录型劳务派遣的经营单位，以此鼓励长期雇佣型劳务派遣的发展。

设立行业保险制度，同样是为了提高劳务派遣单位的准入门槛，提高其偿债能力，切实保障被派遣劳动者的合法权益和促进社会和谐。该行业保险制度属于强制保险的一种，是为了应对出现劳动问题劳务派遣单位随即"关门大吉"等特别严重的侵害被派遣劳动者权益情况的发生。在秘鲁，若劳务派遣单位要获得授权从事劳务派遣活动，则需要在申请中附上其与保险公司的保险单，保险额是用来保证企业在无法保证必要的清算的情况下向被派遣劳动者支付工资、社会保险及有关福利①。该保险制度对于登录型劳务派遣和经常雇佣型劳务派遣均适用。该保险的费率同样根据劳动行政部门对劳务派遣单位进行的检查情况和劳务派遣单位的信用情况进行调整。

（三）确定我国劳务派遣行业范围及派遣期限制度

1. 确定劳务派遣行业（岗位）范围制度

由于劳务派遣的特殊用工形式和特殊劳动关系的特性，劳务派遣有其短期性和流动性的操作特点。这就决定了不可能所有行业种类的用工单位或用工单位中的所有岗位都可以适用劳务派遣。否则，由于劳务派遣"雇佣"与"使用"相分离，被派遣劳动者虽然身在用工单位工作，但实际上人身从属性并不强，必将导致员工对于用工单位的忠诚度降低。另外，有一些岗位对于劳动者来说更具有危险性和职业病危害性，岗位提供的用工单位本应向劳动者提供更高的安全保护和其他雇主义务，如果这部分岗位允许劳务派遣，则用工单位会利用劳务派遣逃避雇主责任，进而有害于劳动者基本人身安全权益的保护。

通过正面列举或者明文禁止的立法模式规范限制劳务派遣的行业范围是各国和地区通行的做法，日本《劳动派遣法》对劳务派遣范围是以正面列举与明文禁止相结合的立法模式，明文禁止了实行派遣劳动的行业，如对海员、港湾运送业务等作了排除性的列举。法国《劳动法典》将劳务派遣限制在某些临时性的劳动。韩国《派遣工作保护法》第 5 条也规定了一系列禁止使用派遣劳动的情形，如建筑业、海员、运输业等。德国《员工出让法》第 1b 条对建筑行业使用派遣劳动加以限制，同时进行了正面的行业列举。我国台湾地区则是采取列举派遣业务范围的方式，确定了包括总计接待、文书收发、行政助理等 24 种工作岗位允许使用被派遣劳动者。相比较而言，我国《劳动合同法》及相关规定对于劳务派遣行业或岗位没有任何限制性规定，这也是我国劳务派遣滥用现象的原因之一。因此，应当

① 薛晓东：《国内外劳务派遣立法比较》，《中国劳动》，2005 年第 6 卷，第 19 页。

在关于以后劳务派遣的相关立法中对于涉及公共安全以及职业危险性大的行业或岗位明文禁止实施劳务派遣。

2. 规定劳务派遣期限制度

劳务派遣是基于劳动弹性化需求发展而来的用工形式，它有着不同于传统雇佣形式的特性，各国对劳务派遣予以合法化的同时，也不无谨慎地通过派遣期限的限制尽量减少劳务派遣对传统雇佣制度的冲击，以稳定劳动力市场秩序。日本1985年制定的《劳动派遣法》规定劳务派遣公司和用人单位之间的劳动者派遣合同期间的上限为1年。对于派遣公司与派遣劳工签订的合同中的自动更新条款，行政解释上认为是逃脱期间限制，属违法行为。但由于没有禁止同一合同的反复更新，所以根据劳动省的行政指导，同一登记型有期合同派遣劳动者，原则上在同一场所从事同一劳动不能超过3年，违反此规定，应将雇佣形态变更为常规劳动。对此遗漏，2003年修订新法规定，“关于派遣就业的场所和同一业务，派遣方不能提供超过1年期间继续进行的劳动者派遣”，原则上禁止了合同的更新(第40条2款)。因此，根据日本《劳动者派遣法》的规定，除了部分例外，派遣期间限定为1年。经过1年，用人单位因同一业务雇佣劳动者时，有义务努力雇佣以前从事过这项业务的劳动者①。德国劳务派遣期限规定初期由12个月延长至24个月。我国处于劳务派遣这种新型用工形式的发展初期，应当从严规定劳务派遣的相关法律内容，以期劳务派遣的健康规范地发展，并为今后的法律规定的变化留有余地。我国最新劳动合同法只对“临时性”的劳务派遣规定了不超过六个月的期限。对“辅助性”和“替代性”的劳务派遣期限没有任何规定。所以建议我国应当规定劳务派遣的最长期限，以六个月到一年为宜，并为被派遣劳动者从事同一派遣劳动岗位满一定期限后转为用工单位的正式员工作出法律上的明文规定。

(四)明确我国劳务派遣单位与用工单位的责任承担，完善相关救济

劳务派遣中雇主义务和责任的分配如何能合情合理，建立何种责任模式既有利于保护劳动者权利又能引导劳务派遣制度的健康发展，这在法学研究和司法实务上都是一大难题。发生劳动争议时，首先要搞清的问题是劳动者与哪个主体存在劳动关系，这是此类争议的基础。按照法理上“受益说”的基本理论，谁受益谁承担责任，谁受益多谁承担责任多。在劳务派遣中，使用派遣劳动者受益最多的是用工单位，法律责任的分配本应以用工单位为中心，但在派遣单位规模大、管理规范、承担责任能力强的基础上，法律规定由派遣单位承担主要雇主义务，在保证劳务派遣转移用工风险和灵活用工的制度优势之外也有利于促进劳务派遣业规范化和保护劳动者权益。根据在劳务派遣的各个阶段劳动者与派遣单位和用工

① 〔日〕马渡淳一郎：《劳动市场法的改革》，田思路译，清华大学出版社，2006年，第84～85页。

单位的联系程度，我国《劳动合同法》应力求明确派遣单位和用工单位之间责任的区分。

笔者认为，劳务派遣中派遣单位和用工单位义务和责任的区分实际上包含两个层面。第一是原则层面的，如美国的双重雇主责任的规定，德国规定派遣单位承担雇主责任而用工单位只在特殊的条件下承担责任，日本采用穷举法分别明确派遣单位的义务和责任、用工单位的义务和责任以及两者承担连带责任的情况。我国也应首先确立一个责任分配的指导框架，借鉴德国的模式，确立派遣单位为主、用工单位为辅的责任体系；派遣单位承担用人单位的义务与责任为常态，用工单位在没有履行特殊规定时承担连带责任。第二则是具体的规定，主要表现为对劳务派遣协议中义务和责任分配的指引。例如，德国的《雇员转让法》原则上规定派遣单位承担雇主责任，用工单位只在自身违法和没有尽到审查派遣单位是否获得许可上负责；德国《雇员转让法》第 11 条第 6 款规定用工单位承担安全劳动保障责任的情形①。这样的义务和责任的分配方式更加明确，且对劳务派遣协议有关双方义务与责任区分上有指导作用。其具体思路包括如下两个方面。

1. 劳务派遣单位与用工单位各自独立责任之承担

虽然我国劳动立法把派遣单位称为用人单位，把实际使用单位称为用工单位，但事实上劳务派遣中的劳务派遣单位和用工单位分别是一个劳动关系中的共同雇主，由于劳务派遣"雇佣"与"使用"相分离的特性，劳务派遣单位和用工单位应当承担的雇主责任应当有一定的划分。有学者指出劳务派遣制度在责任分配上需要区分情况：第一，派遣单位与用工单位承担担保责任，依据义务的主从关系来划分责任的承担顺序，分为第一责任人与第二责任人，在第一责任人无法承担责任时，第二责任人需承担担保责任。第二，派遣单位与用工单位在共同侵权时承担共同的连带责任。第三，在不存在担保责任与共同侵权时，侵权人根据过错单独承担责任②。笔者也比较赞同这种观点，根据二者对实行生产性管理的控制程度，构建劳务派遣制度中区分责任制度。

劳务派遣单位单独承担责任的情形主要有：劳务派遣单位与被派遣劳动者之间签订劳动合同，有直接的劳动合同关系，因此除法律明确规定或与用工单位约定由用工单位承担，或者由两者共同承担的责任之外，都应当由劳务派遣单位单独承担雇主责任；劳务派遣单位由于从事劳务派遣行业的特殊性，则劳务派遣的特定行业风险也应当由劳务派遣公司独自承担；同时，劳务派遣单位还应当负担对用工单位的用工条件和职业安全保护的监督权利与义务，并有要求用工单位按

---

① 徐丽雯：《我国劳务派遣法律制度的反思与完善》，《北京行政学院院报》，2010 年第 4 卷，第 1 页。

② 王全兴、侯玲玲：《劳动关系双层运行的法律思考——以我国的劳务派遣实践为例》，《中国劳动》，2004 年第 4 期，第 18～21 页。

照国家标准或行业标准提供用工场所和劳动安全保护措施的权利。若劳务派遣单位怠于监督，或者明知用工单位存在违反劳动时间、危险有害业务禁止、女劳动者特殊保护等规定，以及存在未对劳动者进行安全生产教育和培训等情况，而劳务派遣单位仍然放任用工单位使用本单位派遣员工的行为的，劳动行政监督部门应当给予劳务派遣单位以行政处罚，造成严重后果的还应当承担民事甚至刑事责任。通过这样的责任设计，增加劳务派遣单位的派遣责任意识，推动被派遣劳动者的权益保护和劳务派遣行业的健康发展。

用工单位是劳务派遣中的共同雇主之一，并且是被派遣劳动者的实际使用人以及被派遣劳动的实际受领人，应当承担法定的和约定的独立承担的义务和责任。在用工单位的责任体系中，应当包含遵守并实现同工同酬原则、劳动时间及休息规定、职业病预防、危险有害业务禁止、女性劳动者特殊保护等法律规定。我国《劳动合同法》第62条中规定的提供符合标准的劳动条件和劳动保护，支付加班薪酬和绩效及福利，进行岗位培训、正常晋升和工资调整机制的规定等都是用工单位所应当独立承担的责任。其中职业危害安全教育和安全卫生措施尤为关键。用工单位应当建立健全劳动安全卫生制度，严格执行国家劳动安全规程和标准，对被派遣劳动者和正式员工同等保护。同时赋予劳务派遣单位监督权和定期视察权，对于用工单位相关劳动环境和职业健康、安全行使监督权，在共同雇主相互监督的前提下实现对被派遣劳动者的权益保护。对用工单位责任体系的设计也应当依照行政责任、民事责任、刑事责任递进规范，以期为用工单位违法行为的处罚和责任追究提供法律依据。

2. 劳务派遣单位与用工单位连带责任之承担

劳务派遣单位与用工单位共同承担的义务与责任，应当主要着眼于被派遣劳动者的职业安全卫生和权益保护方面。美国基于联合雇主理论，使得用工单位如果依据联邦法或州法的种种诉讼而被确定为雇主，则用工单位即应与劳务派遣单位联合承担雇主责任，其使用劳务派遣劳动者的成本并未减少[①]。我国在共同雇主义务和连带责任承担的规定中，应当适当地加重用工单位的责任，以此减少或避免用工单位仅基于规避雇主责任风险的动机而选择劳务派遣用工形式，抑制劳务派遣的非正常适用。

劳务派遣单位与用工单位不仅要在我国劳动合同法规定的“给被派遣劳动者造成损害的”情况下承担连带责任，而且在因劳动者的职务行为而引起的侵权责任中也应当承担连带赔偿责任。这是因为在劳务派遣中，劳务派遣单位和用工单位是作为雇主共同体出现的，前者雇佣了被派遣劳动者并派遣其去后者从事工

---

① Dunn S J, Berkery K B. Employee leasing: the risks for lessees. Michigan Bar Journal, 2005, (25): 84.

作，后者使用被派遣劳动者并安排其进行一定的工作，在劳动者因职务行为对第三者造成损害的情况下，法律规定两者承担连带的赔偿责任能够有效避免两者以约定形式排除责任而最终对劳动者不利。

在被派遣劳动者的职业健康与劳动安全方面，应当要求劳务派遣单位与用工单位在社会保险上承担连带责任，并且设定用工单位在劳务派遣单位没有交纳该保险时有先行支付保险费的责任机制，否则用工单位就面临单独承担这部分责任的境况。这会促使用工单位在使用被派遣劳动者时，自觉加强对劳务派遣单位的审查和监督，促使劳动者的职业安全防护得到尽可能多的关注和保护。

劳务派遣中，劳务派遣单位和用工单位是被派遣劳动者的共同雇主，享受被派遣劳动者付出劳动创造的利益，则应当承担由此产生的风险，这样才符合社会正义。因此，在雇主责任的归责原则上应以无过错责任原则或推定过错责任原则为宜。

同时应该完善我国劳务派遣争议救济规范，这是因为劳务派遣劳动关系的复杂性使得其较之传统的劳动关系更易引发争议。在劳动关系提前解除的问题上，劳务派遣面临的可能争议也是十分复杂的。劳务派遣的雇佣与使用相分离、三方主体完成同一重劳动关系的特殊性，使得劳务派遣劳动争议解决的程序与责任主体的确认都具有其特殊性。

首先，在解除劳动合同的争议方面，劳务派遣与传统劳动关系一样都可能面临劳动合同的到期解除和提前解除。如果是劳动合同到期解除或者劳动者提出的劳动合同的提前解除则按照传统劳动关系的解除方法较容易解决，如果是单位方提出提前解除劳动关系，则会存在不同的情况：①在非劳动派遣期限内，劳务派遣单位提出的提前解除劳动合同；②在劳动派遣期限内，用工单位提前结束派遣期限，劳务派遣单位未解除劳动合同；③在劳动派遣期限内，用工单位提前结束派遣期限，劳务派遣单位因此解除劳动合同。不同的情况下，劳务派遣争议救济的程序和实体法律依据都有相应的差别。

(1)在非劳务派遣期限内，劳务派遣单位在解除与被派遣劳动者的劳动关系时应当按照目前劳动合同法的规定，履行通知义务并支付违约金、经济补偿等即可解除劳动合同。如果产生争议，相关劳动争议仲裁机构及法院按照现有劳动合同法及相关法律法规解决即可。

(2)在劳务派遣期限之内，用工单位提前结束派遣期限，将被派遣劳动者退回劳务派遣单位而没有法律规定的依据，则用工单位的退回行为不仅侵害了劳动者的合法权益，也侵害了劳务派遣单位的合法权益。在劳务派遣单位尚未与被派遣劳动者解除劳动合同的前提下，如果被派遣劳动者、劳务派遣单位都与用工单位之间就解除派遣用工关系的合法性产生争议，则在解决这种争议时应当注意区别不同情况加以处理：①劳务派遣单位不主张权利，而只有被派遣劳动者主张权利时，无论是劳动者主张恢复用工关系还是要求经济赔偿，其内容均为劳动争议，劳动者应以劳务派遣单位和用工单位为共同被申请人。争议解决程序上应当先仲裁后诉讼。②劳动者不主张权利，而只有劳务派遣单位主张权利时，争议的主体是劳务派遣单位与用工单位，由于劳务派遣单位与用工单位之间是劳务派遣合同关系，其双方之间的权利义务是由劳务派遣协议设定的，双方之间纠纷的性质是劳务派遣合同纠纷，系属民事纠纷，因此劳务派遣单位在这种情况下可以直接以用工单位为被告提起民事诉讼来解决争议[①]。并可在民事争议解决的过程中，将劳务派遣单位欲支付被派遣劳动者的若干补偿也加入在民事诉讼请求事项中一并解决。③劳动者与劳务派遣单位均主张权利时，此时由一个原因引起两个争议纠纷，其中包括了被派遣劳动者与用工单位产生的劳动纠纷，也包括了劳务派遣单位与用工单位产生的民事纠纷。为了避免最终实体结果上的相互矛盾，同时为了节约争议解决的时间，应以劳动争议的裁判结果为民事争议审理的前提，劳动争议解决前民事纠纷处于中止状态。此种设计意在促使劳务派遣单位关注被派遣劳动者劳动争议的解决，并为劳动者提供可能的证据支持，避免因先解决民事争议而共同雇主双方达成和解或调解最终损害被派遣劳动者的利益。从而达到避免审判资源的浪费和审理结果的矛盾的目的，并最终实现社会的公平正义。

(3)用工单位依法将被派遣劳动者退回劳务派遣单位后，则劳务派遣单位因此与劳动者之间的劳动关系的提前解除也应当严格按照法律规定进行。若被派遣劳动者对解除劳动合同产生争议，则依照《劳动争议仲裁调解法》第22条的规定，劳动者应以与其存在劳动关系的劳务派遣单位和与其存在实际用工关系的用工单位为共同被申请人向劳动争议仲裁机构申请仲裁；对仲裁结果不服的可以继续进行诉讼程序。此种争议解决程序的设定有利于被派遣劳动者在诉讼过程中，按照法律的规定分别追究各单位或者要求劳务派遣单位与用工单位共同承担相应的责任。

其次，在劳务派遣解除劳动关系的经济补偿金的计算方面，很多劳务派遣单位为了避免付给劳动者较高的补偿金，而是采取在被派遣劳动者结束派遣期限或者被用工单位退回后，仍然与劳动者保持一年非派遣的劳动关系，而后再解除劳动关系的方法，进而降低劳动者因解除劳动关系所能获得的经济补偿金。这种钻法律空子的方法严重损害了从事派遣劳动的劳动者的经济利益。因此，在经济补偿金计算方面，应当根据不同的阶段分阶段计算，即有派遣劳动期间和无派遣劳动期间分开计算补偿金，而不是简单地适用传统雇佣关系中现行的补偿金计算方式，由此体现出劳务派遣本身的特殊性，并能更好地保护特殊劳动者的合法

---

① 山东省高级人民法院民一庭：《劳动合同制度视角下的劳动争议纠纷——关于全省劳动争议案件的调研报告》，《山东审判》，2009年第5卷，第25页。

权益。

最后，在被派遣劳动者由于职业健康与安全引起的职业病防治的争议、被派遣劳动者工伤等争议的解决方面。在诉讼程序上应当允许被派遣劳动者将劳务派遣单位和用工单位同时作为被告。在实体解决时，法律有强制性规定的，则依照法律制度的责任分配，对用工单位或者劳务派遣单位进行责任确认；法律没有强制规定的，则依照与劳动和工作场所是否紧密的原则来处理，若是与劳动岗位密切相关的，则由职业病相关保险赔付劳动者外增加用工单位的责任，适用用工单位赔付规定。劳动者职业病侵害与工伤争议，均与工作岗位和工作环境有紧密的关系，用工单位负有不可推卸的责任。在争议属性上仍属劳动争议。此时应以用工单位为被申请人或被告，并允许劳动者将共同雇主诉为共同被告，进行劳动争议的仲裁，不服的继续进行诉讼。此争议中若有劳务派遣单位怠于履行监督和催促义务的，或者劳务派遣单位没有按照规定缴纳相应保险的，则劳务派遣单位也应当承担次要的补充赔偿责任。

➤案例分析

案情简介：山东农民工徐延格从 1995 年 2 月开始在北京肯德基仓储部工作，2004 年之前没有与肯德基签订任何劳动合同，也没有保险或其他福利。2004 年 5 月，肯德基在仓储办公室的墙上贴了一张公告，内容为仓储员工要与北京时代桥劳动事务咨询服务有限公司(简称时代桥，主营劳务输出业务)签订一份劳动合同，如果不与时代桥公司签订劳动合同将被肯德基辞退。2004 年 5 月 20 日，在肯德基的要求下，徐延格与时代桥公司签订了一份劳动合同，并由时代桥公司代发薪水和保险福利。徐延格与时代桥公司虽然签订了劳动合同，但是徐延格仍然在肯德基处工作。2005 年 10 月肯德基终止用工，同日，时代桥也解除了与徐延格的劳动合同。徐延格诉至法院要求肯德基支付十一年来相应的经济补偿金①。

争议焦点：(1)徐延格与时代桥公司签订的劳动合同是否有效?

(2)如果徐延格与时代桥签订的劳动合同有效，是否应追溯肯德基在该合同签订前应承担的经济补偿金?

法理评析：本案是典型的劳务派遣引发的劳动争议。当时我国《劳动合同法》还没有出台，只能按照《劳动法》及相关规定来判定。如果基于被胁迫与时代桥签订劳动合同无效为由，进一步主张其与北京肯德基有事实上的劳动关系，则举证很难。如果劳动合同被认定为有效，根据《劳动争议调解仲裁法》第 27 条的规定：劳动争议申请仲裁的时效期间为一年。仲裁时效从当事人知道或者应当知道其权利被侵害之日起计算，本案中从劳动权益被损害的 2004 年 5 月到 2005 年提起劳

---

① 陈晶晶：《工作了 11 年咋不是肯德基员工》，《法制日报》，2006 年 7 月 4 日。

动仲裁已经一年半的时间，超出劳动争议诉讼时效，似乎无法得到请求肯德基支付经济补偿金的支持。

事实上，肯德基公司认为，徐延格不是肯德基的员工，而是由时代桥公司派遣到肯德基的劳务派遣工，与肯德基公司没有劳动关系，肯德基公司不应支付其经济补偿金。2005 年 11 月 28 日，徐延格向北京市劳动争议仲裁委员会提出仲裁申请。经劳动争议仲裁委员会审理后认定"徐延格和时代桥公司所签订的劳动合同，并不违反法律、行政法规的规定，亦不存在欺诈和胁迫行为，劳动合同合法有效"。因此，裁决驳回徐延格的仲裁申请。2006 年 1 月 25 日，徐延格不服仲裁裁决，诉至北京市东城区人民法院，法院经审理认为，徐延格与时代桥公司签订了劳动合同确定了劳动关系，徐延格与肯德基公司未形成事实劳动关系。2006 年 6 月 12 日，法院一审判决，驳回徐延格的诉讼请求。2006 年 6 月 26 日，徐延格不服一审判决提出上诉。2006 年 7 月 26 日，徐延格的另两位工友也因劳务派遣引发的纠纷向北京市劳动争议仲裁委员会申请劳动仲裁。2006 年 8 月 8 日，徐延格与北京肯德基达成和解协议，北京肯德基肯定其 11 年的工龄，并给予应有的经济补偿。北京肯德基公司在新闻发布会上称以后除特殊情况外停止使用劳务派遣录用新员工。原配销中心的派遣员工将转为公司直聘员工，并认可他们以前的年资。

参考文献

贝勒斯 M D. 1999. 法律的原则——一个规范的分析 . 张文显，宋金娜，朱卫国，等译 . 北京：中国大百科全书出版社

边沁 J. 2000. 道德与立法原理导论 . 时殷弘译 . 北京：商务印书馆

博登海默 E B. 2004. 法理学——法律哲学与法律方法 . 邓正来译 . 北京：中国政法大学出版社

布伦南 J，布坎南 J. 2004. 宪政经济学 . 冯克利，秋凡，王代，等译 . 北京：中国社会科学出版社

蔡立辉 . 2003. 公共管理：公共性本质与功能目标的内在统一 . 中国人民大学学报，(2)：144～152

曹士兵 . 1996. 反垄断法研究 . 北京：法律出版社

陈江龙，曲福田 . 2002. 土地征用的理论分析及我国征地制度改革 . 江苏社会科学，(2)：55～59

陈庆云，郭益奋，曾军荣 . 2005. 论公共管理中的公共利益 . 中国行政管理，(7)：17～20

陈若英 . 2013. 超脱或应对——法院与市场规制部门的竞争 . 北大法律评论，(3)：50～62

陈有西 . 1994. 反不正当竞争法律适用概论 . 北京：人民法院出版社

程信和，李挚萍 . 2001. 可持续发展——经济法的理念更新和制度创新 . 学术研究，(2)：67～75

德沃金 R. 1998. 认真对待权利 . 信春鹰，吴玉章译 . 北京：中国大百科全书出版社

董保华 . 2003. 论经济法的国家观——从社会法的视角探索经济法的理论问题 . 法律科学，(2)：56～64

窦晴 . 2013. 试论我国的经济法律体系建设 . 东方企业文化，(7)：276

范进学 . 2005. 定义“公共利益”的方法论及概念诠释 . 法学论坛，(1)：15～19

范文亮 . 2009. 浅谈如何加强市场规制来应对金融危机 . 法制与社会，(35)：131～132

方小敏 . 2013. 中国经济转型中的国家干预界限研究 . 南京大学学报，(1)：55～63

冯果，万江 . 2004. 求经世之道　思济民之法——经济法之社会整体利益观诠释 . 法学评论，(3)：43～50

弗里德曼 M. 1994. 法律制度 . 李琼英，林欣译 . 北京：中国政法大学出版社

付思飞 . 2013. 论市场规制法的尺度——以比例原则为视角 . 中国外资，(16)：228～229

盖茨 H. 2000. 公共利益诉讼的比较法鸟瞰 . 刘俊祥，罗国忠，肖云枢，等译 . 北京：法律出版社

郭江吟 . 2012. 市场规制法基础理论基本体系研究 . 兰州商学院硕士学位论文

郭洁 . 2002. 土地资源保护与民事立法研究 . 北京：法律出版社

哈耶克 F A. 2000. 经济、科学与政治——哈耶克思想精粹 . 冯克利译 . 南京：江苏人民出版社

韩大元 . 2005. 宪法文本中“公共利益”的规范分析 . 法学论坛，(1)：5～9

何海燕，赵飞 . 2010. 中国反垄断研究 . 北京：北京理工大学出版社

何增科．2000. 公民社会与第三部门．北京：社会科学文献出版社
亨廷顿 S P. 1989. 变革社会中的政治秩序．王冠华，刘为译．北京：生活·读书·新知三联书店
胡建淼，邢益精．2004. 公共利益概念透析．法学，(10)：3～8
胡锦光，王锴．2005. 论公共利益概念的界定．法学论坛，(1)：10～14
胡锦光，王锴．2005. 论我国宪法中"公共利益"的界定．中国法学，(1)：18～27
黄河，王兴运．2008. 经济法学．北京：中国政法大学出版社
黄学贤．2004. 公共利益界定的基本要素及应用．法学，(4)：10～13
姜晨．2012. 浅谈市场规制法与市场监管法的异同．法制与经济，(2)：9～10
金河禄．2012. 中韩两国反垄断法之比较．东疆学刊，(4)：76～81
金泽良雄．1988. 当代经济法．刘瑞复译．沈阳：辽宁人民出版社
金泽良雄．2005. 经济法概论．满达人译．北京：中国法制出版社
孔祥俊．1998. 商业秘密保护法原理．北京：中国法制出版社
孔祥俊．2000. 反不正当竞争法的适用与完善．北京：法律出版社
孔祥俊．2000. 反垄断法原理．北京：中国法制出版社
孔祥俊．2005. 反不正当竞争法原理．北京：知识产权出版社
孔祥俊．2009. 商标与不正当竞争法——原理与判例(上、下册). 北京：法律出版社
拉仑兹 K. 2003. 法学方法．陈爱娥译．北京：商务印书馆
雷运龙．1998. 经济法基本原则初探．法制与经济，(4)：6～7
李昌麒．1999. 经济法学．北京：中国政法大学出版社
李昌麒，陈治．2005. 经济法的社会利益考辩．现代法学，(5)：16～26
李昌麒，鲁篱．1999. 中国经济法现代化的若干思考．法学研究，(3)：88～98
李国海．1997. 论现代法产生的法哲学基础．法商研究，(6)：42～46
李国海．2007. 反垄断法公共利益理念研究——兼论《中华人民共和国反垄断法(草案)》中的相关条款．法商研究，(5)：19～25
李佳勋．2006. 经济法法益的法理探讨．河南省政法管理干部学院学报，(4)：184～187
李建良．1986. 从公法学之观点论公益之概念与原则．台湾中兴大学法律研究所硕士学位论文
李剑．2012. 论市场失灵与经济法的关系——以市场规制法为视角的考察．学习与探索，(1)：106～109
李磊．2003. 论经济法产生的基础．行政与法，(3)：92～94
李鹏．2007. 论经济公益诉讼制度．吉林大学硕士学位论文
李轩．1999. 中、法土地征用制度比较研究．行政法学研究，(2)：30～36
李永成．2006. 经济法人本主义论．北京：法律出版社
李友根．2002. 社会整体利益代表机制研究．南京大学学报，(2)：116～125
梁慧星．1996. 民法总论．北京：法律出版社
梁慧星．1997. 从近代民法到现代民法——二十世纪民法回顾．中外法学，(2)：19～30
刘桂清．2003. 经济公益诉讼的理论基础及其制度性障碍．重庆社会科学，(6)：61～65
刘佳丽．2013. 自然垄断行业政府监管机制、体制、制度功能耦合研究．吉林大学博士学位

论文
刘丽 . 2003. 试论社会利益——对我国宪法 51 条的思考 . 西南政法大学硕士学位论文
刘连泰 . 2006."公共利益"的解释困境及其突围 . 文史哲，(2)：160～166
刘连泰 . 2006. 我国宪法文本中作为人权限制理由的四个利益范畴之关系 . 法律科学，(4)：37～44
刘瑞复 . 2000. 经济法学原理 . 北京：北京大学出版社
刘旺洪 . 2002. 国家与社会：法哲学研究范式的批判与重建 . 法学研究，(6)：15～37
刘文华，王长河 . 2000. 经济法的本质：协调主义及其经济学基础 . 法学杂志，(3)：7～10
卢梭 J. 1980. 社会契约论 . 何兆武译 . 北京：商务印书馆
卢现祥 . 1996. 西方制度经济学 . 北京：中国社会发展出版社
鲁篱 . 2006. 论最高法院在宏观调控中的角色定位 . 现代法学，(6)：107～113
吕忠梅，廖华 . 2003. 论社会利益及其法律调控——对经济法基础的再认识 . 郑州大学学报(哲学社会科学版)，(1)：83～90
吕忠梅，刘大洪 . 1998. 经济法的法学与法经济学分析 . 北京：中国检察出版社
栾志荭 . 2006. 印度公益诉讼制度的特点及其启示 . 北京交通大学学报(社会科学版)，(1)：59～63
罗刚，徐清 . 2011. 论市场监管法的地位——以市场监管法和市场规制法的关系为视角 . 天津法学，(2)：87～92
罗豪才，袁曙宏，李文栋 . 1993. 现代行政法的理论基础——论行政机关与相对一方权利义务的平衡 . 中国法学，(1)：52～57
罗素 B. 1998. 权力论——新社会分析 . 吴友三译 . 北京：商务印书馆
孟德斯鸠 C S. 1963. 论法的精神(下). 张雁深译 . 北京：商务印书馆
缪勒 D C. 1999. 公共选择理论 . 韩旭，杨春学译 . 北京：中国社会科学出版社
摩加龙 . 2006. 关于"公共利益"的范围 . 人大研究，(7)：29～31
莫于川 . 2008. 土地征收征用与财产法治发展——兼谈对待当下行政管理革新举措的态度 . 法学家，(3)：111～118
潘静成，刘文华 . 1999. 经济法 . 北京：中国人民大学出版社
庞德 R. 1984. 通过法律的社会控制——法律的任务 . 沈宗灵，董忠译 . 北京：商务印书馆
庞德 R. 2004. 法理学(第三卷). 邓正来译 . 北京：中国政法大学出版社
庞德 R. 2004. 法理学(第一卷). 邓正来译 . 北京：中国政法大学出版社
彭彩虹 . 2011. 论市场规制法问题研究 . 前沿，(4)：123～125
彭云业，翁洪洪 . 2005. 行政法上的公共利益 . 山西师范大学学报(社会科学版)，(2)：114～117
漆多俊 . 1996. 经济法基础理论 . 武汉：武汉大学出版社
漆多俊 . 2003. 经济法基础理论(第三版). 武汉：武汉大学出版社
秦国荣 . 2006. 维权与控权：经济法的本质及功能定位——对"需要干预说"的理论评析 . 中国法学，(2)：174～181
邱本 . 2001. 自由竞争与秩序调控——经济法的基础建构与原理阐析 . 北京：中国政法大学出

版社
单飞跃．2002．经济法理念与范畴的解析．北京：中国检察出版社
单飞跃．2013．中国经济法部门的形成：轨迹、事件与特征．现代法学，(7)：10～17
单飞跃，卢代富，等．2005．需要国家干预——经济法视域的解读．北京：法律出版社
尚明．2010．《中华人民共和国反垄断法》理解与适用．北京：法律出版社
邵建东．2001．德国反不正当竞争法研究．北京：中国人民大学出版社
沈敏荣．2000．论经济法的定位．北京社会科学，(4)：76～82
沈桥林．2006．公共利益的界定与识别．行政与法，(1)：87～90
沈宗灵．1992．现代西方法理学．北京：北京大学出版社
史际春．2011．经济法学评论(第十一卷)．北京：中国法制出版社
史际春，邓峰．1998．经济法总论．北京：法律出版社
史际春，李青山．2003．论经济法的理念．华东政法学报，(2)：42～57
宋林飞．1997．西方社会学理论．南京：南京大学出版社
宋亚辉．2012．市场规制中的执法权冲突及其解决路径．法律科学，(7)：112～125
孙丽岩．2004．公共利益服从的博弈分析．法学，(10)：17～20
汤玉枢．2013．经济法视野下国家经济调节职能运行模式．求是学刊，(9)：85～93
唐忠民．2004．我国应制定专门的公益征收征用法．西南师范大学学报，(4)：65～69
陶红英．1990．美国环境法中的公民诉讼制度．法学评论，(6)：60～64
王保树，邱本．2002．经济法与社会公共利益论纲．载：常淑茶，梁代军．中国经济法精萃(2002年卷)．北京：机械工业出版社：84～100
王继军．2005．市场规制法研究．北京：人民法院出版社
王乐夫．2005．试论公共管理的内涵演变与公共管理学的纵向学科体系．管理世界，(6)：57～63
王乐夫，陈干全．2002．公共管理的公共性及其与社会性之异同析．中国行政管理，(6)：12～15
王名，刘国翰，何建宇．2002．中国社团改革——从政府选择到社会选择．北京：社会科学文献出版社
王全兴．2002．经济法基础理论与专题研究．北京：中国检察出版社
王全兴，管斌．2000．民商法与经济法关系论纲．法商研究，(5)：13～22
王太高．2005．公共利益范畴研究．法学研究，(7)：82～87
王艺潼．2009．公共利益界定的制度化．知识经济，(2)：71～73
王轶．2004．民法价值判断问题的实体性论证规则．中国社会科学，(6)：104～117
王英明．2008．构建我国经济公益诉讼制度的法律思考．法制与社会，(2)：113～114
王泽鉴．2001．民法总则．北京：中国政法大学出版社
吴玲．2005．我国征地制度的制度悖论与创新路径．宏观经济研究，(10)：12～17
吴志攀．2012．经济法学家(2011年)．北京：北京大学出版社
肖江平．2002．中国经济法学史研究．北京：人民法院出版社
谢海军．2007．当代中国社会利益结构的分化与整合．中央党校博士学位论文

解志勇．2002．论公益诉讼．行政法学研究，(2)：40～48
熊文武，陈娟．2004．加快土地征用制度改革 切实保护农民利益．法学杂志，(4)：68～70
徐杰．2002．论经济法的立法宗旨．载：常淑茶，梁代军．中国经济法精萃(2002 年卷)．北京：机械工业出版社：70～72
徐倩．2013．论经济法体．法制与社会，(7)：93～94
徐振东．2006．社会基本权利理论体系的构建．法律科学，(3)：22～37
许石慧．2006．论经济法视野中的公共利益原则．政法学刊，(4)：42～45
许中缘．2008．论公共利益的程序控制——以法国不动产征收作为比较对象．环球法律评论，(3)：23～31
薛克鹏．2003．经济法的定义．北京：中国法制出版社
薛克鹏．2006．论经济法的社会本位理念及其实现．现代法学，(6)：92～100
薛兆丰．2008．商业无边界——反垄断法的经济学革命．北京：法律出版社
亚格纽 J．1992．竞争法．徐海，盛建明，席文红译．南京：南京大学出版社
亚历山大 J C．1999．国家与市民社会——一种社会理论的研究路径．邓正来，等编译．北京：中央编译出版社
颜运秋．2002．公益诉讼理念研究．北京：中国检察出版社
杨青．2013．我国市场规制法体系的构建与完善探究．山东大学硕士学位论文
杨寅．2004．公共利益的程序主义考量．法学，(10)：8～10
杨紫烜．2008．经济法．北京：北京大学出版社，高等教育出版社
杨紫烜．2009．国家协调论．北京：北京大学出版社
叶秋华．2005．西方宏观调控法与市场规制法研究．北京：人民大学出版社
永成．2006．经济法人本主义论．北京：法律出版社
于广思，冯昌中．2002．土地征收制度改革构想．中国土地，(8)：24～27
于雷．2003．市场规制法律问题研究．北京：北京大学出版社
于左．2013．反垄断与中国经济发展．中国物价，(6)：3～7
俞可平．1993．马克思的市民社会理论及其历史地位．中国社会科学，(4)：59～74
俞可平．2007．中国公民社会研究的若干问题．中共中央党校学报，(6)：14～22
约瑟夫 K．2000．社会选择——个性与多准则．钱晓敏，孟岳良译．北京：首都经济贸易大学出版社
曾艳军，王全兴．2009．协调 WTO 规则与市场规制法的法理分析及路径选择．求索，(1)：140～142
张红凤．2006．西方政府规制理论变迁的内在逻辑及其启示．教学与研究，(5)：70～77
张红凤．2008-02-25．规制经济学的变迁、学科定位及其整体评价——兼论中国学者面临的规制背景与任务．http://www.chinareform.org.cn/cirbbs/dispbbs.asp?boardID=2&ID=131058
张静．2005．法团主义．北京：中国社会科学出版社
张明华．2003．反垄断公益诉讼制度初探．燕山大学学报(哲学社会科学版)，(1)：71～76
张千帆．2005．“公共利益”是什么？——社会功利主义的定义及其宪法上的局限性．法学论坛，

(1)：28～31
张守文．2004. 经济法理论的重构．北京：人民出版社
张守文．2006. 经济法学．北京：北京大学出版社
张守文，于雷．1993. 市场经济与新经济法．北京：北京大学出版社
张武扬．2004. 公共利益界定的实践性思考．法学，(10)：20～22
张悦．2012. 滥用市场支配地位法律规制研究．兰州商学院硕士学位论文
赵大华．2013. 经济法视野下的宏观调控及其救济．经济问题探索，(8)：23～27
赵慧．2002. 国外公益诉讼制度比较与启示．政法论丛，(5)：22～25
赵相林，曹俊．2000. 国际产品责任法．北京：中国政法大学出版社
赵震江．1998. 法律社会学．北京：北京大学出版社
郑鹏程．2002. 行政垄断的法律控制研究．北京：北京大学出版社
郑贤君．2005.“公共利益”的界定是一个宪法分权问题——从 Eminent Domain 的主权属性谈起．法学论坛，(1)：20～23
周林彬，何朝丹．2006. 公共利益界定的法律探析——一种法律经济学的分析进路．甘肃社会科学，(1)：130～137
朱新力，黄金富．2004. 论公共利益．浙江工商大学学报，(5)：3～7
Anderson J E. 2003. Public Policy Making：An Introdtion. Orlando：Houghton Mifflin Company
Bledsoe D J，Prosterman R L. 2000. The joint stock share system in China's Nanhai County. RDI Report
Findley R W，Farber D A. 1992. Environmental Law(3rd ed.). St Paul Mini：West Publish Company
Garner B A. 2004. Black's Law Dictionary(8th ed.). Saint Paul Minneapolis：Thomson/West
International Chamber of Commerce. 2001. Recommended Framework for Best Practices in International Merger Control Procedures . Paris：International Chamber of Commerce
Milne A J M. 1993. The public interest，political controversy，and the judges. *In*：Browns R. Law and The Public Interest. Stuttgart：Franz Steiner Verlag：39
Stone D. 2001. Policy Paradox：The Art of Political Dsion Making . New York：W. W. Norton Company，Inc.